대통령의 리더십

역리학자 정현우

明文堂

서 문

사서삼경에 격물치지(格物致知)란 고사성어가 있다. 지도자와 경영자는 이치를 알고 이치를 바탕으로 행동하고 판단하라는 교훈이다.

우주관과 자연관을 갖고 양면적인 사고로 득실을 계산해야 한다.

지도자는 고정관념을 버려야 한다.

자신의 경험과 지식은 고정관념이다. 그물에 잡힌 고기에 불과하다. 그물 밖에 바다에는 여러 가지의 다양한 물고기가 있다.

대통령은 국가의 흥망성쇠와 국태민안의 책임을 지고 국가 백년대계를 세워 국정을 이끌어 나갈 막중한 책임자이다.

대통령의 식견과 통찰력, 판단력은 전환의 국면에서 나라의 명운을 결정하는 척도이다.

대통령의 리더십은 역사의 교훈에서 배워야 한다.

삼국지 제갈공명은 유비 현덕의 삼고의 예를 받고 삼분지 대계를 제시하였다.

바로 천시, 인화, 지리이다.

천시는 지리만 못하고, 지리는 인화만 못하다는 얘기가 있다.

모든 것은 인인 성사이다.

대통령이 혼자 자신이 잘할 수 있다고 생각하면 오판이다.

자신이 대통령으로서 큰업적을 남기기 위해서는 천하에서 인재를 구해야 한다.

삼국지 유비는 제갈공명을 얻어 촉나라 황제가 되었고, 주문왕은 강태공을 주황제가 되게 하였고, 초한지의 유방은 한신, 소하, 장량을 참모로 하여 초나라 항우를 무너뜨리고 천하를 제패하였다.

본인은 역리학자, 병법 연구가이자 기운학의 이치를 공부한 가운데 차기 대권주자의 참고서로 정치적 역량을 발휘하는데 도움을 드리고자 본 저서를 출판하게 되었다.

강호제현의 채찍과 지도 편달을 바라면서 인사에 가늠한다.

惟安 鄭鉉祐

에필로그

• 삼분법(三分法) 사고

삼국지의 유비 현덕이 제갈공명을 초빙하기 위해 삼고초려(三顧草廬) 제갈공명을 측근으로 초빙하였다. 제갈공명이 유비에게 가담하면서 장기적인 포석으로 천시(天時)는 위나라 조조에게 있고, 지리(地利)는 오나라 손권에게 있고, 인화(人和)는 촉나라 유비에게 있다고 장기적인 목표와 구상을 하였다.

천하삼분지계(天下三分之計)이다.

첫째, 천시란 무엇인가

1) 천시는 시대감각이다.

지도자에게는 세 가지 등급이 있다.

상류는 선견지명(先見之明)을 갖고 시대를 예측하고 미리 준비한 자이고, 중류는 시대가 변하고 나서야 변하는 자이고, 하류는 시대가 변하였는데도 구시대적인 낡은 사고에 집착하는 자로 구분된다.

우리나라의 잘나가던 대기업이 실패하고 망한 사유는 다름아닌 시대의 변화를 외면하고 현재의 업종이 오래갈 것으로 알고 투자를 확대하고 현실에 집착한 것이 대부분이다.

삼성그룹을 창업한 이병철 회장은 연말이면 동경과 뉴욕 등 정보의 중심지에서 앞으로 변화에 무엇이 유망한가를 알기 위해 정보를 수집하였다.

그 결과 반도체에 관심을 갖고 투자하여 오늘의 삼성을 발전시켰다.

현대는 시대의 변화가 빠른 시대인 것이 특징이다.

현재 생산되고 판매되는 것은 이미 골동품으로 인식해야 한다.

옷가게는 겨울에 봄상품을 전시한다.

러시아의 고르비는 사회주의 체재를 자본시장경제체재로 전환하여 정치가로서 탁월한 결단을 보여주었다.

미래학자 전 미국 하버드대학 토플러 교수는 미국의 100대 기업 가운데 30% 가 도산하는데 도산의 원인을 시대의 변화를 예측하지 못한 탓으로 돌리고 있다. 현재 호황을 누리는 기업이나 개인이 미래를 예측하고 대응하지 않으면 불행과 실패한다는 것을 알아야 한다.

2) 천시는 부분을 보지 말고 전체를 보라는 뜻

나무를 보지 말고 숲을 보라는 뜻이다.

중국고사에 물이 너무 맑으면 고기가 살지 못한다는 얘기이다. 중국 위나라 때 영왕 시절 지방에서 농수산 토산물과 식량을 선박으로 수송하는 선장과 선원들이 장사꾼으로부터 뇌물을 받는다는 탄핵상소가 도착하자 관아에서는 처벌할 것을 주청하자, 위왕이 묻기를 선장들이 받은 뇌물의 금액이 얼마나 되느냐고 묻자 20량 정도라고 합니다. 그말을 듣고 위왕이 말하기를, 물이 너무 맑으면 고기가 살지 못한다고 말하면서 그 선장의 죄는 처벌해야 마땅하나 그들을 처벌하면 선원들이 수송을 꺼리고 차질이 생겨 지방 식량과 토산물의 중앙도시에 반입이 줄어들면 국가 시장경제가 마비되고 식량값이 폭등하여 나라경제가 어려워진다면서 나라 경제 전체를 비교할 때 그 금액은 미미하니 불문에 부치라고 부분을 보지 말고 전체를 보라고 하였다.

3) 천시는 시기이다.

모든 일에는 시기가 있다.

농사를 할 때 씨를 뿌리고 가지를 칠 때, 추수를 하는 시기가 있다.

그만큼 시기가 중요하다.

초년 29세까지는 평생을 살아가는 전문성의 준비가 필요하다.

중년 49세까지는 적극적으로 자기의 실력을 발휘할 때이고 49세 이후 말년에는 인생의 열매를 맺는 때이다.

적절한 시기를 잃게 되면 실패로 이어진다.

조선조 개국 초기 정도전은 이방원을 제거할 수 있는 시기가 있었는데도 그 시기를 유예하다가 이방원에게 실패하였다. 삼성과 애플의 경쟁에서도 누가 시기를 잘 활용하느냐가 경쟁의 전환점이 된다.

선거에서도 시기를 어떻게 활용하느냐가 성패의 핵심이다.

질병에서도 병의 진행시기에 따라 치료의 처방이 다르다.

뇌출혈이 발생하였을 때 30분 이내에 개인 병원이 아닌 종합병원 응급실을 가야 치료가 가능하다. 스포츠에서도 축구 경기에서도 선수교체 시기를 잘 선택하는 것이 유능한 감독의 능력이다.

하·은·주 시대 은나라 마지막 폭군 주왕(紂王)의 횡포가 극성할 때 여상(呂尙) 일명 육도삼략의 빈조, 일명 강태공은 시기를 조율하며 결정적인 시기를 택하여 은나라를 멸망시키고 주나라 시대를 개막하였다.

시기는 기회 포착의 전환점이다.

새로운 신제품이 출시하면 바로 구입할 것인가 구입 시기를 저울질하며 더 좋은 신제품이 나올때를 기다려 구입하는 것도 시기 선택의 지혜이다.

4) 천시는 시(時)테크이다.

누구에게나 24시간은 균등하게 제공된다.

성공하는 사람은 시간을 효과적으로 활용한다.

시간은 경쟁력이며 시간이 돈이다.

선진국 사람들은 시간 약속에 정확하다.

후진국 사람들은 시간의 개념에 무지하다.

시간을 효과적으로 활용하는 것이 시테크이다.

대기업 계열사 사장이 본사에 소집하였을 때 30개 계열 기업사장이 참석할 경우 1시간이 걸린다면 30시간이 걸리고 시간의 낭비이다.

한 건물에 계열사가 있으면 5분이면 참석할 수가 있다. 세종 신도시의 장관과 고위직 관리와 수행원이 국회개원시 수시로 참석한다.

세종 신도시에서 국회의사당까지의 왕복시간의 낭비는 시테크에 역행하는 것이다.

중요한 정책을 수행할 장차관과 고위직 관리가 그만큼 시간을 낭비하는 것은 신속을 요하는 정책의 지연은 국가적으로 손실이다.

많은 기업들이 회의 진행 과정에서 시간을 낭비하고 있다.

시간에는 틈새 시간이 있다. 예를 들면 히루에 10분 정도 틈새 시간에 영어 단어, 숙어를 공부하여 2, 3년 후에 영어회화강사를 한 영어에 성공한 사람도 있다.

모회사에서는 아침 7시 출근 오후 4시에 퇴근한 경우도 시간 철학의 도입이다.

상대와 약속하고 약속시간이 가까워서 약속을 취소하는 것은 상대의 시간관리에 손해를 지불한 것이므로 시간을 도둑질한 범죄인 것이다. 시간의 개념과 시테크에 대한 관심과 실천이 중요하다.

5) 천시는 장기적인 목표계획이다.

모든 계획은 장단기 계획을 세워야 한다.

제품을 생산한 이후의 판매 대책도 세워야 한다.

장기적인 과정에서 발생할 수 있는 상황을 예측하고 변수에 대비해야 한다.

장기적인 계획을 세워 필요한 인프라를 구축해야 한다. 세계 2차대전 당시 미국과 일본은 적대관계의 적이지만 일본의 항복 후에는 장기적으로 강대국 러시아와 중국을 견제하기 위해 일본경제 부흥에 도움을 준다. 전쟁 이후의 장기적인 계획으로 적대국을 도와준 것이다.

영원한 적도 없고 동지도 없다. 현재의 적과 동지가 장기적으로 어떤 상황이 될 것인가를 변수에 대한 대응전략을 세워야 한다.

6) 대세 장악

작은 세력은 대세에 밀리기 마련이다. 대세의 흐름으로 대세를 타고 대세의 주체가 되는 기업경영(소아병적인 대세의 흐름을 외면하면 대세의 변화 속에 자멸한다) 지금 중국은 대세의 기세를 장악하기 위해 용틀임을 하고 있다.

여기에서 밀리면 낙오자가 된다.

7) 기회 포착

현대는 예측하기 어려운 변화의 한가운데 서 있다.

신기술, 신제품, 신소재, 시장의 변화는 새로운 기회를 포착하기 위해 기회를 잡는 선두주자가 되어야 한다.

8) 시간 경영

시간의 효과를 극대화하는 것이 경쟁에서 성공하는 비결이다.

삼성의 7~4시 출퇴근도 이병철 회장의 시테크이다.

9) 고공 사고

높은 곳에서 아래를 보면 넓고 크게 보인다.
넓은 세계관과 전체를 보는 고공 사고로 정상 의식을 갖고 경영한다.

10) 투명 경영

현대는 두뇌사회이다. 비리, 부정, 비정상적인 회계 경영은 기업의 불행으로
이어진다.

11) 커뮤니케이션

상의 하달, 하의 상달, 기업의 과거, 현재의 상황, 미래의 비전에 전(全)임직원
이 공유해야 한다.

12) 시대 경영

초고속 정밀화된 해공군의 위주의 전쟁 추세로 볼 때 보병 위주의 군대편재
는 시대 경영에 적합한가. 금융기관 여신업무는 구시대적이다.

둘째, 지리(地利)는 무엇인가

1) 지리는 상황이다.

당나라 태종이 신하들을 모아 놓고 이르기를 한나라를 경영하는 것은 어려운
가, 쉬운가 하고 물었다. 그때 간의 대부 벼슬에 위징(魏徵)이란 신하가 이르기
를, 참으로 어렵습니다 라고 말하자, 왜 어려운가 라고 묻자 위징이 대답하기를,
나라가 경제 사정이 어렵고 가난할 때는 위기의식을 갖고 어려움을 극복하려고
노력하여 어려움을 극복할 수 있으나 경기가 좋아지고 태평성대에는 임금이나
신하가 긴장감이 없고 위기의식이 없어 무사안일에 빠져 자칫 망할 수가 있기
때문에 나라경영이 어렵다고 말하자 당태종이 신하들에게 이르기를, 어떤 경우
에도 위기의식을 갖고 나라를 경영하라고 위기의식을 강조하였다.

개인이나 기업, 정부는 성공할 수 있는 상황과 조건을 만드는 것이다.

2) 지리는 풍수지리이다.

풍수지리는 환경과 분위기이다.

건물의 위치나 규모, 모양이다. 모든 기운은 분위기와 환경에서 기운이 작용한다.

기운은 신통력이다. 풍수지리에 관심이 많은 대표적인 기업이 삼성그룹이다.

삼성은 본사의 위치나 공장부지에 이르기까지 풍수이론을 도입하고 있다.

개인의 건강, 성공의 기본은 주거 환경이 중요하다. 주택에서는 인테리어가 중요하다.

삼성은 서울 사대문안 시청, 덕수궁, 남대문 주위에 본사를 두었고, 현재는 강남역 서초동에 대규모의 본사를 건축하였다. 삼성공장의 입지를 보면 교통, 조경에서 뛰어나다. 상호명이나 로고에도 풍수의 이론이 적용된다.

사람은 환경에 따라 정서와 감성에 영향을 주며 그 영향이 건강, 성공에 영향을 미친다.

3) 지리는 학이시습(學而時習)이다.

성공과 실패는 준비에 달려있다.

경험과 학습, 훈련이 중요하다. 무슨 일이나 학습과 준비없이 시작하면 실패로 이어진다. 예부터 장사를 하려면 3년 동안 상점의 종업원으로 근무하여 장사에 대한 공부와 학습을 하라는 것이다. 삼성그룹 창업주 이병철 회장의 경영철학의 화두는 학이시습이다.

4) 지리는 국면전환이다.

어려운 상황에 처하거나 상승세를 타는 경우에도 국면 전환을 시도해야 한다. 계속되는 어려움에서도 국면전환을 시도해야 한다.

위기는 기회라는 얘기는 사람은 위기에서 국면 전환을 시도하기 때문이다.

역경학에 궁하면 통하고 통하면 변한다는 얘기는 변화를 강조한 교훈이다.

5) 풍수지리는 개성이다.

사람은 각기 다른 체격과 얼굴, 재능에 차이가 있다. 자기 나름의 차별화된 개성을 독창적으로 이미지를 살려야 한다.

성공의 댓가를 치르는 생각이 필요하다.

세상에 공짜는 없다.

성공하기 위해서는 많은 희생을 감수해야 한다.

희생을 하다보면 마음이 괴로워진다.

어차피 인생은 과정이다.

즐기는 인생이든, 열심히 일하는 인생이든 과정이다.

자신이 하는 일이 고통스럽고 힘들어도 즐거운 즐기는 마음으로 일하면 고통도 즐거운 것이다. 일을 고통스럽다고 생각하는 사람은 평생 그 생각을 바꾸지 않으면 불행한 사람이다.

셋째, 인화(人和) 사상이다.

1) 인재발굴이다.

십팔사략에 인재발굴에 대한 이야기가 있다.

위나라 영왕이 하루에 천리마를 구하기 위해 현상금을 걸고 천리마를 구한다고 포고령을 내렸으나 3년이 지나도 한 필의 천리마도 구할 수가 없었다. 그런데 어느 고을에 천리마가 있다는 보고를 받고 신하에게 이만 량을 주고 그 천리마를 사오라고 명하였다. 신하가 그곳에 도착하였을 때는 천리마가 병이 들어 죽었다고 하자 그 신하는 말주인에게 천리마 무덤에서 오만 량을 주고 천리마의 말뼈다귀를 사가지고 왕에게 바쳤다. 왕이 묻기를 거금 5만 량을 주고 소용없는 말뼈다귀를 사왔느냐고 묻자 신하가 대답하기를, 삼 년 동안 천리마를 구할 수가 없었던 이유는 백성들이 정부를 불신하고 천리마를 팔려고 하였다가 돈을 받기는 커녕 이유를 달아 나라에 뺏길까 의심하여 천리마를 구할 수가 없었던 것입니다. 그 불신을 해소하기 위해 죽은 말뼈다귀를 사갖고 왔습니다. 사람들은 죽은 말뼈도 5만 량을 주고 하니 살아있는 천리마는 돈을 받을 수 있다는 생각으로 불신을 해소하여 천리마를 구하기 위해 그렇게 하였노라고 얘기하였고 그후 소문이 나고 의심이 풀리자 한해에 천리마 3필을 구하였다는 설화이다. 인재를 발굴하는 것도 인재를 대우한다는 성의를 보여야만 천리마에 비유되는 인재를 얻을 수 있다는 교훈이다.

정치와 경영의 성공과 실패는 주변에 유능한 참모가 중요하다.

통치술의 근본은 유능한 인재를 발굴하는 것이 근본이다.

인재를 천리마에 비유한다. 하루살이가 하루에 얼마나 갈 수 있는가. 5리도 못갈 것이다. 그러나 천리마 등에 업히면 천리를 간다 하여 천리마를 얻는 것이 성공의 열쇠이다.

유방은 장량, 한신, 소하 세 사람의 참모를 얻어 천하 영웅 초왕 항우를 무너뜨리고 천하를 제패하였고, 삼국지 유비는 제갈공명을 얻어 촉나라 황제가 되었으며, 진시황제는 이사를 얻어 천하를 통일하였다.

2) 용인술

인재에는 삼등급이 있다.

자기보다 우수한 상급 인재를 두기 위해서는 상전의 예로 대우해야 초빙할수가 있고, 중급의 인재는 보통 수준의 대우로 가능하나 자기보다 낮은 대우를하면 명령에 따라 움직이는 하급의 참모를 얻을 뿐이다.

직원의 얘기에 귀를 기울이어야 한다. 인재의 장점을 활용하고 칭찬을 잘해야 한다.

3) 적재적소

사람은 누구나가 장단점과 각기 다른 재능을 갖고 있다. 사람을 보는 태도는 상대의 단점과 부족한 점보다는 그 사람의 장기를 적재적소에 배치하고 배려하는 마음을 가져야 한다.

능력에 따라 적재적소에 배치해야 한다.

4) 인간관계는 응대사령이다.

상대방의 어떤 감정적인 태도에도 이지적으로 대응하는 이성이 중요하다.

중국 당나라 측천무후 때 누사덕이란 신하가 자신의 동생이 지방관아로 출사할 때 아우에게 묻기를, 누가 너에게 얼굴에 침을 뱉으면 어떻게 하겠느냐고 묻자 그냥 얼굴의 침을 닦겠다고 하자, 그때는 침이란 저절로 마르니 닦지 말고 내버려두라고 타일렀다. 만일 침을 닦으면 상대가 반항심을 갖게 되니 그렇게 하라고 타일렀다. 이런 태도가 응대사령이다.

5) 인화

조직의 단합과 화합에서 좋은 기운이 나타난다.

6) 사기 진작

의욕을 갖고 주인 정신으로 일할 수 있는 동기를 부여한다.

7) 측은지심

모든 사람을 측은지심으로 동정심으로 대하라.

8) 역지사지

인간관계는 관점을 상대에 두고 상대의 입장을 배려해야 한다.

9) 인의 장막

대통령에 당선되면 인의 장막이 형성된다. 인의 장막은 인의 장막 밖에서의 인재 발굴을 가로 막는다. 따라서 대통령이 되기 전에 인재를 폭넓게 파악하고 인재를 발굴하는 준비가 필요하다.

10) 화술

상대의 의견을 듣고 대응하라. 감정의 표현은 삼가고 말하기 전에 해야 할 말인지를 심사숙고하고 말하라. 한번 나간 말은 되돌릴 수가 없다.

11) 표정을 밝게

표정관리, 언어의 고저, 품위 있는 목소리 훈련이 필요하다.

대통령의 리더십

논어(論語)에서
인간관계를 배운다

　〈논어〉는 지금으로부터 약 2천 5백 여년전, 춘추시대 말기에 활약한 사상가 공자의 언행을 기록한 책이다.

　학이편(學而篇)부터 시작해서 요왈편(堯曰篇)까지 전부 20편, 분류 방법에 따라 약간의 차이는 있으나 5백개 가까운 짧은 문장으로 이루어져 있다.

　공자 사상의 중심은 '인(仁)'으로, 〈논어〉는 '인'에 대하여 60장을, 즉 전체의 1할 이상을 할해하고 있다. 바로 이 '인' 위에 서서 인간론, 인생론, 정치론, 지도자론이 전개되어 있는데, 이 사상은 반드시 체계가 세워져 있지는 않다. 오히려 생생한 인간기록이라는데 이 책의 깊은 의미가 있다.

- 아침에 도를 깨우치면 저녁에 죽어도 좋다.
- 덕은 외롭지 않다. 반드시 이웃이 있다.(里仁編)
- 배운 것을 생각하지 않으면 소용이 없고,
  생각하면서 배우지 않는 것도 무의미하다.(爲政編)
- 지나친 것은 미치지 못함과 같다.(先進編)
- 사람이 죽음을 앞에 두었을 때 하는 말은 진실이다.(泰伯編)
- 잘못을 고치지 않는 것을 과실(過失)이라 일컫는다.(衞靈公編)
- 여인과 소인은 다루기 힘들다.(陽貨編)
- 교언영색(巧言令色)은 인(仁)과 거리가 멀다.
- 군자는 화(和)하지만 뇌동(雷同)은 않는다.
  소인은 뇌동하지만 화하지를 않는다.(子路編)
- 잘못했으면 당장 고치는데 주저하지 말라.(學而編)

인생의 수난자 공자

가난에 처해서
누군가를 원망하지 않는 것은 어려운 일이고
부자가 되어서 뻐기지 않는 것은 쉬운 일이다

〈논어〉는 공자(孔子)의 언행록(言行錄)이다. 인간이나 정치에 대한 감상이나 의견을 모아 놓은 책으로, 대부분 한두 행의 짧은 문장으로 되어 있다.

실제로 〈논어〉를 읽어 본 적이 없는 사람이라도 〈논어〉라는 책 이름, 혹은 공자라는 이름을 모르는 사람은 없을 것이다.

그러나 오늘날 우리의 일상생활에서는 옛날처럼 그렇게 〈논어〉가 많이 읽히지 않고 있다. 도덕 교과서 같은 이미지가 강하게 남아 있어서인지 거부반응을 일으키는 사람이 많다.

이런 현상에는, 공자는 바로 성현(聖賢)이라는 이미지가 크게 작용하고 있다. 공자의 가르침을 이어받은 사람들을 유가(儒家)라고 부르는데, 후세의 유가가 공자를 존경한 나머지 신격화(神格化)시켜서 성현으로 떠받들었던 것이다. 그것이 거꾸로 공자나 〈논어〉를 우리들과 거리가 먼 것으로 만든 것이다.

그러나 실제의 공자는 결코 완전무결한 성인은 아니었다. 아니 오히려 인생의 수난자(受難者)라고 하는 편이 더 어울릴지도 모른다.

공자는 어릴 때 부친을 여의고 모친의 손에서 자랐는데, 그

모친마저 17세 되던 해에 여의고 말았다. 공자의 집안은 결코 유복하지 못했고, 어릴 때부터 생계를 유지하기 위해 일하러 나가지 않으면 안 되었다.

나중에 공자는 '나는 어렸을 때 고생을 많이 했기 때문에, 쓸모없는 일까지 배우지 않을 수 없었다' 라고 말하고 있다.

생활의 서러움과 고통을 철저히 맛보며 자라났던 것이다. 그뿐만이 아니다. 후에 정치의 세계에 뜻을 두고서도 유세(遊說) 활동은 실패로 끝나고 결국에는 정치활동을 단념해야 하는 상태에 빠져들게 되었다. 밑바닥의 고통을 충분히 맛본 인간, 바로 공자인 것이다.

〈논어〉에 이런 말이 있다.

'먹고 마시고 머리도 쓰지 않고 빈둥거리고 있을 바에는 차라리 도박이라도 하는 편이 낫다.'

독자들은 놀랄지도 모르지만, 공자가 이런 말을 하고 있는 것이다.

인생의 진리를 깨우친 점잖은 성인은커녕, 꽤나 속이 넓게 트인 인품을 상상할 수 있지 않은가. 〈논어〉에는 이처럼 고생을 한 사람다운 얘기가 많이 수록되어 있다.

공자는 언젠가 다음과 같은 감상을 토로했다.

'가난에 처해서 누군가를 원망하지 않는 것은 어려운 일이고, 부자가 되어서 뻐기지 않는 것은 쉬운 일이다.'

세상에는 돈을 약간 모으면 갑자기 남을 깔보는 듯한 태도를 보이는 사람이 있다. 그래서 부자가 되었다고 해서 뻐기지 않는 사람은 그 나름대로 훌륭한 인물이라고 할 수 있다.

그러나 공자의 말을 빌리면, 그것은 훨씬 쉬운 일이고, 어려운 것은 오히려 가난해도 비뚤어지지 않는 일이라는 것이다. 이것은 역시 가난의 쓰라림이나 괴로움을 체험한 인간이 아니면

할 수 없는 말이 아닐까?

공자는 또한 자공으로부터,

"한 마디로 생애의 신조를 삼을 수 있는 말을 가르쳐 주십시오."

하는 청을 받았을 때, 이렇게 대답하고 있다.

"그것은 동정심이다. 자신이 하기 싫은 것은 남에게도 시키지 말라."

남으로부터 받고 싶지 않은 것은, 자신도 남에게 하지 말라는 것이다. 이 말은 〈성경〉에도 나오는 명언이다. 이것은 인간관계의 기본적인 에티켓이라고 할 수 있다.

또 언젠가 자로(子路)라는 제자로부터,

"스승님께서 이상(理想)으로 삼는 삶의 자세란 어떤 것입니까?"

라는 질문을 받았을 때, 공자는 이렇게 말하고 있다.

"연장자에게 안심(安心)의 대상이 되고, 동년배에게 신뢰받고, 연소자에게 흠모받는 것이 내 이상의 삶일세."

평범한 것 같지만 잘 생각해 보면 지극히 함축성 있는 말이라는 것을 깨닫게 된다. 공자의 말들은 어느 것이나 성현의 말이라기보다는 인생의 쓰라림을 밑바닥까지 맛본 수난자의 말이라고 하는 것이 보다 더 어울릴 것이다.

〈논어〉가 씹으면 씹을수록 맛이 난다고 하는 것은 바로 이러한 점을 가리켜 하는 말이다.

억척스럽게 앞을 보고

군자의 인품은
온화하면서도 엄격하고
위엄을 갖추고 있으나 위압감이 없으며
예의 바르면서도 답답함을 주지 않는다

고생을 한 사람은 많지만, 공자가 위대한 것은 고생을 하더라도 조금도 개의치 않고 비굴하지 않으며, 전진하는 자세로 굳세게 살았다는 점에 있다.

'나는 15세에 학문을 목표 삼고, 30세에 몸을 일으켰다. 40세에 흔들리지 않았고, 50세에 천명을 알고, 60세에 남의 말을 들어 곧 이해할 수 있었다.'

이것은 공자의 일생을 요약한 것과 같은 말인데, 이 말에 의하면, 15세 때 학문으로 몸을 세우려고 결심했다. 즉 인생의 목표 설정을 15세 때 했다는 것이다.

그리고 자립해서 사회인으로서의 입장을 확립한 것이 30세, 뒤이어 40세가 되어서 겨우 자신의 진로(進路)에 확신을 갖게 되었다는 것이다. 아마 공자 시대의 40세는 지금의 60세에 해당할지도 모른다. 이때 처음으로 공자는 자기 미망(迷妄)에서 벗어났다고 한다.

이렇게 살펴 보면 공자는 처음부터 도통한 사람이 아니고, 우선 인생의 목표를 설정하고 그 목표를 향해 끊임없이 자신을 단련시켜 나간 인물이라는 것을 알 수 있다.

16

공자는 만년에 이르러 정치 활동을 단념하고 오로지 제자의 교육에 힘을 쏟았는데, 교육의 의미에 대해서 이런 말을 하고 있다.

'자신의 힘이 미치는 한도까지 앞으로 나와서 허우적거리고 있는 그런 상태가 아니면, 나는 힌트를 주지 않는다. 말하고 싶은 것은 머리 속에 있는데, 잘 표현을 못해서 안타까워하고 있는 그러한 상태가 아니면 조언을 해 주지 않는다. 하나의 예를 들어 주면 곧장 유추(類推)해서 해답을 꺼내지 못하는 상태이면, 그 이상의 지도를 단념할 수밖에 없다.'

즉, 교육이라고 하는 것은 우선 본인의 자발성(自發性), 추구하는 자세가 중요하다고 말하고 있는 것이다. 그리고 그러한 자발성을 남보다 몇 배 더 갖고 있었던 것이 바로 공자였다.

공자의 74년의 생애는 불우함의 연속이었다. 그러한 은혜받지 못한 생활 속에서도 고통에 좌절하지 않고 감연(敢然)히 전진하는 자세로 일관하여 자기 개발을 늦추지 않은 것이 공자의 삶의 태도였다.

만년이 되어서의 일이다. 제국(諸國)을 유세하던 중에 공자의 일행은 적국의 병사에게 둘러싸여 들판 한가운데서 오도가도 못하게 되었다.

식량도 떨어지고 굶주림과 피로로 쓰러지기 직전의 상태에 놓여 있었다. 그러나 한 사람 공자만은 조금도 동요하지 않았다. 자로(子路)가 속이 상해서 공자에게 덤벼들었다.

"군자도 역시 궁할 때가 있습니까?"

자기 스승은 평소부터 군자가 어쩌니저쩌니 하고 잘난 얘기만 하고 있는데 그만큼 위대한 군자가 이러한 위급함을 맞이할 수 있느냐는 것이었다.

그러자 공자는 다음과 같이 대답했다.

"군자가 궁지에 몰릴 때는 의연한 자세로 일어서고, 소인은 궁하면 흐트러진다."

군자라는 것은 훌륭한 인물이고, 소인은 하잘 것 없는 인물이라는 의미다. 군자도 물론 위급함에 몰릴 때가 있다. 그러나 군자라면 그러한 위급함에도 태연히 견디어내지만, 소인은 위기에 처하면 대뜸 자신을 잃고 만다. 공자는 그렇게 대담하고 유유히 있었다고 한다.

권투선수 가운데 맷집이 강한 선수가 있다. 얻어맞고 또 얻어맞아도 꿈쩍 않는다. 나중에는 상대방이 지쳐 버린다.

역경에 강한 인물은 마치 맷집이 강한 권투선수와 비슷한데, 공자의 생활태도는 그 전형(典型)이라 해도 과언이 아니다. 그러나 공자는 역경을 극복해 나감으로써 자신을 굳센 인간으로 단련시켜 나갔다.

공자는 강한 인간이었으나, 그저 강하기만 한 인물이냐 하면 결코 그렇지가 않다. 강하고 엄격한 가운데 뭐라고 말할 수 없는 따뜻함을 지니고 있었던 것 같다. 공자의 인간상에 대해서 제자들은 이런 말을 하고 있다.

'인품은 온화했으나 한편 엄격하고, 위엄을 갖추고 있으면서도 위압감이 없었고, 예의 바르면서도 답답함을 느끼게 하지는 않았다.'

'멀리서 보고 있노라면 근접하기 힘든 위엄이 있으나 친히 접해 보면 그 인품의 따뜻함이 전해져 온다. 말을 자세히 듣고 그 뜻을 음미하면 그 말의 엄숙함을 알게 된다.'

과연 밸런스가 잡힌 온화한 인간상이 떠오르지 않는가?

공자는 또한 어떤 상황에 처해서도 인생을 즐기는 법을 알고 있었던 것 같다. 〈논어〉 가운데도 '사생활에서의 공자는 유유자적했다'고 평한 말을 찾아 볼 수 있다.

18

혜택받지 못한 생활 속에서도 그러한 매력에 넘친 인간상을
형성할 수 있었다는 데 공자의 위대함이 있다.

언필신 (言必信) 행필과 (行必果)

자신의 행동에 책임을 질 줄 알고,
외국에 사신으로 나가
군주의 명을 욕되게 하지 않는
인물이 바로 선비다

제자인 자공 (子貢)이 공자에게,

"선비란 어떠한 인물을 말하는 것입니까?"

하고 물었다.

선비란 사회의 지도적 입장에 있는 사람이라고 이해할 수 있다. 그러므로 자공은 지도자의 조건에 관해서 물은 셈이다.

그러자 공자는,

"자신의 언행에 대해 수치를 알고, 사방에 사신으로 나가 군주의 명을 욕되게 하지 않는 인물이다."

라고 대답했다. 즉 자신이 하는 행동에 책임을 질 줄 알고, 외국에 사신으로 나가서 훌륭하게 외교 교섭을 해낼 수 있는 인물이 바로 선비라고 대답했던 것이다.

그래서 자공은,

"그 밑의 등급은 어떤 인물을 말합니까?"

공자는 그 말에 대답하길,

"부모에게 효도하고 형제간의 우의가 좋은 인물, 그도 선비라 할 수 있을 것이다."

라고 말했다.

20

이것은 지나치게 평범한 대답이지만, 그러나 평범하기 때문에 오히려 실행하기가 더욱 어려운 것인지도 모른다.

자공도 그것을 어렵다고 느낀 모양이다. 이어서,

"또 한 단계 낮추면 어떤 인물이 될까요?"

라고 묻자 공자는,

"언필신 행필과, 융통성이 없는 소인이겠지."

라고 대답했다.

약속한 일은 반드시 지키고, 손을 댄 일은 끝까지 해내는 인물은 융통성이 없는 소인이기는 하지만, 그럭저럭 선비 축에 넣어도 좋을 것이라는 말이다.

따지고 보면 '언필신 행필과'라는 것은 지도자로서 최저의 조건이다. 덧붙여 자공이 당시의 정치가에 대해서 공자의 감상을 물었더니,

"앙금 같은 친구들이다. 얘기도 안 된다."

라고 잘라 말했다고 한다.

그와 같은 〈논어〉의 문맥을 살펴 보면, '언필신 행필과'라는 것은 앙금 같은 친구들보다는 억지로 하나 위, 즉 선비로서는 최하위로 아슬아슬하게 합격했다는 정도인 것이다. 적어도 백 퍼센트의 칭찬은 아니다.

서양의 〈성서〉, 동양의 〈논어〉라고 일컬어지듯이 〈논어〉는 예로부터 가장 기본적인 교양서로 널리 읽혀 왔다.

현재도 사회의 지도적 입장에 있는 경영자나 관리직 종사자에게 있어서는 필독서라 할 수 있을 것이다.

왜냐하면 〈논어〉에는 인간으로서의 자신을 어떻게 향상시켜 가는가, 혹은 인간관계에 어떻게 대처해야 하느냐 등 인간학의 기본이 되는 것들이 여러 가지 각도에서 해명되어 있기 때문이다.

일반적으로 중국의 고전은 어느 정도 인생 체험을 겪은 뒤 읽는 것이 이해하기 쉽다. 특히 〈논어〉는 그러한 책이다.

젊었을 때 반발을 느낀 문구(文句)가 나이를 먹고 다시 읽어 보면, 쉽게 납득할 수 있는 예가 비일비재하다. 한 번 읽고서 잊어버리는 것이 아니라, 기회 있을 때마다 되풀이해서 읽음으로써 점점 더 깊은 맛을 느낄 수 있는 책인 것이다.

자신의 살아가는 모습을 체크하는 의미에서라도 〈논어〉를 한 번 꼭 읽기를 권한다. 인생의 전환기 같은 때는 더욱 되풀이해서 읽어 보는 것도 해롭지 않으리라.

인간관계의 비결

인간은 언젠가는 죽는다.
죽음을 피할 수는 없지만, 이 사회에서 성실이 없어진다면
살아 있어도 보람이 없는 것이다

자로가 공자를 향해 이렇게 물었다.

"선생님, 하느님에게는 어떤 태도로 봉사해야 합니까?"

"하늘에 봉사하기보다는 먼저 인간에게 봉사할 것을 생각해야
한다."

라고 공자는 대답했다.

자로가 덧붙여 물었다.

"그러면 죽는다는 것은 대체 어떤 것입니까?"

"살아가는 의미조차 아직 모르고 있는데, 하물며 죽음에 대해
서야 알 턱이 없지 않겠느냐?"

이 대답을 간단히 나타내면 '아직 삶을 모르는데 하물며 죽음
을 어찌 알랴?'가 된다.

이 응답에서 분명한 것처럼, 공자의 관심은 일관해서 인생을
어떻게 살아가느냐, 눈 앞의 현실에 어떻게 대처하느냐 하는 생
활의 문제에 쏠려 있었다.

사회생활 속에서 우리들을 가장 괴롭히는 문제 중의 하나가
인간관계인데, 〈논어〉는 그 문제에 대해서 여러 가지 각도에서
방향을 제시해 준다.

우선 공자가 인간관계의 기본으로써 중시한 것은 '신(信)'이다. '신'이란 거짓이 없는 것이다. 약속을 지킨다는 의미로 구태여 옮기자면 '성실(誠實)'이라고 할 수 있다.

〈논어〉에서 공자는 '인간에게 성실이 없다면 그 좋은 것을 모르겠더라. 성실이 없다면 이미 인간으로서 평가 받을 수 없다'고까지 혹평을 하고 있다.

자공이 정치의 가장 중점 과제로 삼을 것이 무엇이냐고 물었을 때, 공자는 이렇게 대답했다.

"식량의 충족, 군비(軍備)의 충실, 그 위에 사회 속에 성실을 확립시키는 것이다."

"그러면 그 세 가지 가운데 가령 하나를 단념해야 한다면 어느 것을 골라야 할까요?"

"군비지."

"남은 둘 가운데 또 하나를 단념해야 한다면요?"

"물론 식량이지. 인간은 언젠가는 죽는다. 죽음을 피할 수는 없지만, 이 사회에서 성실이 없어진다면 살아 있어도 보람이 없잖은가?"

이 문답 하나만 보더라도, 공자가 인간관계의 기본으로써 신(信), 즉 성실성에 근거를 둔 신뢰를 중시하고 있었던 것을 잘 알 수가 있다.

그런데 우리들 사회에서는, 옛날부터 '화목(和睦)'을 더 중요시해 왔다.

화목을 중요시하는 것 자체는 좋은 일이지만, 우리들이 이해하고 있는 화목에는 약간 문제가 있다. 즉 자신을 버리고 주위의 의견에 동조한다. 그것이 '화목'이라고 생각하는 면이 엿보인다.

공자도 화목을 중시하지만, 그가 주장하는 화목은 그것과는 다르다. 우리가 말하는 화목의 의미는, 오히려 '동(同)'에 가깝다.

'군자는 화(和)하나 동(同)하지 않고, 소인은 동하나 화하지 않는다'는 말도, 그 의미는 군자는 화는 하지만 뇌동(雷同)은 하지 않는다. 이것에 반해 소인은 뇌동은 하지만 화를 하지 못한다는 것이다. 그러니까 '화'와 '동'은 완전히 다른 것이다.

'동'이란, 자신의 의견이 없이 무턱대고 부화뇌동하는 태도를 말한다. 여기에 대해서 '화'라는 것은 자신의 주체성을 지켜 가면서 주위 사람들과 협조하는 태도를 가리키고 있다.

우리들은 '화'를 구하면서 자칫하면 '동'에 쏠리기 쉬운데, 될 수 있다면 공자가 말하는 것처럼 주체성을 유지하면서 타인과 협조를 도모하는 그러한 '화'를 구하고 싶다.

가까이 해서 도움이 되는 친구라는 것은 강직한 인물, 성실한 인물, 교양이 있는 인물의 세 가지 유형이다.

그리고 도움이 안 되는 인물이라는 것은 쉬운 것을 좋아하는 인간, 사귀기 좋은 인간, 언변이 좋은 인간이라고 한다.

이것 또한 신랄한 표현이다.

다음으로 윗사람과 사귈 때 범해서는 안 될 것이 세 가지가 있다고 공자는 말한다.

첫째, 묻지도 않는데 말을 하는 것,

둘째, 물었는데 대답하지 않는 것,

셋째, 상대의 얼굴빛을 안 보고 떠드는 것이다.

윗사람을 회사의 상사라고 바꿔 놓아도 좋을 것이다. 이 세 가지를 지키는 것만으로도 상사와의 인간관계는 퍽 원만해질 것이다.

이상적인 인간상

공허한 아첨, 얼굴만의 애교, 지나치게 정중한 태도,
그러한 비굴함을 수치라고 했다

공자는 전생애에 걸쳐서 자신을 완성시키기 위한 노력을 아끼
지 않은 사람인데, 인간으로서 무엇을 가장 중요시하고 있었을
까?

이것은 한 마디로 '인 (仁)'이라고 할 수 있다.

'인'을 체현 (體現)하는 인물이야말로 가장 이상적인 인간이었
다.

그러나 '인'이란 무엇인가에 대해서 공자는 명확한 답을 주지
않고, 상대와 환경에 따라서 여러 가지로 표현하고 있다.

'교언영색 (巧言令色)은 인과는 멀다.'

이것은 교묘한 말과 아첨하는 얼굴빛, 즉 그럴듯한 변설, 상
냥한 태도, 그런 사람일수록 '인'과는 거리가 멀다는 뜻이다.

'강의목눌 (剛毅木訥)은 인에 가깝다.'

즉, 강직하고 순진한 인간은 인에 가깝다.

이것만으로는 이해하기 힘들기 때문에 좀더 공자의 말에 귀를
기울여 보기로 하자.

제자 중에 번지라는 인물이 있었다. 다소 이해력이 부족했던
탓인지, 〈논어〉 속에서 세 번씩이나 '인'이 무엇이냐고 묻고 있

26

다.

여기에 대한 공자의 대답도 세 번 모두 조금씩 다르다.

"'인'이란 사람을 사랑하는 것이다."

"인간으로서 올바른 일이라고 생각되면, 비록 노력만 많이 하고 결과가 시원치 않다는 것을 알고 있어도 굳이 실천하는 것이 인이다."

"일상생활에서 신중하고 조심스럽게 행동하는 것, 직무를 중요하게 생각하는 것, 타인에 대해서는 어디까지나 성의를 다하는 것이다."
라고 말하고 있다.

인이란 자신에 대해서나 타인에 대해서 성실한 태도를 갖는 것이라고 할 수 있을 것이다. 이것은 공자가 어떤 형의 인간을 싫어했는지를 알면 한층 더 쉽게 이해할 수가 있다.

제자인 자공으로부터,

"선생님에게도 싫어하는 형의 인간이 있습니까?"
하는 질문을 받고, 공자는 네 가지 인간의 형을 들어 대답했다.

"첫째, 타인의 악(惡)을 좋아하는 자, 즉 타인의 실패를 기뻐하는 자이다.

둘째, 낮은 지위에 있으면서 윗사람을 헐뜯는 자, 즉 부하로서 상사를 헐뜯는 자이다.

셋째, 용기는 있으면서 예(禮)가 없는 자, 즉 단순한 난폭을 용기라고 잘못 생각하고 있는 자이다.

넷째, 과감하지만 가로막는 자, 즉 독단(獨斷)을 결단(決斷)이라고 오해하고 있는 자이다."

이에 덧붙여서 공자는 다음과 같은 말들을 했다.

"정열가이지만 그러면서도 겉과 속이 다른 자, 순정가이지만 잔재주를 부리는 자, 우직하지만 그러면서도 교활한 자, 그런 사람들은 손을 쓸 수가 없다.

지도적 입장에 있으면서 관용이 없는 자, 의례(儀禮)를 행할 때 성의가 없는 자, 장례식에 참석하는데 애도의 감정을 갖지 않은 자, 이런 인간은 전혀 평가할 가치가 없다.

공허한 아첨, 얼굴만의 애교, 지나치게 정중한 태도, 그러한 비굴함을 좌구명(左丘明)은 수치라고 했다. 또한 뱃속에서는 상대를 경멸하면서 표면적으로 친구로 교제하는 것을 좌구명은 부끄럽게 생각했다. 나도 이에 동감이다."

이러한 말들에서도 분명한 것처럼, 공자가 싫어한 인간은 자신에 대해서나 타인에 대해서나 성실성이 결여된 형의 인간이었다.

군자의 조건

자세가 올바르면 법이 없어도 행하고,
올바르지 못하면 법이 있어도 따르지 못한다

조직의 책임자, 관리직에 있는 자, 더 나아가서 널리 사회의 지도적 입장에 있는 사람들을 일괄해서 '지도자'라고 부른다면, 요즘 우리들은 지도자로서의 설득력이 부족하다고밖에는 생각할 수 없는 '지도자'를 여기저기서 종종 볼 수 있다.

어째서 그런 지도자가 생겨 나는 것일까? 그것은 다름이 아니라 자신을 수련하는 노력을 게을리하기 때문이다.

지도자는 무거운 짐을 짊어지고 있다. 그 책임을 완수하기 위해서는 인격과 능력이 모두 뛰어나지 않으면 안 된다. 따라서 지도자가 될 사람은 항상 자신의 능력이나 인격을 도야하고 능력을 계발해야만 한다. 그것을 게을리하면 지도자로서는 실격이라고밖에는 말할 수가 없다.

공자는 일찍부터 제자들을 가르쳤는데, 특히 만년에 정치활동을 단념한 뒤에는 제자의 교육에 전력을 기울였다. 그 내용은 단순히 읽고 쓰기, 셈하기뿐만이 아니라 교육 과정 전반을 망라하여 국정을 짊어져야 할 엘리트, 즉 지도자의 양성을 목표로 삼았다. 그러한 엘리트를 당시의 표현으로 '군자'라고 했다.

'군자는 일에 빠르고, 말을 삼가고, 도를 배워 올바로 살아간

다.'

쉽게 풀이하자면, 해야 할 일은 재빨리 해치우고, 말에는 책임을 지며, 도(道)의 선배에게 사사(師事)하여 독선기신(獨善其身)에서 탈피한다는 뜻이다.

같은 내용으로 '군자는 말은 느리고 행동에는 민첩해야 한다'라는 말이 있다. 공자는 입만 살아 있는 사람을 싫어했다. 결코 변설을 경멸한 것은 아니지만, 필요한 때에 필요한 말을 할 수 있으면 그것으로 족하다는 것이 공자의 입장이었다.

'군자는 쓸데없이 다투지 않고 떼를 지어 당을 만들지 않는다.'

즉 군자는 자신에 차 있지만 무턱대고 다른 사람과 다투지 않고, 협조는 잘 하지만 파벌은 만들지 않는다.

'군자는 태연하면서도 오만하지 않다.'

군자는 태연하게 자세를 갖고 있으나, 그러면서도 남을 깔보지 않는다는 의미이다.

'군자는 유연하고 도도하다.'

군자는 초조해 하거나 후퇴하거나 머뭇거리지 않고, 항상 흐르는 물처럼 도도하게 일에 대처한다는 의미이다.

그런 공자는 앞에서 말한 것처럼, 아무런 성과도 올리지 못하고 은퇴했지만, 정치의 개혁에 정열을 불태웠다. 어떻게든 이상적인 정치를 실현하려고 악전고투한 것이 공자의 일생이었다고 할 수 있다.

그런 탓인지 〈논어〉에는 정치에 관한 문답이 많이 수록되어 있다. 그 가운데는 정치가의 본연의 자세에 대해서 논한 것도 적지 않은데, 그것도 또한 지도자론으로써 읽을 수가 있다.

예를 들자면, 언젠가 제자의 질문에 공자는 이렇게 대답하고 있다.

'자포자기적으로 일을 해서는 안 된다. 항상 성실성을 잃어서는 안 된다.'

또 다음과 같이 말하기도 했다.

'부하가 충분히 능력을 발휘할 수 있도록 해 줄 것, 또한 조그만 실수는 거론하지 말고 인재(人材)의 발탁에 주력하라.'

'안달을 하지 말고 조그만 이익에 현혹되지 말아야 한다. 초조해 하면 실패하기 쉽고 조그만 이익에 혹하면 큰일을 해낼 수가 없다.'

이것을 다시 말하자면 이렇다.

'빠른 것을 원하지 말라. 조그만 이익을 보지 말라. 빠른 것을 원하면 달성할 수가 없다. 조그만 이익을 보면 대사(大事)를 이루지 못한다.'

이것은 어떤 사람에게나 바람직한 마음가짐인데, 특히 지도자에게 있어서는 필요불가결의 조건이다.

이상으로 공자가 지도자의 자질로써 무엇을 기대했던가를 소개했는데, 한 마디로 말하자면 다음 말로 요약할 수 있을 것이다.

'자세가 올바르면 법이 없어도 행한다. 올바르지 못하면 법이 있어도 따르지 못한다.'

간단한 말이니까 해설할 필요도 없을 것이다. 그러니까 지도자로서의 설득력을 향상시키려면, 인간으로서의 덕을 몸에 익히지 않으면 안 된다. 공자는 이것을 위해 어떤 노력도 아끼지 말라고 했다.

맹자(孟子)에서
신뢰감을 배운다

　전국시대의 사상가인 맹자의 주장을 집대성(集大成)한 것이 바로 〈맹자〉이다. 이 책은 양혜왕(梁惠王), 공손축(公孫丑), 등문공, 이루(離婁), 만장(萬章), 고자(告子), 진심(盡心)의 7편, 260장으로 이루어져 있다. 7편 가운데 전반의 3편은 주로 유세활동의 기록이고, 후반 4편은 은퇴 후의 언설(言說)을 모아 놓은 것이다.

　맹자는 기원 전 372년 경에 추(鄒)나라에서 태어났다. 젊었을 때 공자의 손자인 자사(子思)의 문인(門人)에게 유학(儒學)을 배우고, 인간의 본성은 본래 선(善)이라고 하는 '성선설(性善說)'과 인의에 의한 '왕도정치(王道政治)'를 논하여 유학에 새로운 생명을 불어 넣었다.

　42, 3세 때부터 유세활동에 들어가 등, 양(梁), 임(任), 제(齊), 노(魯), 설(薛)나라 등을 돌아다니며 인의(仁義)에 의한 왕도정치를 주장했다. 그러나 현실적인 이익 추구에 급급해 있는 각국의 왕에게 맹자의 주장은 너무나 이상주의적인 것으로 받아들여졌던 모양이다.

　유세활동은 결국 실패로 끝나고, 만년에는 고향에 은거하면서 저술과 강의에 전념했다. 기원 전 289년경에 84세로 세상을 떠났다고 한다.

- 마음을 쓰는 자는 사람을 다스리고,
  힘을 쓰는 자는 남에게 다스림을 받는다. (勝文公編)
- 뒤돌아보고는 다른 말을 한다. (梁惠王編)
- 가까운 실패의 예를 거울삼아야 한다.
- 천시(天時)는 땅의 이치를 따르지 못하고,
  땅의 이치는 인간의 화목에 미치지 못한다. (公孫丑編)
- 항산(恒産)이 없으면 항심(恒心)도 없다.
- 오십 보 백 보.
- 하늘을 우러러 부끄럽지 않고 남에게도 부끄럼이 없어야 한다.
- 모든 일에 책을 믿는다면 책이 없는 것만 못하다. (盡心編)
- 군자는 종신(終身)의 걱정은 있어도 하루의 근심은 없다. (離婁編)

전투적인 이상주의자

'인(仁)'의 마음이 있으면서
부모를 버린 예가 없고,
'의(義)'를 지키면서
주군(主君)을 업신여긴 예가 없다

맹자는 한 마디로 말해 전투적인 이상주의자였다. 맹자가 활약한 것은 지금부터 약 2천3백 년 전으로, 당시 각국이 모두 부국강병을 꾀하고 이익 추구에 여념이 없었다.

그러한 시대에 맹자는 인의(仁義)의 왕도정치를 주장하고, 각국의 왕들을 찾아다니며 유세(遊說)를 펴서 그 실현을 도모하고자 했다.

그러면 맹자가 부르짖은 '왕도정치'라는 것은 어떤 정치였을까?

〈맹자〉는 맹자 자신의 주의주장(主義主張)과 행동을 집대성한 책인데, 권두에 다음과 같은 유명한 얘기가 실려 있다.

맹자가 위(魏)나라의 혜왕(惠王)에게 유세할 때의 일이다. 혜왕은 맹자의 얼굴을 보자마자 이렇게 질문했다.

"선생님, 먼 길을 마다하지 않고 이곳까지 오셨으니 무엇인가 우리나라에 이익이 될 만한 묘안을 갖고 오셨겠지요?"

그러자 맹자는 말했다.

"어째서 그렇게 이익, 이익하십니까? 중요한 것은 인의입니다. 임금님은 자기 나라의 이익만을 생각하고, 중신(重臣)은 중신대로 자기 일가의 이익만을 생각하고, 서민이나 관리는 일신의 이익만을 생각하고 있습니다. 이렇게 각자 자기 이익만 추구하고 있으므로 나라가 망하는 것입니다. 만승국(萬乘國)의 왕을 죽이는 것은 언제나 천승의 녹을 받는 중신이고, 천승국(千乘國)의 왕을 죽이는 것은 언제나 백성의 녹을 받는 중신입니다. 만승국에서 천승의 녹을 받고, 천승국에서 백승의 녹을 받으면, 이미 그것으로 부족함이 없을 것입니다. 거기에 만족하기 않고 나라 전부를 빼앗으려는 것은 인의를 무시하고, 이익만을 생각하고 있기 때문입니다.

인(仁)의 마음이 있으면서 부모를 버린 예가 없고, 의(義)를 지키면서 주군(主君)을 업신여긴 예가 없습니다. 임금님, 제발 인의를 이야기하십시오. 왜 이익, 이익이야기만 하고 계십니까?"

간단하게 말하자면, '인'이란 배려라든가 애정이라는 의미이고, 또 도리에 맞는 것, 인간으로서 올바른 이해를 하도록 노력하고 불의한 일은 하지 않는 것이 바로 '의'인 것이다.

군주, 그러니까 남의 위에 서는 자가 이 두 가지 덕, 즉 '인'과 '의'를 몸에 익히고 그것을 널리 사람들에게 권하고 넓혀 가는 것, 그것이 맹자가 말하는 왕도정치인 것이다.

이것을 한층 더 자세히 말해 주고 있는 것이 역시 위나라 혜왕과 맹자의 다음 문답이다.

위나라 혜왕이 맹자에게 물었다.

"나는 상당히 정치에 심혈을 기울여 왔소. 이웃 나라의 정치를 보아도 나만큼 신경을 쓴 것 같이 보이지는 않소. 그런데도 이렇다 할 실적을 올리지 못한 것은 무슨 까닭이오?"

"임금님은 전쟁을 좋아하는 것 같으니까, 전쟁에 비교해서 한 말씀 하겠습니다. 진격나팔 소리가 울리고 싸움이 마악 벌어지려고 할 때 갑옷을 벗어 던지고 칼을 땅에 끌며 도망친 병사가 있었습니다. 한 명은 백 보 도망가서 멈추고, 한 명은 오십 보 도망가서 멈춰 섰습니다. 자, 그때 오십 보 도망친 병사가 백 보 도망친 병사를 보고 겁쟁이라고 비웃었다면, 임금님은 어떻게 생각하겠습니까?"

"그것 참 이상하구먼. 백 보 도망치지 않았다는 것 뿐이지 도망친 것은 마찬가지 아니오?"

"그 논리를 이해할 수 있다면, 임금님이 그 정도의 선정 (善政)으로 실적을 기대하는 것도 이상한 일입니다.

농번기에 농민을 징용으로 끌어가지 않으면 식량은 부족하지 않게 됩니다. 난획 (亂獲)을 금지하면 물고기는 많아집니다. 난벌 (亂伐)을 금지하면 목재 걱정도 없습니다. 식량이나 물고기가 부족하지 않고 목재가 풍부해지면, 백성은 불안이 없어지고 죽은 자를 훌륭하게 장례지낼 수도 있게 됩니다. 그렇게 되면 백성은 불평불만을 품지 않게 됩니다. 백성에게 불평불만을 갖게 하지 않는 것이야말로 왕도정치의 첫걸음입니다.

그런데 임금님은 개나 돼지가 사람이 먹는 식량을 먹고 있는 것을 보아도 단속을 하려 하지 않고, 길바닥에 아사자 (餓死者)가 굴러다녀도 곡창을 열어 구제할 생각을 않습니다. 백성이 굶어 죽어도 '내 책임이 아니다. 흉작 탓이다'라고만 말합니다. 그것은 사람을 죽여 놓고 '내가 죽인 것이 아니라 칼이 죽인 것이다'라고 시치미를 떼는 것과 하등 다를 것이 없습니다.

임금님이 흉작 (凶作)에게 죄를 뒤집어 씌우는 태도를 버릴 때 비로소 백성들로부터 존경받는 군주가 될 수 있을 것입니다."

무엇보다도 먼저 민생의 안정을 도모하는 것이 왕도정치의 첫

걸음이라는 것이다. 현대식으로 표현하자면 복지우선 (福祉優先)의 사회라고 말할 수 있을 것이다.

'왕도'의 반대가 '패도 (覇道)'인데, 이쪽은 힘으로 상대를 굴복시키는 방법, 권력으로 지배하는 정치이다. 그러나 왕도란 위정자가 덕을 몸에 익혀서, 그 덕으로 사람들을 교화하고 인도해 가는 방식이다. 그러니까 기쁨을 국민과 함께 나누는 정치인 것이다.

그러나 맹자가 살았던 전국시대도 오늘날 이상으로 패도가 판을 치던 시대였고 이익만을 추구하던 사회였다. 그 가운데서 맹자는 인의에 의한 왕도정치를 높이 치켜들고 그 실현을 향해 혼신의 노력을 기울였던 것이다. 그 정열이란 말로 다 표현할 수가 없을 정도였다.

전투적인 이상주의자, 혹은 억척스러운 이상주의자, 한 마디로 말해서 맹자는 그런 인간이었던 것이다.

인간에 대한 깊은 신뢰

산에는 스스로 나무를 키우는
잠재력이 있으므로 그것을 소중히 키워주면
푸른 나무가 자라게 된다

맹자가 논하는 왕도정치라는 것은, 인류에게 있어서 영원한 이상일지도 모른다. 맹자가 살았던 2천 몇백 년 전의 중국은 물론 오늘날에도, 그 이상을 실현하는 것은 지극히 힘든 일이다.

그러나 맹자는 왕도정치의 실현에 확신을 갖고 있었다. 왜냐하면, 맹자는 인간의 본성은 본래 선이고, 또한 선(善)에 이르려는 노력을 부단히 계속한다면 그 본성을 전면적으로 꽃피울 수 있다고 생각했기 때문이다. 이른바 '성선설(性善說)'이라 불리우는 사고방식이 바로 그것이다.

그렇지만 인간의 본성이 선이라 해도 방임해 둔다면 악으로 향할지도 모른다.

그렇게 되지 않기 위해서는 인격을 도야하는 부단한 노력이 필요하다. 노력만 한다면 본래의 선한 바탕을 뻗어나게 할 수 있다는 것이다.

그러기 위해서는 먼저 사람들을 다스리는 자가 자신의 본성을 자각한 뒤 덕을 몸에 익혀서 그것을 다른 사람들에게 파급시켜 나가야 한다. 그렇게 한다면 악한 사람들도 본성은 선이니까, 지도자의 덕에 감화되어 스스로 선을 향하게 될 것이다. 이와 같은 '성선설'에 입각한 덕치주의 (德治主義)가 왕도정치의 주된 내용인 것이다.

맹자는 이렇게 말하고 있다.

'연민하는 마음은 인간이라면 누구나가 갖고 있다. 옛날 성인이 피가 통하는 정치를 할 수 있었던 것도, 그러한 마음을 갖고 있었기 때문이다. 지금 만일 연민하는 마음으로 피가 통하는 정치를 행한다면 천하는 쉽사리 다스려질 것이다.

갓난아이가 아장아장 걸어서 우물 가까이에 다가가는 것을 보았다고 하자. 누구나 다 깜짝 놀라서 불쌍하다, 구해 주자고 생각한다. 그것은 아이를 구해 줘서 그 아이의 부모와 사귀려는 의도도 아니고, 마을 사람이나 친구들의 칭찬을 들으려는 생각에서도 아니다. 또한 구하지 않았다고 비난받을 것을 두려워해서도 아니다.

그렇게 보면, 불쌍하다고 생각하는 마음은 인간이면 누구나가 모두 갖추고 있는 것이다. 그리고 악을 부끄러워하는 마음, 양보하는 마음, 선악을 판단하는 마음도 인간이라면 누구나 다 가지고 있다.

불쌍하다고 생각하는 마음은 인 (仁)의 싹틈이다. 악을 부끄러워하는 마음은 의 (義)의 싹틈이다. 양보하는 마음은 예 (禮)의 싹틈이다. 선악을 판단하는 마음은 지 (智)의 싹틈이다.

인간은 태어나면서 네 개의 손발을 갖고 있는 것처럼, 이 네 개의 싹을 갖추고 있다. 그럼에도 불구하고 자기는 인, 의, 예, 지와는 관계가 없다고 단정하는 것은 자신에게 상처를 입히는 짓이다.

자기에게 갖추어져 있는 이 네 개의 싹을 키워 나가려고 노력한다면, 불이 타오르고 샘이 솟아나듯이 한없이 커갈 수가 있다. 이것을 키워 나가면 천하를 안정시킬 수 있다. 그러나 키우

지 않으려고 들면 부모를 돌볼 수조차 없게 된다.'

즉, 인의 본성은 원래 풍부한 가능성을 지니고 있으며, 그것을 확실하게 키우려는 노력을 아끼지 않는다면 훌륭한 인간이 될 수 있다는 것이다. 이것을 맹자는 우산(牛山)의 나무에 비유해서 이렇게 말하고 있다.

'저 우산도 한때는 아름답게 나무가 무성해 있었다. 그런데 도읍지 근처에 있기 때문에 나무는 도끼로 모조리 잘려 나갔다. 그러나 잘렸다고는 하지만 나무는 끊임없이 성장하는 힘이 작용하고 있으며, 이슬비도 그것을 키워 준다. 그러니까 새싹이 돋지 않을 리가 없다. 그러나 그 뒤부터 소나 양을 놓아 키우니까 기어이 저런 벌거숭이 산이 되어 버렸다.

사람들은 벌거벗은 모습을 보고 이 산에는 처음부터 나무가 자라지 않았다고 생각한다. 실제로 그것은 결코 이 산의 본성이 아닌 것이다.

인간에게도 결코 인의의 마음이 없는 것이 아니다. 그 마음이 없어진 것은 우산의 나무가 도끼로 잘려져 나간 것과 똑같은 것이다. 매일매일 잘라내면 인간의 아름다움도 황폐해지기 마련이다.

벌채(伐採)만 하고 나무를 심으려고 노력하지 않는다면 어떤 산이라도 민둥산이 되어 버린다. 산에는 스스로 나무를 키우는 잠재력이 있으므로, 그것을 소중히 키워 주면 푸른 나무가 자라게 된다.

인간도 이와 마찬가지이다. 본래 풍부한 가능성을 갖고 있으므로 그것을 잘만 키워 주면, 인, 의, 예, 지의 마음을 갖춘 훌륭한 인간으로 자라난다. 한 사람 한 사람을 그러한 훌륭한 인간으로 만드는 것이 훌륭한 정치의 출발점이 되는 것이다.'

이러한 맹자의 '성선설'은 인간성에 대한 깊은 신뢰에서 태어난 것이다.

　따라서 맹자의 사상은 우리들이 살고 있는 오늘날의 이익 제
일주의의 인간 불신 사회에 예리하게 반성을 촉구해 온다. 그리
고 이것은 질식할 것 같은 이익추구의 사회에 있어서 상쾌한 일
진(一陣)의 바람같은 역할을 해 줄 수 있지 않을까?

유연한 처세

공자는 섬길만한 군주에게는 섬기고
그만 두어야 할 때는 그만 두었으며,
오래 머물러야 할 때는 머물고,
빨리 떠나야 할 때는 미련없이 떠났다

'인의 (仁義) '라든가 '왕도 (王道) '라는 말 때문에 맹자가 융통성이 없고 고지식하다는 인상을 받을지도 모른다. 그러나 맹자는 결코 그렇지가 않았고, 그의 처세는 오히려 지극히 유연하기까지 했다.

맹자 자신은 이렇게 말하고 있다.

'훌륭한 인물은 자신의 발언에 반드시 충실한 것만은 아니다. 또한 손댄 일을 반드시 끝까지 해내는 것도 아니다. 다만 의 (義)를 따를 뿐이다.'

'의', 그러니까 옳바른 길만 걸어가면 그것으로 족하다. 일시적인 약속에 고집할 필요도 없고, 쓸데없는 일 따위는 중도에서 그만 두어도 전혀 상관없다는 것이다.

바꾸어 말하면, 기본적인 것만 파악하고 있으면 나중 일은 임기응변으로 처리해도 좋다는 생각이다.

또한 맹자는 이렇게 말했다.

'사관 (仕官)하는 것은 생활을 위해서가 아니다. 그러나 때로는 생활을 위해 사관하지 않으면 안 될 때도 있다. 아내를 얻는 것은 자기의 심부름을 시키기 위해서가 아니다. 그러나 심부름

43

을 시키기 위해 아내를 맞이해야 할 때도 있다.'

다음 얘기도 맹자의 유연한 태도를 잘 나타내 주고 있다.

언젠가 제나라 선왕(宣王)이 맹자를 초대해서 중신의 본연의 자세에 관해서 물었다. 그러자 맹자는 이렇게 반문했다.

"중신도 여러 가지가 있는데 어떤 중신에 대해서 묻는 것입니까?"

"중신이라면 모두 똑같지 않은가?"

"아닙니다. 친척인 중신도 있고, 친척이 아닌 중신도 있습니다."

"그러면 친척인 중신에 대해서 묻겠네."

"군주에게 관심이 있으면 간(諫)합니다. 자주 간해서도 듣지 않을 때는 군주를 바꾸기도 합니다."

왕은 얼굴색을 바꿨다.

"기분을 상하게 할 생각은 없었습니다. 다만 임금님의 부탁이라서 솔직히 말씀드린 것뿐입니다."

왕은 얼굴색을 다소 누그러뜨리고, 친척이 아닌 중신에 대해서 물었다. 그러자 맹자는 이렇게 대답했다.

"군주에게 과실이 있으면 간하고 자주 간해서도 듣지 않을 때는 그 나라를 떠나는 것입니다."

각기 다른 입장에 서서 대응방법을 유연하게 바꾸는 것이 맹자의 사고방식의 기초로 되어 있다.

이런 얘기도 있다.

옛날에 주왕조(周王朝)에 출사하는 것을 못마땅하게 여기고 산에 숨어 살다가 굶어 죽은 '백이(伯夷)'라는 성인이 있었다. 또한 은왕조(殷王朝)에 사관해서 명재상이라는 소리를 들은 이윤(伊尹)이라는 훌륭한 인물이 있었다.

맹자는 이 두 사람에 공자를 더하여 세 사람의 생활태도를 비

44

교해서 이렇게 평했다.

"나는 백이나 이윤과는 사는 방식이 다르다. 백이는 적당한 군자라면 섬기고 그럴만한 백성이면 다스렸다. 태평한 세상이라면 정치를 맡고 난세라면 그대로 은둔했다.

이윤은 누구를 섬기건 군주는 군주, 누구를 지도하건 백성은 백성이라고 분명하게 결론 짓고, 태평한 세상이든 난세든간에 정치를 맡았다.

여기에 대해 공자는 섬길만한 군주에게는 섬기고, 그만 두어야 할 때는 그만 두었고, 오래 머물러야 할 때는 머물렀고, 빨리 떠나야 할 때는 미련없이 떠났다.

위의 세 사람은 모두 성인이다. 나로서는 도저히 그 흉내를 낼 수가 없다. 그러나 나 자신의 희망으로는 공자를 본받고 싶다."

백이, 이윤, 공자의 세 사람은 서로 다른 삶의 방식을 보여주었지만 모두 성인이라고 인식하는 것은 사는 방식은 달랐지만 '인'에 철저하고 '의'를 지켰다는 점에서는 모두 같기 때문이다. 그러니까 원칙에 충실하기만 하면 수단이나 방법은 달라도 상관 없다는 것이 맹자의 생각이었다.

이것은 현대를 사는 우리들도 마음에 새겨 배워야 할 태도이다. 자칫 타인의 생활방식이나 대응방법이 자신과 다르면, 자기를 정당화하고 상대의 비(非)를 책(責)하기 쉽지만, 인간으로서의 원칙만 지킨다면 개성적인 다양한 생활방식을 인정해야 하지 않을까? 그런 유연한 자세도 아울러 배워야 할 것이다.

박력 넘치는 설득력

임금이 솔선해서 백성과 기쁨을
함께 한다는 생각을 실천에 옮긴다면
천하의 왕으로도 군림할 수 있다

마지막으로 또 한 가지 맹자로부터 배워야 할 점은, 박력 넘치는 교묘한 설득력이다.

맹자는 장년기인 20년간을 거의 유세활동에 쓰고 있다. 각국의 왕을 회견하고 인의에 의한 왕도정치를 논하며 돌아다녔던 것이다. 당시는 '제자백가(諸子百家)'라고 불리우는 갖가지 사상가가 나타나서 각기 '치국평천하(治國平天下)'의 경륜을 논하며 유세활동을 하고 있었다. 그들 틈에 섞여 왕도정치의 이상을 실현시키려고 설득하는 것은 결코 쉬운 일이 아니었을 것이다.

맹자가 주장하는 왕도정치는 무엇보다도 군주 개인의 덕을 중시한다. 우선 군주가 덕을 몸에 익히고 그 덕을 널리 사람들에게 펼쳐 간다. 이것이 바로 왕도정치의 안목(眼目)이었다.

그 때문에 왕도정치를 실현하기 위해서는 먼저 군주를 설득해서 그런 마음을 갖도록 하지 않으면 안 된다. 설득 자체에도 자연 힘이 들어갈 수밖에 없다.

〈맹자〉에는 그러한 유세활동의 기록이 많이 수록되어 있는데, 그것을 설득력이라는 관점에서 보면 다음 세 가지 특징을 지적할 수 있다.

첫째, 반문의 형식이 많이 사용되고 있다. 상대의 질문에 대해서 거꾸로 이쪽에서 되묻고 상대의 반응을 확인한 뒤에, 이쪽의 의견을 발표하는 방법이다.

둘째, 상대를 추켜세우는 방법이다. 처음부터 무작정 반론하면 반발을 일으킬 뿐 설득효과가 없다. 먼저 상대를 칭찬해서 그런 생각을 갖게 한다.

셋째, 하나하나의 논리에 다짐을 받아가면서 다그쳐가는 방법도 맹자의 특기였다. 그 때문에 상대는 어느새 맹자의 페이스에 말려 들어가고 만다.

한 마디로 말해서, 교묘하고 박력에 넘쳐 있는 것이 맹자의 설득력의 특징이다. 일례를 들어 보면 다음과 같은 것이 있다.

제나라의 선왕(宣王)과 회견했을 때의 일인데, 얘기가 음악에 관한 화제에서 시작되었다. 먼저 맹자 쪽에서 말을 걸었다.

"들리는 바에 의하면 음악을 좋아하신다구요?"

"아니오. 내가 좋아하는 것은 고전 음악이 아니라 주로 속된 노래라오."

선왕은 맹자를 두려워해서 처음부터 꽁무니를 빼려 들었다. 그러자 맹자가 계속 말했다.

"음악을 좋아하는 것은 나라가 태평에 가까워졌다는 증거입니다. 고전 음악이건 일시적으로 유행하는 노래이건 다를 바가 없습니다."

"허허, 그런데 그 이유는……?"

선왕은 자기도 모르게 끌려 들어갔다.

맹자는 그 말에는 대꾸하지 않고 거꾸로 되묻는다.

"대체 음악이라는 것은, 한 사람이 연주하는 것과 다른 사람이 함께 연주하는 것과 어떤 쪽이 즐거운 것이라고 생각하십니까?"

"그야 물론 다른 사람과 함께 연주하는 쪽이 즐겁지요."

"그렇다면 소수로 즐기는 것과 여럿이 즐기는 것과는 어떨까요?"

"물론 여럿이 즐기는 것이 낫지요."

여기까지 상대방의 의견을 끌어내 놓고는 맹자는 서서히 본론으로 들어갔다.

"실은 그 즐거움에 대해서 말씀드리려고 합니다. 가령 임금님이 연주회를 열었다고 합시다. 그 피리나 북소리를 들은 사람들이 눈을 찡그리면서, '임금님은 음악을 즐기고 계시다. 그런데 우리들은 먹지도 입지도 못하는 비참한 생활을 하고 있다'고 이런 불평을 하는 것은 무엇 때문일까요? 그것은 다른 이유에서가 아닙니다. 임금님 혼자만 즐기며 다른 사람들과 즐거움을 함께 나누지 않기 때문입니다.

거꾸로 피리나 북소리를 들은 사람들이 정말 즐거운 듯이, '임금님은 건강하신 모양이야. 그렇지 않고서야 음악을 즐기실 턱이 없지'라고 속삭였다고 합시다. 이것은 달리 그런 것이 아닙니다. 사람들과 즐거움을 함께 했기 때문입니다.

앞으로 임금님이 솔선해서 백성과 기쁨을 함께 한다는 생각을 실천에 옮긴다면, 제나라 뿐만이 아니라 천하의 왕으로도 군림할 수 있을 것입니다."

〈맹자〉에는 그러한 설득력의 묘미가 많이 소개되어 있다. 그것도 또한 〈맹자〉를 읽는 즐거움의 하나라고 할 수가 있다.

부동심 (不動心)의 경지

군자가 어떤 사태에 부딪혀도
마음이 동요하지 않는 것은
인(仁), 의(義), 예(禮)의 덕(德)을
자기 몸에 익혔기 때문이다

맹자가 주장하는 지도자의 조건 가운데 또 한 가지 불가결한 것은 부동심이다. 부동심이란 외계의 사물이나 정세(情勢)의 변화에 털끝만치도 마음을 움직이지 않는 경지를 가리킨다.

맹자뿐만 아니라, 중국의 고전에는 흔히 '군자(君子)'라는 말이 나온다. 이 군자라는 말은 앵글로색슨계 언어로 말하면 '젠틀맨'에 해당되고, 사회의 지도층, 이상적인 인간상을 의미하고 있다. 군자에 대해서 맹자는 다음과 같이 말하고 있다.

군자가 일반 사람과 다른 것은 자신의 마음을 반성하는 점에 있다. 가령 타당하지 않게 지독한 대우를 받더라도 군자는 반드시 자기 자신을 반성한다.

'나에게 인(仁)이 부족한 탓이다. 예(禮)가 모자라기 때문이다. 그렇지 않다면 어찌 이럴 수가 있겠는가.'

반성해 보고 자기가 인이나 예에도 부족함이 없는데도 아직 상대방의 태도가 시정이 안 되는 경우, 군자는 다시 한 번 자신을 반성한다.

'틀림없이 성실함이 부족한 때문일 것이다.'

그렇게 반성하고 나서도 역시 자기 쪽이 성실하고 상대가 불법일 때 비로소 군자는 이렇게 생각한다.

'상대는 무법자이다. 저 꼴은 짐승과 무엇이 다르랴? 짐승을 탓해 보았자 소용이 없다.'

그 때문에 군자에게는 생애를 통한 내면적인 고뇌는 존재하지만, 외계에 의한 마음의 동요는 있을 수 없다.

그러면 군자의 고뇌는 어떤 것일까?

고대의 제왕 순(舜)은 성인이지만, 그 순도 인간이고 자신도 인간이다. 그러나 순은 천하에 모범을 보여 주고 후세에 그 이름을 남겼다. 그에 비할 때, 자신은 평범한 속인에 지나지 않는다는 고뇌이다. 그것은 고뇌할 만한 문제다. 그렇다면 어떻게 하면 좋은가? 순을 본받는 일밖에는 없다.

군자에게는 마음의 동요는 없다. 인에 반하는 행동은 하지 않고 예에 벗어나는 일은 하지 않기 때문에, 비록 밖에서 무엇이 닥쳐오건 동요할 일은 없는 것이다.

군자가 어떤 사태에 부딪쳐도 마음이 동요하지 않는 것은 수양을 쌓음으로 해서 인, 의, 예 등의 덕을 확실하게 자기 몸에 익히고 있기 때문이다. 그러나 맹자라는 사람은 그것을 입으로 말할 뿐만 아니라, 일찍부터 자기 자신도 그러한 경지에 도달했던 인물이었다.

언젠가 공손축(公孫丑)이라는 제자가,

"선생님 같은 분이 제나라의 재상이 되어서 마음껏 능력을 발휘한다고 가정하면, 제나라가 천하의 왕자로 군림한다 해도 이상할 것이 없습니다. 그러면 실제로 그러한 중책을 맞는다면 역시 동요하시겠지요?"

하고 물었을 때, 맹자는,

"아닐세. 나는 40을 지나서부터는 아무 일에도 동요하지 않게 되었네 ."

라고 대답했다. 즉 나이 40에 마음을 움직이지 않는다는 말이다.

'40에 마음을 움직이지 않는다'는 말은 공자가 '40에 불혹 (不惑)'이라고 말한 것과 같은 의미이다. 그렇게 단언할 수 있는 것을 보면 정말 자신만만한 것이다.

그러면 어떻게 해서 그러한 경지에 도달할 수가 있었을까?

맹자는 '나는 언 (言)을 안다. 또한 즐겨 호연지기를 키운다' 하는 두 가지 이유를 들고 있다.

첫째, '언을 안다'는 것은 남의 얘기를 이해하고 판단한다는 의미이다. 그것이 어떻게 마음을 움직이는 것에 연결되는 것일까?

맹자는 이렇게 설명하고 있다.

'타당하지 못한 얘기를 들으면, 상대방의 어느 곳이 어두운가를 판단한다. 어처구니없는 얘기를 들으면 어디에 현혹되어 있는지를 판단한다. 사악한 얘기를 들으면, 어디서 도리에 어긋났는지를 판단한다. 변명하는 얘기를 들으면, 어디서 막혔는지를 판단한다.'

즉, 이쪽에서 분명한 판단력을 갖고 있기 때문에 어설픈 정보 따위에는 동요되지도 않고 마음이 움직이지도 않는다는 것이다.

둘째, 맹자가 동요하지 않기 위해 호연지기를 키운다고 하였다. 여기에 대해서 맹자는 '이른바 말로 표현하기 어려운 것이다'라고 전제해 놓고, 다음과 같이 설명하고 있다.

'더할 수 없이 광대하고 더할나위 없이 강건한 것이다. 자신은 항상 정당한 일을 하고 있다는 자신감을 갖고서, 그것을 키워 나가면 이윽고 그 기 (氣)가 천지간에 충만하다.

그러나 그것은 도(道)와 의(義)가 있음으로 해서 비로소 존재하고, 그것이 없으면 당장 사라져 버린다. 의를 되풀이해서 행하고 있는 동안에 스스로 얻어지는 것이다. 가끔 의를 행한다고 해서 얻어지는 것이 아니고, 마음 속에 꺼림칙한 것이 있어도 사라져 버린다.'

이런 설명만으로는 약간 이해하기 힘들지만, 요컨대 '호연지기'란 자신이 정당한 일을 하고 있다는 확고한 신념이 뒷받침되었을 때 비로소 생겨나는 것이라고 한다.

그러면 호연지기를 키우는 데는 어떤 마음가짐이 필요한 것일까?

'그것은 염두에서 잊어 버려도 안 되지만, 그렇다고 해서 성급하게 재촉하려고 해도 안 된다.'라고 전제하고 나서, 예를 들어 다음과 같이 말하고 있다.

'송나라의 어떤 백성은 모(苗)의 성장을 빨리 보고 싶은 욕심에서, 모를 잡아 당겼다. 고단해서 집에 돌아온 그는 이렇게 말했다. 아아, 오늘은 몹시 피곤하다. 모를 다 자라게 하고 왔으니까.

아들이 당황해서 논에 가보았더니, 모는 이미 말라 죽어 있었다. 세상에는 이런 인간이 적지 않다. 호연지기를 키우는 것을 무익하다고 생각하는 사람은, 논의 풀뽑기도 하지 않은 채 무리하게 그것을 빨리 자라게 하려고 성급하게 굴어 모를 잡아 당기는 인간이다. 그것은 무익할 뿐만 아니라 유해하기조차 하다.'

호연지기를 키우고 부동심을 자기 것으로 하기 위해서는 착실하고 쉴새 없는 자기 수양이 필요한 것이다.

이를 대장부라 한다

옛 현자는 자신의 인격을 닦음으로 해서
사람들을 지도했는데, 오늘날의 지도자는
자신의 인격을 선반 위에 놓고 지도자 노릇을 하고 있다

맹자는 인간의 본성은 선이고, 누구나 노력만 한다면 탁월한
인간이 될 가능성을 갖고 있다고 생각했는데, 특히 그 가운데서
노력이 필요한 사람은 백성을 다스리는 지도자 계층이다.

그런 사람들이 남이 안 보는 곳에서 나쁜 일을 하거나 약한
사람들을 못살게 굴거나 자신의 이익만을 추구하고 있으면, 아
무리 올바른 이론을 주장할지라도 전혀 설득력을 가질 수가 없
다.

지도자로서 설득력을 갖기 위해서는 인, 의, 예, 지의 덕을
몸에 익혀야 한다고 맹자는 말한다.

동정심과 연민을 가르쳐 주는 '인(仁)', 도리를 따르고 악을
부끄러워하는 '의(義)', 한계를 알고 남에게 양보하는 '예(禮)'
의 세 가지에, 시비선악(是非善惡)을 판단하는 '지(智)'의 네
가지를 강조하고 있다. 전자를 인격적 요건이라고 한다면, '지'
는 능력적인 요건이라 할 수 있다. 이것들은 누구나 노력 여하
에 따라 몸에 익힐 수 있는 것인데, 그러기 위해서는 역시 수양
(修養)이나, 수신(修身)이 전제 조건이 된다.

그리고 이것은 앞에서 말한 것처럼, 강요된 것이 아니라 자신

을 단련하고 향상시키려는 자각적인 노력을 빼놓고는 생각할 수 없다.

그런데 현실적으로는 인격적 수양이 모자라는 설득력 없는 지도자가 판을 치고 있다. 이것은 맹자가 살던 그 당시의 중국에서도 마찬가지였다. 맹자도 다음과 같이 한탄하고 있다.

'옛날의 현자(賢者)는 우선 자신의 인격을 닦음으로 해서 사람들을 지도했다. 그런데 오늘날의 지도자는 자신의 인격은 선반 위에 올려 놓은 채 지도자 노릇만 하고 있다.'

맹자의 이런 한탄은 현대를 사는 우리에게도 상통하는 면이 있다. 그리고 맹자는 스스로의 수양이 미치지 못함을 끊임없이 반성하는 자각심에 의해 뛰어나게 자신을 향상시킬 수 있다고 말했다.

'사람과 접할 때 애정을 쏟아도 상대방이 자신에게 친근감을 갖지 않으면 자기가 '인'을 갖고 대했는지 어떤지를 반성하고, 인도를 해도 상대가 쫓아오지 않으면 지혜를 갖고 인도했는지를 반성해 보라. 노력해도 보답을 받지 못하면 원인이 자신에게 있지 않는가를 반성하라. 자신이 올바르지 않으면 천하 사람들을 이끌어갈 수 없는 것이다.'

이와 같은 끊임없는 노력과 반성 위에 비로소 맹자가 말하는 이상적인 지도자상이 성립한다. 그 이상적(理想的)적인 모습은 다음과 같다.

'인이라는 광대한 세계에 살며, 예라는 공정한 입장을 지키고, 의라는 대도(大道)를 걷는다. 요직에 등용되었을 때는 백성에게도 인, 의, 예를 실천케 하고, 야(野)에 있을 때도 자기 혼자서 실천한다. 금전에 의해 마음이 흔들리는 일 없이, 빈곤에 의해 절조(節操)를 바꾸는 일 없이, 권력에 의해서도 지조를 굽히지 않는다. 이런 사람이야말로 진정으로 훌륭한 인물이

54

라 할 수 있다.

부귀(富貴)에 빠져 들게 할 수 없으며 빈천(貧賤)으로도 옮겨 다니게 할 수 없으며, 위무(威武)로써도 굽힐 수 없다. 이것을 대장부라 일컫는다.'

과연 위풍당당한 인물이 떠오르지 않는가?

맹자는 또한 남에게 인정을 받건 못받건간에 언제나 집착하지 말라고 깨우치고, 그러기 위한 마음가짐을 다음과 같이 논하고 있다.

'자신의 덕을 중히 여기고 의를 지키는 것에 기쁨을 느끼고 있으면 담백해질 수 있다. 지도자 입장에 있는 자는 가난해도 의를 잊지 않고, 영달(榮達)을 이루어도 도(道)에서 벗어나지 않는다. 가난해도 의를 잊지 않으면 자존심은 보존된다. 영달을 이루어도 도에서 벗어나지 않으면 백성의 신망이 모인다.'

노자(老子)에서
도와 덕을 배운다

〈노자〉는 전부 81개의 짧은 장으로 이루어진 잠언집인데, 각박한 현실을 살아나가는 지혜를 말해 주고 있다. 후세에 도가(道家)의 원전으로 인정받는 책이다. 혹은 〈도덕경〉이라고 불리우듯이, '도'와 '덕'의 두 가지를 그 주장의 근거로 삼고 있다.

〈노자〉는 만물의 근원에 보편적인 원리가 작용하고 있다고 생각하여, 그것을 '도'라 이름지었다. 그리고 그 '도'를 터득하면 '도'가 갖고 있는 광대한 '덕'을 몸에 익힐 수 있다고 주장했다.

그런데 여기서 '덕'이란 심(無心), 무욕(無慾), 유연(柔軟), 겸허(謙虛), 유약(柔弱), 질박(質朴), 사양하는 자세 등으로 구성되어 있다.

〈노자〉의 저자는 공자의 선배에 해당되는 노담이라는 인물이라고 알려져 있지만 확실한 근거는 없다.

오늘날 전해지고 있는 〈노자〉는 어느 특정한 개인에 의해 쓰여졌다기보다는 오히려 사상을 함께 하는 불특정 다수의 사람들에 의해 완성되었다고 보는 것이 자연스럽다.

완성된 시기는 공자로부터 매우 떨어진 전국시대로 추정되고 있다.

조직관리의 초점

작은 생선을 찔 때,
필요없이 찌르거나 휘저어 놓으면
형태도 부서지고 맛도 없어져 버린다.
살살 달래가면서 쪄야 한다

〈노자〉를 논할 때 지금까지는 주로 노자의 사상이나 처세철학을 중심으로 소개해 왔다. 그러나 〈노자〉는 그것만을 취급한 책은 아니다.

옛날부터 중국인은 정치적 인간이라고 지적되어 왔듯이 정치에 강한 관심을 나타내 왔다. 그 결과, 모든 고전이 정치를 테마로 다루어 왔는데, 〈노자〉도 예외는 아니다. 어떤 의미에서 〈노자〉는 '정치학 서적'이라고 말해도 좋을 만큼 열심히 정치를 논하면서 이상적인 정치를 추구하고 있다.

〈노자〉의 정치론의 정수(精髓)를 한 마디로 말하자면, '무위(無爲)' 혹은 '청정(淸靜)'이라는 말로 표현할 수 있을 것이다. '무위'와 '청정'은 거의 같은 의미이지만, 우선 노자의 표현을 빌린다면 이렇다.

'천하를 다스리는 데는 무위에 철저하지 않으면 안 된다. 왜 무위하지 않으면 아니 되는가? 인간의 지혜가 많아지면 많아질수록 불행한 사건이 그치지 않고, 법령이 갖춰질수록 범죄자가 많아지지 않는가?'

또한 노자는 지도적 인사의 마음가짐에 대해서, '무위하다면 백성은 스스로 교화(敎化)된다. 청정하면 백성은 스스로 정도(正道)로 되돌아간다'라고 말하고 있다.

요컨대 노자가 주장하는 무위나 청정이란 간단히 말하자면 다음과 같다.

첫째로, 상부로부터의 지시나 금지령 따위는 될 수 있는 대로 억제하라.

둘째로, 백성에게 부담을 강요하는 따위의 정책은 행하지 말라.

셋째는 정부의 개입을 피해 민간의 활력에 맡기라.

단 무위나 청정은 왕왕 오해 받고 있는 것처럼 아무것도 하지 않고 잠자코 있어야 한다는 것은 아니다.

남의 위에 서는 인물은 누구든지 항상 전체의 움직임에 신경을 쓰므로 마음이 편안할 여유조차 없다. 그러나 그것을 고생스럽다고 말하고 불평을 하거나 푸념을 늘어놓으면 지도자로서는 실격이다.

아무리 괴롭더라도 상사의 입장에 서 있는 이상, 쓰라림을 표면에 나타내지 않고 시원스러운 얼굴을 하고 있지 않으면 안 된다. 집오리의 물갈퀴처럼 티를 안 내고 태연히 있어야 한다. 그것도 지극히 자연스럽게 말이다. 이것이 노자가 말하는 무위이고 청정이다.

그러한 노자의 정치철학을 가장 잘 표현하고 있는 것이, '대국(大國)을 다스리는 것은 작은 생선을 찌듯이'라는 말이다. 작은 생선은 찔 때, 필요없이 찌르거나 휘저어 놓으면 형태도 부서지고 맛도 없어져 버린다. 살살 달래가면서 쪄야 한다.

나라의 정치도 이와 같아서 위로부터의 권력이 개입하지 않는 편이 잘 다스려진다는 것이다.

이러한 '무위'와 '청정'을 골자로 한 노자의 정치철학은 '황노

60

(黃老)의 도(道)' 또는 '황노의 술(術)'이라고 불리운다.

　그 이유는 노자의 가르침을 받은 사람들이 자신들의 주장을
권위있게 하기 위해 '황제(黃帝)'라고 하는 전설상의 황제의 이
름을 끌어내서 노자 위에 덮어씌워 '황노'라고 불렀기 때문이라
고 한다.

　옛부터 중국의 정치가 가운데는 '황노의 술' 신봉자가 적지 않
다. 그 중 한 사람으로 조참(曹參)이라는 인물이 있다. 그에게
적용해서 '황노의 술'이라는 것을 좀더 구체적으로 설명해 보기
로 하겠다.

　조참은 본래 한(漢)의 고조 유방의 참모로 활약한 인물이다.
유방이 천하를 통일하고 나서 제(齊)라는 지방의 재상에 임명
되었다.

　조참은 전쟁터에서의 활약은 뛰어났지만, 정치에는 완전히
풋내기였다. 그래서 그는 제에 부임해 가자 나라 안의 학자들이
란 학자들은 모조리 모아 놓고 정치란 어떤 요령으로 하는 것인
가를 가르쳐 달라고 부탁했다.

　그런데 학자들의 조언(助言)은 각양각색 사람마다 달라서 알
아듣기 쉽게 들어오지를 않았다. 그럴 즈음에 우연히 어느 곳에
'황노의 술'을 배운 노인이 있다는 소문을 듣게 되었다. 경각을
지체하지 않고 그 노인을 초청해다가 가르침을 청했더니 노인
은, '치도(治道)는 청정(淸靜)을 귀히 여긴다. 따라서 백성 스
스로가 길을 정한다.'라고 말하면서 정치의 요령을 남김없이 가
르쳐 주었다. '치도', 즉 정치의 도는 청정을 주지로 삼는다.
그렇게 되면 백성 스스로 생활에 안주하게 된다는 말이었다.

　조참이 노인의 말대로 정치를 행하였더니, 제나라는 잘 다스
려지고 훗날까지 명재상 소리를 듣게 되었다.

　그렇다면 조참은 어떤 식으로 정치를 했던 것일까?

그는 얼마 뒤 실적을 인정받아 중앙정부의 정승에 발탁되어 임지인 제나라를 떠나게 되는데, 그때 후임 재상에게 다음과 같은 말을 남겼다.

"재판과 시장, 이 두 가지에 대해서만은 특히 신중하게 대처해 주시오."

후임자는 왜 이 두 가지에만 주의를 기울여야 하는지 그 이유를 알 수가 없었다. 그래서,

"정치에는 이 두 가지보다 훨씬 더 중요한 일이 있지 않습니까?"

했더니, 조참은 이렇게 대답했다.

"아니오, 그렇지 않소. 재판도 시장도 두 군데 모두 선과 악이 모여 드는 곳이지요. 규율을 엄하게 하면 악인들이 갈 곳이 없어져서 못된 짓을 꾸며서 사회불안의 원인이 될 것이오. 그래서 나는 이 두 가지 일에 우선 주의를 환기시킨 것이오."

'황노의 술'에 근거를 둔 조참의 정치는, 선도 악도 허용해 가면서 중요한 곳만 제압해 나가면 된다는 정치였다. 그리고 그것이 바로 노자가 주장하는 '무위'와 '청정'의 정치인 것이다.

지도자의 등급

훌륭한 지도자는
일을 해도 자기가 한 것처럼 나타내질 않고,
공적을 세워도 자랑하지 않는다.
자신의 재능을 자만하려 하지 않는 것이다

〈노자〉는 〈도덕경〉으로도 불리우는 것처럼 그 주장의 근저에는 도와 덕이 있다.

그러니까 〈노자〉는 만물의 근원에 만물을 만물로써 성립시키고 있는 존재가 있다고 생각하고, 그것을 '도(道)'라고 이름을 붙였다.

'도'는 만물을 낳는 것과 같은 그만큼 커다란 활동을 하면서도 조금도 자기를 주장하지 않는다. 겸허하고 또한 조심스러운 태도에 투철하다. 이 '도'를 체득함으로써 '도'가 갖는 뛰어난 활동을 몸에 익힐 수가 있다고 생각했다. 이것이 소위, '덕(德)'인 것이다.

'도라는 것은 희미하고 애매한 존재에 불과하다. 그 가운데 어떤 형태 같은 것이 있고 실체가 있다. 깊은 곳에 엄청나게 큰 에너지가 감추어져 있다. 그 에너지는 확실히 존재하고 의심할 여지가 없다. 커다란 덕을 몸에 익히려면 그 도와 일체화되지 않으면 안 된다.'

이와 같이 도를 체득하고 덕을 몸에 익힌 인물이야말로 노자가 말하는 이상적인 지도자상인 것이다.

노자는 이상적인 지도자상이란 '깊은 마음이 은근한 맛을 풍기고 그 깊이를 알 수 없는 것' 같은 인물이라고 말하면서 다음과 같이 몇 가지 특징을 들고 있다.

첫째, 살얼음 건너듯이 신중함 그 자체이다.

둘째, 사방의 적에게 대처하듯이 조심스럽다.

셋째, 손님으로서 초대받은 듯이 항상 단정히 대비한다.

넷째, 얼음이 녹아내리듯이 스스럼이 없다.

다섯째, 손질을 하지 않은 원목(原木)처럼 꾸밈이 없다.

여섯째, 흐린 물처럼 포용력이 풍부하다.

일곱째, 대자연의 계곡물처럼 광활하다.

이 말들에서 연상되는 것은 여유가 있고 소박하지만, 그러나 주의깊게 보면 어디에도 뚫고 들어갈 틈이 없는 인물이다.

노자는 또한 다음과 같이 말하기도 했다.

'도를 체득한 인물은 지식을 자랑하지 않는다. 지식을 과시하는 인간은 도를 체득했다고는 할 수 없다. 욕망의 노예가 되지 않고 지식에 현혹되지 않고 재능을 감싸고 세속과 동조한다. 그러한 인물이야말로 가장 이상적인 것이다.'

또 다른 곳에서는 이런 말도 했다.

'훌륭한 지도자는 일을 해도 자기가 한 것 같은 얼굴을 하지 않고, 공적을 세워도 자랑하지 않는다. 자신의 재능을 자만하려 하지 않는 것이다.'

이상을 종합해 보면, 노자가 말하는 이상적인 지도자란 적어도 '첫째, 훌륭한 재능을 타고 났어도 그것을 과시하지 않는다.

둘째, 위대한 업적을 세웠어도 그것을 자만하지 않는다'고 하는 두 가지 조건을 채우지 않으면 안 된다. 이 두 가지를 갖추는 것이 최저의 조건이 되는 것이다. 지도자는 몇 개의 등급이 있다고 하면서 다음과 같이 구분했다.

'태상(太上)은 아랫사람이 그가 존재한다는 것을 안다. 다음은 친밀해지고 그를 존경한다. 그 다음은 그것을 두려워한다. 그 다음은 그것을 업신여긴다.'

태상이란 최고의 통치방식을 말한다. 지도자의 최고의 존재방식은 부하 쪽에서 보아 그 사람이 그곳에 앉아 있다는 것을 알고 있으나, 각별히 위대하다거나 훌륭하다거나 하는 의식을 갖지 않게 하는 자연스러운 존재방식이다.

그 다음이 부하로부터 존경받고 친근감을 갖게 하는 존재방식이다.

셋째는 부하를 두려워하게 만드는 지도자, 그러나 그것은 매우 차원이 낮은 존재방식이다.

지도자로서 최하위 등급이 부하로부터 바보취급을 받는 경우로, 그렇게 되면 이미 그런 지도자는 실격이라고 할 수 있을 것이다.

〈노자〉의 이러한 설을 거울 삼아서 보다 높은 차원의 지도자가 되도록 노력해 주기 바란다.

만족스런 태도

넘치도록 가득 부온 물은 곧 넘친다.
그리고 날카롭게 간 칼은 부러지는 것도 빠르며,
재물은 쌓아두어도 지킬 수가 없다

우리나라에 대해서 많은 것을 알고 있는 어떤 중국인이 이러한 충고를 했다 한다.

"한국인에게 가장 부족한 것이 절도입니다. 사물의 '분수'를 모릅니다. 집중호우처럼 수출을 해대면 상대방은 어떻게 견뎌냅니까? 술을 잔뜩 과음해 가지고 퀙퀙 토해 내거나 이튿날까지도 술이 덜 깬 채로 골치를 앓는다든가 하는 것이 좋은 예로써, 술은 내일도 마실 수 있는데 어째서 참지를 못합니까? 한국인은 너무 지나치든가, 한쪽으로 기울어지든가, 무리를 하려고 하든가 반드시 그 세 가지 중에 하나입니다."

꽤나 귀에 간지러운 충고지만, 퍽 정확하게 우리들의 결점을 지적한 것 같다.

또 어떤 중국인은 영국인과 우리를 비교하면서 다음과 같이 말하고 있다.

"영국인에게는 커다란 장점이 있다. 가능한 한 자신의 이기주의를 타인의 이기주의와 충돌시키지 않으려고 노력한다. 그런데 한국인의 경우는, 자신이 무엇인가를 손에 넣는 즐거움이란 타인이 그것을 손에 넣지 못하게 되는 것에서 오는 즐거움을 의

미한다."

이것도 또한 우리들의 '과도한' 경향을 비판한 말로 받아들일 수가 있다.

확실히 상대방의 입장이나 이익을 무시하고 무턱대고 자신의 이익만을 추구하다가는 일시적으로 통하기는 하겠지만, 길게 갈 턱이 없다. 언제 어디서 나꿔채이거나 몰매를 맞을지 알 수가 없는 것이다. 따라서 노자도 '과도한' 행동을 일깨워 주고 있다.

'이 세상에서 가장 큰 죄는 채워질 수 없는 욕망에 그 원인을 두고 있다. 또한 가장 큰 화는 만족을 모르는 데 있으며, 가장 큰 허물은 이익을 탐하는 마음에 있다.'

한 걸음 더 나아가서 처세의 요체(要諦)는 만족함을 아는 것이라고 말한다.

'지위에 너무 집착하면 반드시 생명을 단축시키고, 재산을 지나치게 많이 쌓아 놓으면 몽땅 잃어 버리고 만다. 만족을 알고 있으면 수치스러움을 당하지 않고, 멈추는 것을 알고 있으면 위험은 없다.'

이것을 '지족(止足)의 계율'이라고 한다. 이것은 비단 노자뿐만 아니고 중국인 전체의 의식이라고 할 수 있다.

〈안씨가훈〉이라는 책이 있다. 지금부터 1천5백 년 전쯤에 안지추(顔之推)라는 인물이 자손을 위해 써서 남겨 놓은 것으로, 중국에서 〈가훈서(家訓書)〉라고 하면 제일 먼저 거론되는 것이 바로 이 책이다.

저자인 안지추는 특별히 '지족'이라는 한 장을 따로 마련하여, '벼슬길에 나아가 몸을 보전하려면 중간 가량의 지위에 머무는 것이 좋다. 위로 50명, 밑으로 50명 가량 있는 정도가 세상에 대해서도 부끄럽지 않고, 더구나 위험을 맞을 기회도 적다

'라고 하며 또, '욕심은 웬만큼 갖고 한도를 명심하라. 관(官)에 나갈 경우에는 2천 석을 넘지 않도록 하고, 혼인할 때는 세력가의 딸은 피하는 것이 좋다'라고 했다.

이것이 바로 '지족의 계율'인 것이다. 우리들에게는 얼마간 이해하기 힘들 정도의 신중함이지만, 난세에서 몸을 보전하려면 신중하면서도 더 신중한, 이러한 처세가 바람직할 것이다.

얘기를 노자에게로 돌리면, 노자는 난세를 살아나가는 데 필요한 마음가짐 세 가지를 들고 있다.

첫째는 사람들을 자비롭게 대할 것,

둘째는 모든 일을 조심스럽게 할 것,

셋째는 사람들 앞에 나서지 말 것.

이 세 가지를 거론한 후, 노자는 이렇게 말한다.

'사람들에게 자비롭게 대함으로써 용기가 샘솟아 나온다. 모든 일을 조심스럽게 처리함으로써 결코 막히는 일이 없다. 사람들 앞에 나서지 않음으로 오히려 지도자로서 추앙받는다.'

이것도 또한 '만족을 아는' 방법의 권유이다

그리고 〈노자〉에, '공을 이루면 물러나는 것이 천도(天道)니라'고 하는 유명한 말이 있다. 물러날 때는 깨끗이 물러나라는 말인데, 이것도 또한 '만족을 아는' 처세법에서 생겨난 인식이다.

노자는 이렇게 말한다.

'넘치도록 가득 부은 물은 곧 넘친다. 그리고 날카롭게 간 칼은 부러지는 것도 빠르며, 재보(財寶)를 방 하나 가득 쌓아 두어도 지킬 수가 없다. 출세했다고 으시대면 누군가가 다리를 잡아 끌어 내린다. 일을 완성하면 물러나는 것이 천도니라.'

어째서 물러나는 것이 좋다고 하는 것일까? 두말할 것도 없이 그 편이 지금까지 쌓아 올린 공적이나 명성을 온전히 유지할 수 있기 때문이다. 그 때문에 지위를 끝까지 오르고 나면 물러날 것을 생각하라는 것이다.

물론 이러한 처세법에 폐해가 없는 것은 아니다. 그 첫째는, 자칫하면 모험심이 없어지고 현상(現狀)에 만족해서 적극적인 자세를 상실할 우려가 있다. 현재의 중국에도 그러한 경향이 없다고는 할 수 없다.

한편 우리들은 오로지 외곬로 경제성장만을 추구해서 단기간 내에 많은 이익만을 올리려고 안간힘을 쓰고 있다.

노자가 논하는 '만족을 안다'는 처세법은 오히려 이러한 우리들에게 커다란 참고가 될지도 모른다.

가지려면 먼저 베풀라

무리가 없는 유연한 정치——사원의 엉덩이를
채찍질해서 저돌적으로 일을 하게 만드는 것이 아니라,
스스로 일을 하지 않을수 없도록
분위기를 만들어 준다

목적을 향해 직선적으로 돌진하여 벽에 부딪쳐도 저돌적으로
중앙돌파를 시도하려는 직선적인 행동 방식이 우리 국민의 특성
이라고 생각된다. 우리는 이런 방식으로 전후의 경제성장을 이
룩한 데 대해 하나의 장점이라고 해도 좋다. 그러나 이 방식에
는 마이너스면도 크다.

첫째, 항상 전력질주를 해야 하니까 여유가 없다. 힘을 모조
리 쓰고 나면 그 순간부터 속력이 형편없이 떨어져 버릴 우려가
있다. 상승하는 것도 빠르지만, 하락하는 것도 빨라서 지속력
이 결여될 수가 있다.

둘째로, 우리들 주변에는 여유있게 경치라도 즐기면서 자기
페이스로 뛰고 싶다고 생각하는 사람들도 많다. 그러나 중앙돌
파 방식에서는 그러한 사람들을 밀어 젖히고, 때로는 넘어뜨리
면서 달려가지 않을 수가 없다. 당연히 주위에서는, '뭐야, 저
자식은?' 하고 백안시(白眼視)하는 일도 생길 것이다. 일이 생
길 때마다 거론되는 우리 나라와 미국, 일본을 위시한 외국과의
수출경쟁으로 인한 경제마찰 같은 것은 그 좋은 예라고 할 수
있다.

이러한 결점을 보완하는 의미에서도 노자의 사고방식은 대단히 좋은 참고가 될 것이다.

노자는 직선적인 생활태도보다는 곡선적인 방식을 더 좋아한다. 또 앞으로 나갈 일만을 생각하고 있으면 벽에 부딪치고 만다.

'앞으로 나가려면 먼저 물러나라'고 하는 것이 그의 기본적인 사고방식이다.

유명한 말 한 구절을 소개하겠다.

'굽어 있기 때문에 생명을 보전할 수가 있고, 굽히고 있기 때문에 뻗을 수도 있는 것이다. 움푹 들어가 있기 때문에 물이 고일 수가 있고, 낡았기 때문에 새로운 생명이 담겨 있을 수가 있다.'

'굽어 있다'는 것은 구부러져 힘을 저장하고 있는 상태인 것이다. 그런 상태로 있으면 오래 버틸 수가 있다. 똑바로 뻗은 상태는 어딘가에 무리가 있고 허약하다는 것이다. 또는 똑바로 전진하기보다는 굴절하여 전진하는 방법이 오히려 효율이 높고 목적을 달성하기가 쉽다고 해석해도 좋을 것이다. 여기서 '굽은 것이 완전하다'는 말이 생겨났다. 이것도 노자 식의 유연하고 끈질긴 처세철학을 대표하는 말이 되었다.

이와 같은 생각을 발전시켜 나가면 다음과 같은 인식에 도달하게 된다.

'오무릴려고 하면 먼저 길게 펴 준다. 약하게 하려면 먼저 강하게 한다. 쫓아내려고 하면 먼저 자기편으로 끌어들인다. 가지려면 먼저 베푼다.'

노자는 이렇게 말하고 있는데 정말로 무시무시한 흥정이라고 할 수밖에 없다. 남에게 무엇을 베푸는 것은, 그 전제로써 앞으로 두배 세배로 되돌려 받으려는 계산이 서 있기 때문이다. 이러한 인식도 노자뿐만 아니라 많은 중국인에게서 공통으로 보여지는 경향이다.

관중 (管仲)이라는 명재상이 있었다. 그는 지금부터 2천7백년쯤 전에 제나라의 재상으로서 부국강병책에 성공하여 일약 제나라를 강대국으로 끌어올린 대정치가인데 그도, '가질려면 먼저 베풀라. 그것이 정치의 요체다'라고 말하고 있다. 이것도 노자와 기본적으로는 같은 인식 위에 서 있는 말이다.

그러면 관중의 정치란 어떤 정치였을까? 중국의 대표적인 역사가인 사마천 (司馬遷)은 관중의 정치를 다음과 같이 비평하고 있다.

'마치 물이 낮은 곳으로 흐르듯이 끊임없이 백성의 의향에 따라 적절하게 대처한다. 그것이 관중의 시정 (施政)방식이었다. 따라서 정책을 논의할 경우, 실행 (實行)에 주안점을 두고 끊임없이 백성이 무엇을 요구하고 있는가 하는 것을 염두에 두고 그것을 정책에 반영시켰다.

실패를 범해도 그곳에서 교훈을 끌어내서 성공으로 이끌어간다. 또 끊임없이 균형을 염두에 두고 지나침이 없도록 노력한다. 그것이 관중의 특징이었다.'

무리가 없는 유연한 정치, 그것이 '가질려면 먼저 베풀라'는 방침에 근거를 둔 정치였던 것이다.

사원의 엉덩이를 채찍질해서 저돌적으로 일을 하게 만드는 것이 아니라, 스스로 일을 하지 않을 수 없도록 분위기를 만들어준다. 그러한 환경을 만드는 것에 주안점을 둔 사고방식인 것이다.

노자의 목표도 사실은 그곳에 있다.

'천하를 손에 넣으려고 책략을 꾀한 자가 천하를 손에 넣은 적이 없다. 천하란 이상한 것이어서 손 안에 넣으려 해도 넣을

수가 없는 것이다. 억지로 손에 넣으려면 모조리 부서져 버리
고, 붙잡으려면 도망가 버린다.'

　손에 넣으려고 하면 도망가 버리는 것은 천하뿐만이 아니다.

　'가지려면 먼저 베풀라.' 이러한 노자의 사고방식의 진수를
머리로 뿐만 아니라 몸에 익히는 것이 중요하다.

끈질긴 처세의 지혜

이기는 데 도통한 명인은
힘에 호소하는 대결을 하지 않고,
사람을 잘 부리는 명인은
상대보다 아래에 서서 말을 한다

일반적으로 유교(儒敎)와 도교(道敎), 이 두 가지는 함께 얘기되는 일이 많다. 분명히 중국이라는 나라에서는 옛날부터 이두개의 철학이 미묘하게 교차하면서 인간의 의식이나 행동을 규제해 왔다.

소위 유교가 천하 국가를 다스리는 엘리트의 사상인데 반하여, 도교는 현실에 밀착된 서민의 사상이었다. 또한 유교를 '이렇게' 해야 한다고 이상(理想)을 논한 표면적인 도덕이라고 한다면, 도교는 생활을 뒷받침해 주는 이면의 도덕이라고 해도 좋을 것이다.

주지하는 바와 같이, 유교의 근본을 이루고 있는 것은 공자와 맹자의 가르침이다. 여기에 비해 도교는 나중에 여러 가지 요소가 포함되어 있지만 그 근간을 이루는 것은 노장사상(老壯思想)이다.

그리고 노장사상의 근원이 되고 있는 것은 두말할 것도 없이 〈노자〉와 〈장자〉라는 두 권의 책이다.

그러나 노장사상으로 한데 묶여 있지만, 〈노자〉와 〈장자〉는 서로의 내용이 상당히 다르다. 그 차이를 대강만이라도 파악해 보면, 〈장자〉가 인간의 현실로부터의 초월 및 해탈의 사상을 논하고 있는데 반해서, 〈노자〉는 각박한 현실을 사는 끈질긴 처세의 지혜를, 즉 처세술을 논하고 있다고 할 수 있다.

우리들 한국인은 노장사상이라고 하면 일단은 현실에 등을 돌리고 살아가는 은둔사상(隱遁思想)으로 생각하는 경향이 있는데, 이것은 지극히 일면적인 이해에 지나지 않는다. 〈장자〉는 차치하고라도 〈노자〉의 경우는, 현실에 등을 돌리기는커녕 구워먹을 수도 삶아먹을 수도 없는 끈적끈적한 처세의 지혜를 논하고 있는 것이다.

일반적으로 중국인은 집단으로 움직이는 것을 싫어하는 반면, 뿔뿔이 흩어져서 한 사람 한 사람의 개성을 표면에 드러낸다. 그러므로 어떤 역경에 처한다 해도 좌절하기는커녕 시간을 들여 기회를 기다리는 편이다.

〈노자〉가 논하는 처세철학은 바로 이러한 중국인의 끈질긴 생활태도, 정신적 풍토를 빼놓고는 생각할 수가 없다.

그런데 〈노자〉가 논하는 이러한 끈질긴 생활태도, 접착력이 강한 생활태도를 좀더 잘 나타내 주고 있는 말 중에 '으뜸가는 선(善)은 물과 같다'라는 말이 있다. 이상적인 생활태도는 물과 같은 것이라는 의미일 것이다.

그렇다면 왜 물의 형태가 이상이라는 것일까? 〈노자〉에 의하면, 세 가지의 이유가 있다고 한다.

우선 물은 낮은 곳으로 흐르기 때문에 인간의 겸허한 태도를 몸으로 실현해 주고 있다.

셋째로 물은 약함에 철저하다. 그리고 약함에 철저함으로써 오히려 거꾸로 강한 힘을 발휘하는 것이 물이라는 것이다.

그러면 직접 〈노자〉의 말을 들어 보기로 하자.

'가장 이상적으로 사는 방법은 물과 같은 것이다. 물은 만물에 은혜를 베풀면서 상대방에게 거역하지 않고 사람들이 싫어하는 낮은 곳으로 흘러간다. 그리고 낮은 곳에 몸을 두고 심연(深淵)과 같은 깊은 마음을 함께 소유하고 있다. 줄 때는 차별없이 마음껏 주고, 말에는 거짓이 없다. 나라를 다스리는 데는 파탄을 일으키지 않고, 사물에는 적절히 대처하고 절묘한 타이밍을 잡아 행동으로 옮겨 간다. 이것이야말로 물의 본래의 모습인 것이다. 물과 같이 무엇에나 거슬리지 않는 생활태도를 유지해야만 실패를 면할 수가 있다.'

이것이 노자의 발상이고 중국인의 전통적인 지혜이기도 한 것이다.

노자는 또 다음과 같이 말하기도 한다.

'이 세상에서 물만큼 약한 것은 없다. 그러면서도 강한 것을 이겨내는 데도 물을 능가할 것이 없다. 그 이유는 물이 약함에 철저하기 때문이다.'

이러한 노자의 말은 얼마간 추상적이어서 어딘지 모르게 애매한 데가 있다. 이것을 한층 더 구체적으로 표현하고 있는 것이 다음의 말이다.

'우수한 지휘관은 무력을 함부로 남용하지 않는다. 싸움을 잘하는 사람은 감정의 사주(使嗾)를 받고서 행동하지 않는다. 이기는 데 도통한 명인은 힘에 호소하는 대결을 하지 않는다. 사람을 잘 부리는 명인(名人)은 상대보다 아래에 서서 말을 한다.'

노자는 이러한 태도를 '다투지 않는 덕'이라고 부른다. 상대방에게 거스르지 않는다. 상대와 다투지 않는다. 그러면서도 어느새 상대방의 위에 서 있다. 이것이 바로 '다투지 않는 덕'인 것이다.

따라서 노자가 말하는 '으뜸가는 선은 물과 같은 것이다'나

'다투지 않는 덕'도 단순한 수동적인 처세방법이 아니라, 이른바 적극성을 그 속에 깊이 간직한 '수동적인 자세'라고 말할 수 있다. 여기에 노자가 논하는 처세철학의 끈질긴 맛이 있는 것이다.

재능을 과시하지 말라

자기 키 이상으로 크게 보이려고 하면
오히려 발 밑이 불안해지고, 자신을 과시하면
배척당하기 쉬우며 자신의 재능을 코에 걸고
으스대면 오히려 발이 끌려 내려진다

2천 년 이상된 중국의 고전은 책 이름과 그것을 저술한 인물의 이름이 같은 경우가 많다. 〈노자〉도 그러한 예의 하나이다.

노자에 대해서는 여러 가지 설이 있기 때문에 확실한 것은 알수가 없다. 역사상 실제로 존재한 인물인지 전설상의 인물인지도 알 수가 없다.

〈사기〉에 의하면, 젊은 시절의 공자는 멀리 노자를 찾아가서 가르침을 받고 있다.

그때 노자는 이렇게 말하며 공자를 깨우쳤다.

"총명하고 통찰력이 풍부하면서도 죽음의 위험을 곧잘 맞이하는 사람이 있는데, 그것은 타인을 지나치게 비판하기 때문이다. 웅변력이 있고 박식하면서도 그 몸을 위태롭게 하는 사람이 있는데, 그것은 타인의 결점을 들추어내기 때문이다. 그대도 자기 주장을 삼가는 것이 좋을 것이다."

즉 신중하게 처신하라. 너무 잘난 체하고 나서지 말라는 것이다. 또한 노자는 그때,

"군자 (君子)는 성덕 (聖德)이 있으면서 용모는 어리석은 체한다."

라고 말했다고 전해진다.

성덕이란 '뛰어난 재능'이라고 이해하면 될 것이다. 즉 군자라고 하는 자는 안으로는 훌륭한 재능을 갖고 있으면서, 얼핏보기에는 어리석은 자와 같은 용모를 하고 있다는 것이다. 거꾸로 말하면, 코 끝에 재능을 과시하듯이 달고 다니는 듯한 태도는 결코 취하지 말라고 충고하고 있는 것이다.

또 〈장자〉에 의하면, 양자 (陽子)라는 학자가 배움을 청했을때 노자는 다음과 같이 말하며 깨우쳤다.

"좀더 행동거지에 여유를 두고 바보처럼 행세하게. 도대체 그토록 목에 힘을 주고 누구와 함께 살아가려고 하는가? 나는 자네의 잘난 체하는 것이 도무지 마음에 안드네."

이와 같이 노자라는 인물은, 인간은 모든 면에서 겸허해야 하고 신중하게 행동하라고 기회 있을 때마다 후배들에게 교훈을 주고 있다. 당연히 이런 말은 〈노자〉 가운데서도 되풀이해서 강조되고 있는 점이다.

겸허 (謙虛)라든가 신중하다고 하면 무엇인가 소극적인 덕목 (德目)처럼 들릴지는 모르지만 결코 그렇지만은 않다. 〈노자〉의 경우는 그 뒤에 겸허하면 사람들에게서 칭찬을 받는다, 신중하게 행동하면 사람들로부터 추앙을 받는다는 만만찮은 계산이 숨겨져 있다는 사실을 간과해서는 안 된다.

예를 들면 '자기 자신이 앞장 서는 것이 아니라 오히려 남들이 앞장 세워 준다. 자신을 도외시하고 행동하기 때문에 오히려 다른 사람들로부터 존경을 받는다'라는 말로도 알 수 있듯이, 노자의 처세철학의 만만찮은 강점이 그러한 계산을 미리 치밀하게 해 두는 곳에 있다고 할 수 있을 것이다.

노자는 또 이렇게 말한다.

'자신을 옳다고 주장하지 않으니까 오히려 사람들로부터 인정을 받는다. 자신을 과시하지 않기 때문에 오히려 사람들로부터 칭찬을 받는다. 자신의 재능을 자랑하지 않으므로 오히려 사람들로부터 존경받는다.'

똑같은 얘기를 거꾸로 말하기도 한다. 약간 지루하겠지만 중요한 대목이니까 인용해 보기로 하겠다.

'자기 키 이상으로 크게 보이려고 하면 오히려 발 밑이 불안해진다. 자신을 옳다고 주장하면 오히려 무시당한다. 자신을 과시하면 오히려 배척당한다. 자신의 공적을 자랑하면 오히려 비난받는다. 자신의 재능을 코에 걸고 으스대면 오히려 발이 끌려 내려진다.'

겸허하라, 신중하라고 하는 것은 누구에게나 바람직한 사항이다. 노자의 경우는 특히 그것이 사람들 위에 서는 인간, 지도자에게 있어서 필요불가결한 조건이라고 생각한 것 같다.

'훌륭한 지도자는 국민을 통치하려고 할 때 겸허한 태도로 국민에게 자세를 낮춘다. 국민을 지도하려고 할 때는 자신을 겸손하게 낮추어 일체 지도자처럼 행세하지 않는다. 그렇기 때문에 윗자리에 있어도 국민은 억눌려 있다고 생각하지 않으며, 앞장서 있어도 국민은 방해물로 생각지 않는다.

이와 같이 국민으로부터 기꺼이 맞아들여지는 것은, 재능이나 공적을 다투려 하지 않기 때문이다. 그래서 국민은 스스로 복종하는 것이다.'

이것은 실로 함축성 있는 말이다.

이 말에서 떠오르는 것은 중국 수상이었던 주은래(周恩來)라는 인물이다. 그는 살아 있을 때 국민의 지지를 한몸에 모으며 국정의 키를 잡았고, 죽은 다음에도 '경애하는 수상'으로서 추모를 받고 있다.

그러나 정치가로서의 실적은 어떤가 하면, 그의 업적이라고 꼽을 수 있는 일은 무엇 하나 남겨 놓지 않았다. 그의 재상으로서의 태도는 오히려 그곳에 앉아 있음으로해서 사람들에게 안정감을 주는 것과 같은 그런 태도였다. 자기 주장도 하지 않고 변명도 하지 않고, 다만 묵묵히 주어진 일에 힘을 쏟고 그것으로 국민의 폭넓은 지지를 획득했다고 일컬어지고 있다.

'자신을 내세우지 않은' 주은래라고 하는 사람도 바로 이러한 노자형 지도자의 전형이었다.

장자(莊子)에서
자유사상을 배운다

　〈장자〉는 내편(內篇) 소요유(逍遙遊), 제물론(祭物論), 양생주(養生主), 인간세(人間世), 덕충부(德充符), 대종사(大宗師), 응제왕(應帝王) 7편과, 변모편 이하의 외편(外篇) 15편, 경상초(庚桑楚) 이하의 잡편 11편, 합계 6만 5천여 자로 이루어져 있다.

　그 특징은 여러 군데에 우화(寓話)가 섞여 있고 문학적인 표현이 현저하게 눈에 띈다는 점이다.

　〈장자〉의 작자는 장자(莊子)이지만, 그 자신이 쓴 것은 내편만이고, 외편과 잡편의 대부분은 후세 사람이 보필(補筆)한 것으로 보는 설이 일반적이다.

　장자는 만물의 근원에 역시 '도'의 존재를 인식하고, 그 '도'에서 보면 일체의 사물에는 차별이 없다고 주장했다. 이것을 만물제동(萬物齊同)의 설이라고 하며, 장자사상(莊子思想)의 원전으로 간주되어 왔지만, 노자 쪽이 현실을 사는 끈질긴 처세의 지혜를 논한 데 반해서, 장자는 현실로부터의 초월을 논했다.

　장자는 기원 전 4세기경 사람으로, 송나라에서 태어났는데 재야의 자유인으로서 생애를 마친 것 같다.

- 때에 편안히 머물러 순리를 따른다면
  애락(哀樂)이 끼어들 여지가 없다.(養生主篇)
- 궁(窮)해도 또한 즐겁고 통(通)해도 또한 즐겁도다.(讓王篇)
- 서로 쳐다보며 웃고 뜻이 맞아 이윽고 벗이 되도다.(大宗師篇)
- 사람들은 흐르는 물에 비춰 볼 생각은 하지 않고
  멈춰선 물에 비춰 보려고 한다.(德充符篇)
- 목숨이 길면 치욕도 많다.(天地篇)
- 사람들은 모두 쓸모있는 것을 쓸 줄은 알지만,
  쓸모없는 것을 쓸 줄을 모른다.(人間世篇)
- 뱁새가 깊은 숲속에 둥우리를 짓는다해도
  나뭇가지 하나면 족하다.(逍遙遊篇)
- 곧은 나무는 먼저 잘리우고, 단 샘물은 먼저 마른다.(山木篇)
- 참된 변론은 말로 하지 아니하고
  참된 인(仁)은 몰인정하다.(齊物論)

발상의 전환을 재촉하라

매미나 새끼 비둘기가 '붕'의 뜻을 어찌 알겠는가.
작은 세계에 사는 자에게는 상상도 할 수 없는
또 다른 큰 세계가 있는 것이다

〈장자〉는 다른 고전에서 맛볼 수 없는 매력으로 넘쳐 있다. 그 이유 중 하나는, 이 책이 뛰어나게 문학적이라는 데서 그 원인을 찾아 볼 수 있다.

다른 고전은 대개 이론이 중심에 자리잡고 있어서 아무래도 딱딱하다는 인상을 벗어날 수 없는 편이나, 〈장자〉에는 비유나 우화가 쉴새 없이 사용되어 있어서 이론서(理論書)라기보다는 문학서(文學書)라는 인상이 강하고, 그만큼 재미있게 읽을 수가 있다.

또 하나, 내용에 대해서 말하자면 다른 고전이 현실을 어떻게 살아나가느냐는 문제를 다루고 있는데 반해서, 〈장자〉는 현실 자체로부터의 초월을 논하고 있다. 해탈(解脫)의 사상이라 해도 좋을 것이다.

세상의 상식에 얽매이지 않는 견해, 세속의 가치관을 초월한 생활태도를 말하고 있는 것이 〈장자〉이다. 이러한 의미에서 수많은 중국의 고전 가운데서도 한결 이색적이다.

그럼 〈장자〉를 펼쳐 보기로 하자.

우선 권두에 나오는 것이 '붕(鵬)'이라는 커다란 새에 관한 설화(說話)이다.

아주 먼 북쪽 바다에 곤(鯤)이라는 물고기가 있었다. 머리에서 꼬리까지 몇만 리나 될까, 하여간 잴 수도 없이 큰 물고기다.

그 '곤'이 변신하면 '붕'이라는 새가 된다. 몇만 리인지도 알 수 없는 몸체, 날개를 펴고 날아가면 하늘은 온통 검은 구름에 가린 것 같다. 바람이 불고 바다가 거칠어지는 계절에 붕은 멀리 남쪽 바다를 향해 날아간다.

<제해(齊諧)>라는 책에는 수많은 괴기담(怪奇談)이 실려 있는데, 그 가운데서 붕은 다음과 같이 묘사되어 있다.

'남쪽 바다를 향할 때, 붕은 해면 3만 리에 날개를 펴고 날아 올라서 바람을 타고 90만 리 높이로 올라간다. 그리고 6개월 동안 남쪽 바다를 향해 쉴새없이 날아간다.'

지상에는 아지랑이가 끼고 먼지가 자욱하고 생물의 숨으로 꽉 찬다. 그러나 하늘은 맑고 푸르기만 하다. 푸른 것은 하늘 자체의 색깔이 아니다. 너무나 먼 거리가 하늘을 그렇게 보이게 하는 것이다. 90만 리 상공을 날으는 붕의 눈에는 지상 자체가 푸르게 보인다.

물은 깊이 고여 있지 않으면 커다란 배를 띄울 수가 없다. 마루의 패인 곳에 고인 한 잔의 물, 그곳은 볏짚 한 오라기는 뜨지만 잔을 띄우려면 벌써 바닥에 닿는다. 하늘을 나는 것도 이와 똑같은 것이다.

커다란 날개를 띄우려면 두텁게 쌓인 바람이 필요한 것이다. 90만 리의 높이로 날아 올라야만 붕의 날개는 강한 바람의 도움을 받을 수가 있다.

바람을 타고 창공을 등에 지고 날으는 붕의 길을 가로막는 것은 아무것도 없다. 이렇게 해서 붕은 남쪽 바다를 향해 날아가는 것이다.

매미나 새끼 비둘기는 그러한 붕을 바라보고 비웃는다.

'느릅나무나 참빗살나무의 나뭇가지에 날아오르는 것조차 힘이 들어서 때로는 땅바닥에 곤두박칠 때가 있어. 90만 리 높이까지 날아오르는 녀석의 심보를 모르겠군.'

여행을 하더라도 교외로 나간다면 하루분 양식을 준비하면 충분하지만, 천리길을 떠나는 사람은 전날부터 쌀을 찧어 떡을 만들고, 만리길을 떠나는 사람은 3개월 전부터 준비를 시작한다.

매미나 새끼 비둘기가 붕의 뜻을 어찌 알겠는가. 작은 세계에 사는 자에게는 상상도 할 수 없는 또 다른 큰 세계가 있는 것이다.

시간에 대해서도 같은 얘기를 할 수 있다. 초나라 남쪽에 명령(冥靈)이라는 나무가 있었다. 그 나무는 천 년에 한 번 나이테를 더한다. 또 아주 먼 옛날에 대춘(大椿)이라는 나무가 있었다. 그 나무는 1만6천 년에 한 번 나이테를 더했다고 한다. 그것에 비한다면 인간은 길게 살아 보았자 뻔하다. 그러니 장생(長生)을 원하는 인간이 얼마나 불쌍한가?

대강 이런 식이다. 두말할 것도 없지만, 대붕(大鵬)을 비웃는 매미나 새끼 비둘기는 세속적인 가치관의 상징체이다. 여기에 비해서 유유히 창공을 날으는 대붕의 모습은 장자가 말하는 인간의 이상적인 삶의 모습을 상징하고 있다. 이것은 바로 리처드 바크의 〈갈매기의 꿈〉에 나오는 갈매기가 상징해 주고 있는 인간의 참모습과도 일맥상통한다.

〈장자〉를 읽으면 우리들이 지금까지 가치 있다고 믿어 오던 것이 진실로 가치 있는 것이었던가 하고 의문을 품지 않을 수 없게 된다. 좁은 시야에 사로잡혀 있는 것이 아닌가? 좀더 눈을 크게 뜨면 커다란 진실이 보이게 된다면서, 발상의 전환을 재촉해 오는 책이 바로 〈장자〉인 것이다. 그것이 바로 이 책의 요상스러운 매력을 형성하고 있다고 할 수 있다.

인간의 그릇을 크게 하라

아침에 셋 저녁에 넷과, 아침에 넷 저녁에 셋은
실질적으로 아무런 차이가 없다.
눈 앞에 있는 것에만 얽매이는 어리석음을 피하자

현실을 초월한다는 것은 현실로부터 눈을 돌린다는 뜻만은 아니다.

장자는 이 세상 모든 것에 '도'가 관철해 있다고 한다. 도란 모든 존재의 근원이고, 모든 존재를 지배하고 있는 근본원리인 것이다.

이러한 도의 견지에서 본다면, 모든 사물은 차별이 없다는 결론이 나온다. 시(是)도 없고 배(非)도 없으며, 선(善)도 없고 악(惡)도 없다. 따라서 그러한 차별에 얽매이는 것은 어리석은 일이라고 장자는 말한다.

이것을 입증해 주고 있는 것이 '조삼모사(朝三暮四)'라는 유명한 얘기다.

언젠가 원숭이 재간부리는 사람이 원숭이에게 밥공기를 주면서 말했다.

"이제부터는 아침에 3공기씩, 저녁에는 4공기씩 주도록 하겠다."

원숭이들은 일제히 반발했다.

그래서 그 사람은,

"미안하다. 그렇다면 아침에 4공기씩, 저녁에는 3공기씩 주도록 하겠다."

하고 말했더니 원숭이들은 금방 가라앉았다고 한다.

아침에 셋 저녁에 넷과, 아침에 넷 저녁에 셋은 실질적으로 아무런 차이가 없다. 그것을 모르고 눈 앞에 있는 것에만 얽매이는 어리석음을 비웃은 것이 바로 이 이야기이다.

우리들은 자칫하면 조그만 이해관계에 마음을 빼앗겨 대국적(大局的)인 판단을 그르치기가 쉽다.

이와 마찬가지로 시야가 좁고 세상물정에 어두운 태도를 깨우쳐 주는 것이 '달팽이 뿔 위의 싸움'이라는 이야기인데, 이것 또한 유명한 얘기다.

옛날 위나라에 혜왕(惠王)이라는 임금이 있었다. 제나라와 동맹을 맺고 있었는데, 상대방이 일방적으로 동맹을 파기해 버렸다. 격노한 혜왕은 어떻게든 보복해야겠다고 생각하며, 중신회의를 열어서 대책을 논의했다. 그런데 중신들은 즉각 개전(開戰)을 주장하는 자, 평화적인 해결을 주장하는 자, 두 파로 갈라져 쉽사리 결론이 나오지를 않았다.

그때 대진인(戴晋人)이라는 현자(賢者)가 어전에 나와서 혜왕에게 물었다.

"임금께서는 달팽이라는 것을 알고 계십니까?"

"알고 있다."

"그 달팽이의 왼쪽 뿔에는 촉(觸)이라는 나라가 있고, 바른쪽 뿔에는 만(蠻)이라는 나라가 있는데, 끊임없이 영토 싸움을 되풀이하고 있었습니다. 언젠가는 격전을 15일씩이나 치른 뒤, 쌍방이 수만의 사상자를 내고서야 겨우 병사를 후퇴시켰을 정도라고 합니다."

"에이, 농담도 쉬어 가면서 해라!"

"결단코 농담이 아닙니다. 그 증거로 지금부터 말씀드리는 것을 잘 들어 주십시오. 임금께서는 이 우주의 상하 사방에 끝이 있다고 생각하십니까?"

"끝이야 없겠지."

"그렇다면 자기 마음을 그 무궁한 세계에 노닐게 하고 있는 사람 입장에서 이 지상의 나라들을 본다면, 거의 있을까 없을까 할 정도의 존재와 같다고 생각지 않으십니까?"

"그렇기도 하겠지. 그렇게 말할 수도 있겠지."

"그 나라들 가운데 위나라가 있고, 위나라 가운데 도읍이 있고, 그 도읍 가운데 임금님이 살고 있습니다. 그렇게 보면 임금님과 만국(蠻國)의 임금님과 어느 정도 차이가 있겠습니까?"

"으음, 차이가 없다는 말이렷다?"

혜왕은 대진인이 물러가고 나서도 한동안 망연해서 어찌할 바를 몰랐다고 한다.

끝이 없는 대우주에서 본다면, 이 지구상에서 일어나는 사건 따위는 어느 것이나 하잘 것 없다. 그러한 조그만 이해관계에 얽매이지 않는 태도, 그것이 장자가 말하는 '현실에의 초월'인 것이다.

돌이켜 생각해 보면, 우리들의 생활은 갖가지 이해관계 속에서 영위되고 있다. 얽매이지 않으려고 해도 간단히 초월할 수 없는 것이 이 지상에서의 삶이다. 여러 가지 것에 얽매여 악착같이 살아갈 수밖에 없는 것이 우리들의 인생이라고 해도 과언이 아닐 것이다.

그렇다고 해서 장자가 논하는 세계가 우리들과 전혀 무관하다고는 단언할 수가 없다. 가령 어쩌다 당대에 부자가 된 경영자를 만날 기회가 있어 대화를 나눠 보면 모두 그들 나름대로 과연 성공한 사람은 다르구나 할 정도의 박력을 갖고 있는 반면,

그중에는 인간적인 폭의 좁음을 느끼게 하는 사람들도 있다.

또한 기업의 관리직에 있는 사람들도 그 유능함은 분명히 이해할 수가 있는데, 얘기를 나누어 보면 시야의 편협함을 느끼게 되는 경우가 적지 않다.

어째서 그런 인상을 주느냐 하면, 자신의 생활이나 일에만 얽매여 그밖의 넓은 세계에 눈을 돌리려고 하지 않기 때문이다.

장자는 바로 그러한 사람들에게 읽히고 싶은 고전이다. 이 책을 읽으면 인간으로서의 그릇을 한층 더 크고 폭넓게 가질 수 있을 것이다.

하찮음에서 귀함을 찾아라

스스로의 장점이 스스로의 목숨을 단축시킨다.
즉 어떤 나무에 있어 유용한 것을 구하지 않고
무용에 철저했기 때문에
장수를 누릴 수 있었다 한다

이 세상 안의 가치는 모두 상대적인 것에 불과하다. 그러므로 그것에 발목을 잡혀 눈빛을 달리하고 대드는 것은 어리석은 짓이라는 것이 장자의 기본적인 생각이다.

한편, 장자는 그곳에서 일보 전진하여 무용(無用)한 것이야말로 유용(有用)한 것이라고 무용의 가치를 적극적으로 평가하면서 가치관의 역전(逆轉)을 주장했다.

장자는 몇 개씩의 우화를 빌려 '무용의 용(用)'에 대해서 말하고 있는데, 그 가운데 가장 유용한 진량(陳梁)의 얘기를 소개해 보기로 하겠다.

옛날에 석(石)이라는 도편수(都邊首)가 제나라를 여행할 때의 일이다. 우연히 곡원이라는 지방을 지나게 되었는데, 그곳에 거대한 상수리나무(무용의 재목)가 신목(神木)으로서 받들어지고 있었다.

나무가 너무나 거대하여 나무 그늘에 몇천 마리의 소를 쉬게 할 수가 있었다. 나무의 둘레는 백 명이 둘러설 만큼 굵었고, 높이는 산을 내려다 볼 정도였다. 지상 칠팔십 척 되는 곳에 가지가 뻗어 있는데 한 개로 충분히 배를 만들 수 있을 정도의 크기였다. 그런 것이 십여 개씩이나 달려 있었다. 그 거목을 한 번이라도 보려고 찾아오는 사람이 끊이지 않아, 나무 주위는 마치 시장처럼 번성했다. 석(石)의 제자들도 넋이 나간 듯이 나무를 보고 있었다.

그런데 석만은 거들떠 보지도 않고 훌쩍 지나쳐 버렸다. 겨우 따라붙은 제자들이 따져 물었다.

"편수님! 편수님께로 온 다음에 이렇게 훌륭한 제목을 본 적이 없습니다. 그런데도 거들떠도 보지 않고 가버리다니요? 도대체 무슨 소견이신지요?"

"건방진 소리 말아라. 저런 나무는 아무 쓸모가 없느니라. 배를 만들면 가라앉아 버리고, 관통(棺通)을 만들면 당장 썩어 버리지. 가구를 만들면 얼마 안 가서 부서져 버리고, 문짝을 만들면 송진 투성이가 되지. 기둥을 만들면 당장 벌레가 먹어 버리거든. 전혀 쓸모가 없는 재목이야. 이렇게 크도록 자란 것도 원래 아무 쓸모가 없었기 때문이지."

과연 편수답게 제자들과는 보는 안목이 달랐다.

그런데 석이 여행에서 돌아온 그날 밤, 거목의 혼령이 꿈에 나타나 편수에게 이렇게 말했다.

"너는 대체 나를 어디다 비교해서 쓸모가 없다는 게냐? 어차피 인간에게 소용되는 나무와 비교를 했겠지. 하기야 배나무나 추자나무 등 열매가 열리는 나무는 네게 도움을 주겠지. 그러나 열매를 맺기 때문에 가지를 꺾이우고 열매를 빼앗긴 끝에 천수(天壽)를 다하지 못하고 죽지 않으면 안 되거든.

스스로의 장점이 스스로의 목숨을 단축시키고 있는 것이다. 즉 자기가 원해서 세속에 짓밟히고 있는 것이다. 이 세상 속의 인간과 사물도 모두 유용해지려고 함으로써 똑같은 어리석은 짓을 되풀이하고 있지.

그러나 나는 다르다. 나는 오늘날까지 일관해서 무용한 것이 되려고 노력해 왔지. 천수를 다하려는 지금에 와서 겨우 무용의 나무일 수가 있었다. 가령 내가 유용했다면 벌써 옛날에 꺾이고 부러졌을 것이다."

그 거목이 하는 말이 장자가 하고 싶은 말인 것이다. 즉 일부러 유용한 나무가 되는 것을 구하지 않고, 무용에 철저했기 때문에 장수를 누릴 수가 있었다는 것이다

〈장자〉에는 작자인 장자라는 인물과 그 논적(論敵)인 혜자(惠子)라는 인물의 논쟁이 많이 실려 있는데, 다음 얘기도 그 가운데 하나이다.

언젠가 혜자가 장자의 주장을 비판했다.

"당신의 이론은 현실에는 아무런 도움이 되지 않소."

그러자 장자가 가차없이 반박했다.

"무용이 무엇인가를 알고 있는 인간만이 유용한 것에 대해서 말할 자격을 갖고 있소. 가령 말일세, 우리들 두 사람이 서 있는 이 대지는 무한히 크오. 그러나 지금 우리들에게 필요한 것은 발로 딛고 설 조그만 공간에 불과하오. 그러나 그렇다고 해서 발 크기만큼만 남겨 놓고 주위를 땅 밑바닥까지 파 버리면 어떻게 되겠소? 그래도 남은 부분이 우리에게 도움이 될까요?"

"그야, 도움이 될 턱이 없지요."

"그것 보시오. 무용한 것이야말로 진정으로 유용하다는 것을 그것으로 알 수 있잖소."

과연 그렇다. 그렇게 생각하고 우리들 주위를 다시 살펴 보면, 무용한 것이 쓸모있는 역할을 담당하고 있는 경우가 많이 있다. 다만 우리들이 유용한 것에만 눈을 빼앗겨 그것을 깨닫고

있지 못한 것뿐이 아닌가?

장자도 '사람들이 모두 쓸모있는 것만을 쓸 줄 알고 쓸모 없
는 것을 쓸 줄 모른다'고 한탄하고 있다. 인간도 오로지 유용성
만을 추구하는 인간은 장래의 대성(大成)을 기약할 수가 없다.
장자가 말하는 '무용의 용(用)'을 발견할 수가 있다면, 필연코
인생에 새로운 전망이 틀림없이 열릴 것이다.

잊어버리는 효용

어떤 중요한 결정을 내릴 때는
자신을 무심한 경지, 무아의 상태 즉, 좌망의 경지를
자기 것으로 해야만 판단이 정확하다

〈장자〉에는 공자(孔子)와 안회(顔回)와의 다음과 같은 좌망 문답(坐忘問答)이 소개되고 있다.

언젠가 안회라는 제자가 공자에게 말했다.

"저의 수양도 상당히 진보했다고 생각합니다."

"허허, 어찌 그렇게 생각하느냐?"

"저는 인의(仁義)를 잊을 수가 있게 되었습니다."

"과연 그렇겠군. 그것은 됐지만 아직 충분하다고 할 수는 없지."

그 뒤 안회가 다시 공자에게 말했다.

"저는 그때보다 더 진보했습니다."

"허허, 어찌 그런가?"

"저는 예악(禮樂)을 잊을 수가 있게 되었습니다."

"좋아, 잘 했네. 그러나 아직 충분하다고 할 수 없네."

그리고서 또 얼마 후 말했다.

"저는 더욱 진보했습니다."

"무슨 말인고?"

"저는 좌망을 할 수가 있습니다."

공자는 깜짝 놀라 태도를 바로하고 물었다.

"그것은 무슨 말인가?"

"오체(吾體)에서 힘을 빼서 일체의 감각을 없게 하고 몸도 마음도 허공처럼 되어 '도'의 활동을 받아들이는 것입니다."

그 말을 듣고 공자가 이렇게 대답했다.

"도의 활동을 받아들인다면, 시비선악(是非善惡)의 감정에 얽매이지도 않고 도와 함께 변화하여 무한한 자유를 획득할 수가 있을 것이다. 그렇기는 하지만, 자네는 그렇게까지 진보했는가? 나도 뒤떨어지지 않도록 노력해야겠도다."

이것이 유명한 공자와 안회의 좌망문답인데, 요컨대 좌망이란 '무심의 경지, 잡념을 제거한 상태'라고 이해할 수 있을 것이다.

그것을 한층 더 깊이 설명하고 있는 것이 역시 공자와 안회의 다음과 같은 문답이다.

"어느 땐가 깊은 강을 나룻배로 건넌 적이 있습니다만, 사공이 배를 다루는 솜씨는 신기에 가까웠습니다. 그래서 제가 물어 보았습니다.

'그런 솜씨를 아무나 배울 수가 있습니까?'하고. 그러자 그 사람은 '문제 없습니다. 헤엄을 잘 치는 사람이라면 곧 배울 수 있습니다. 잠수에 달인(達人)이라면 배 같은 것을 본 적이 없더라도 곧 해낼 수 있습니다'하고 대답했습니다. 저는 이유를 물었으나 대답해 주지 않았습니다. 그것은 도대체 무슨 이유에서일까요?"

공자는 이렇게 대답하고 있다.

"헤엄을 잘 치는 사람이 곧 배울 수 있다는 것은, 물을 의식하지 않기 때문이다. 잠수의 달인이라면 곧 해낼 수 있다는 말은, 강도 육지도 똑같이 보이기 때문이다. 그러니까 눈 앞에 어

98

떤 사태가 일어나도 마음이 흐트러지지 않으면, 언제나 태연자약하게 대처할 수가 있는 것이다."

의식을 텅 비우고 아무것에도 얽매이지 않는 상태, 그러한 경지에 도달할 수 있다면 일체의 고정관념에 좌우되지 않고 허심탄회하게 유동하는 정세에 대처할 수가 있을 것이다.

특히 지도자가 중요한 결정을 내릴 때는, 자신을 무심한 경지, 무아의 상태에 놓을 필요가 있다. 즉 '좌망'의 경지를 자기 것으로 해야만 비로소 틀림없는 결정을 내릴 수가 있는 것이다.

목계 (木鷄)의 경지

옆에서 다른 닭이 아무리 울거나 싸움을 걸어도
일체 동하는 기색이 없어서 마치 목각을 한 것 같습니다.
이것이야말로 덕이 충실해 있다는 증거입니다

　장자는 이상 (理想)의 지도자상에 대해서 다음과 같이 말하고
있다.
　'역경에도 불만을 품지 않고 영달(榮達)을 기뻐하지도 않고,
만사를 있는 그대로 내맡기고 억지로 일을 꾸미려 하지 않는다.
그리고 실패해도 실망하지 않고 성공해도 잘난 체를 않는다.'
　'마음은 거울과 같은 것이다. 자신은 꼼짝도 하지 않는다. 찾
아오는 것은 그대로 비추지만, 가버리면 아무런 흔적도 남기지
않는다. 따라서 어떤 사태에도 대응할 수 있고 더구나 상처받는
일도 없다.'
　이 두 개의 설명은 얼마간 추상적이어서 이해하기 힘들지도
모르겠다. 그것을 좀더 구체적으로 말하고 있는 것이, 양자거
(陽子居)라는 인물과 노탄(老聃)이라는 인물의 다음과 같은 문
답이다.
　"신속 과감한 행동력, 투철한 통찰력을 겸비하고 더구나 지치
지 않고 '도'를 계속 배워 나가는 인물이 있다고 하면, 이상적인
지도자라고 할 수 있지 않을까요?"
　노탄은 고개를 흔들었다.

"무슨 소리? 그런 녀석은 기껏해야 낮은 관리자리가 고작이야. 얼마간의 재능밖에는 가진 것이 없고, 더구나 그것에 얽매여 몸도 마음도 지쳐 있는 불쌍한 녀석이지.

게다가 어설프게 그런 재능을 갖고 있으면, 오히려 몸을 망치지. 호랑이나 표범은 아름다운 모피 때문에 사냥꾼에게 살해당하고, 원숭이나 사냥개는 그 영리함 때문에 사슬에 묶이지. 그런 녀석이 어떻게 이상적인 지도자라 할 수 있겠는가?"

양자거는 부끄러워서 몸을 움츠리며 물었다.

"그러면 이상적인 정치란 어떤 것입니까?"

"글쎄. 그의 공덕은 천하를 덮고 있지만 일반 사람의 눈에는 그와 아무런 관계도 없는 것처럼 보이지. 그의 가르침은 만물에 미치고 있지만 사람들은 전혀 그것을 모르고 있지. 천하를 다스리고는 있지만 시책 (施策)의 뒤끝을 남겨 놓지 않지. 그러면서도 만물 하나하나에 근본의 이치를 깨우쳐 주거든. 그것이 이상적인 정치라는 게야."

넘쳐나는 재능을 타고났으면서도 구태여 무능에 철저하고 무언의 설득력에 의해 사람들을 감화시킨다. 그것이 〈장자〉에서 본 이상적인 지도자상이라 할 수 있다.

이것을 한층 잘 설명하고 있는 것이 유명한 목계 (木鷄)의 얘기다.

옛날에 기성자 (紀渻子)라는 투계를 훈련시키는 명인이 있었는데, 언젠가 임금님으로부터 한 마리의 닭을 훈련시키라는 하명을 받았다.

10일 가량 지난 뒤 임금이 물었다.

"어떠냐? 쓸 만하게 되었느냐?"

그러자 명인이 이렇게 대답했다.

"아닙니다, 아직 멀었습니다. 지금은 마구 살기등등해서 적

101

(敵)만 찾고 있습니다."

그리고나서 10일이 지나 임금이 다시 묻자 명인은 또 이렇게 대답했다.

"아직 안 됩니다. 다른 닭을 보면 노려보거나 흥분합니다."

또 10일이 지나 임금이 묻자 명인은 이렇게 대답했다고 한다.

"이제 된 것 같습니다. 옆에서 다른 닭이 아무리 울거나 싸움을 걸어도 일체 동하는 기색이 없어서 마치 목각(木刻)을 한 닭 같습니다. 그것이야말로 덕이 충실해 있다는 증거입니다. 그렇게 되면 어떤 닭도 그 닭을 당해 낼 수 없습니다. 모습만 보아도 도망쳐 버릴 것입니다."

이러한 목계야말로 장자가 마음으로 그리는 이상적인 지도자 상인 것이다.

명리(名利)에 얽매이지 않는 인생

눈앞의 먹이에 정신이 팔려
먹이를 노리는 자도 결국은 먹이가 되고,
이(利)를 쫓는 자는 해(害)를 자초하고야 만다

〈장자〉의 작자는 장자이다. 그는 〈사기(史記)〉에 의하면 이름을 주(周)라 하고, 송나라 몽현(蒙懸)사람으로 젊었을 때는 관리로 있었지만, 자세한 경력은 알려져 있지 않다.

장자가 살았던 때는 지금으로부터 약 2천3백 년 전의 전국시대의 한가운데로, 당시는 각국 모두 널리 인재를 구하며 부국강병을 도모하고 있었기 때문에 재능만 있으면 입신출세할 기회는 얼마든지 있었다.

그러나 장자는 그러한 풍조에 등을 돌리고 재야의 은둔자로서 생애를 끝마쳤다고 전해지고 있다. 그러한 의미에서는 자기 스스로 자신의 주장을 실천했다고 할 수도 있다. 그에게 이런 일화가 남아 있다.

장자가 언제나처럼 박수(撲水)라는 강에서 낚시를 즐기고 있으려니까, 초나라의 중신 두 사람이 왕의 내명을 띠고 찾아왔다. 사자(使者)는 장자를 보자마자 이렇게 부탁했다.

"제발 우리나라의 재상이 되어 주시오. 임금님의 간절한 소망이십니다."

장자는 낚시줄을 드리운 채 뒤도 돌아보지도 않고 대답했다.

"그대 나라에는 죽은 지 3천 년이나 되는 영험 높은 거북이 등껍질이 있다고 들었소. 임금은 그것을 비단으로 싸서 상자에 집어 넣고 소중히 모시고 있다던데요. 그런데 그 거북이는 죽어서 껍질을 모셔 주는 지금의 상태와 흙탕물에 엉금엉금 기어다니며 살아 있던 무렵의 상태와 어느 쪽을 더 좋아하리라고 생각합니까?"

"그야 살아 있을 때가 좋았겠지요."

그러자 장자가 말했다.

"자, 이제 돌아들 가시오. 나도 흙탕물 속에서나마 꼬리를 끌고 살고 싶소."

묘당(廟堂)에 올라 경륜을 펴는 것보다 일개의 자유인으로서 유유자적하며 살고 싶다는 것이다. 과연 명리(名利)에 얽매이지 않는 장자다운 생활방식이 아니겠는가?

장자의 일생에 관해서는 또 이런 얘기도 전해지고 있다.

송(宋)나라에 조상(曹商)이라는 사람이 있었는데, 송왕의 명을 받아 진(秦)나라에 사자로 가게 되었다. 갈 때는 불과 마차 몇 대에 불과했으나 어쩐 일인지 진나라 왕의 마음에 들어서 돌아올 때는 마차 백 대를 거느리고 돌아왔다. 그 사람은 장자를 만나 이렇게 자랑했다.

"가난해서 남의 집 셋방에 살며 창백한 얼굴로 짚신을 삼는 것은 아무래도 소질이 없는데, 대국의 군주를 설득해서 마차 백 대를 얻어 오는 것쯤은 간단한 일이오."

그러자 장자는 이렇게 쏘아 붙였다.

"진나라 왕은 병이 나서 제국(諸國)에서 명의(名醫)를 불러 모으고 있다고 하지 않나? 종기를 낫게 해 준 자에게는 마차 한 대, 치(痔)를 핥은 자에게는 마차 다섯 대를 준다지. 밑으로 내려갈수록 마차 수가 많다고 하더군. 자네는 그렇게 많은

마차를 얻었다니 치질이라도 고쳐 주었는가? 자, 돌아가게
나."

이것도 또한 명리에 담백한 자유인의 면목을 뚜렷이 보여 준
예이다.

장자 자신에 관한 이와 같은 얘기는 〈장자〉 가운데 몇 개씩 소
개되어 있으나, 전부가 듣기 좋은 얘기만은 아니다. 그 중에는
그러한 장자도 뜻하지 않은 실패를 한 흥미깊은 얘기도 있다.

장자가 숲에서 사냥을 즐기고 있을 때, 남쪽 방향에서 이상한
까치가 날아왔다. 그것이 장자의 이마를 스치고 가까운 곳에 있
는 밤나무 숲에 앉았다.

"묘한 새로구먼. 커다란 날개를 갖고 있으면서 잘 날지 못하
고, 커다란 눈을 갖고 있으면서 장님처럼 보이지가 않는 모양이
군."

장자는 중얼거리며 밤나무 숲속으로 들어가 까치를 향해 화살
을 겨냥했다.

그런데 자세히 보니까 그 까치는 나뭇잎에 있는 사마귀를 노
리고 있었다. 그 사마귀는 또 서늘한 나무 그늘에서 울고 있는
매미를 노리고 있었다. 사마귀도 까치도 눈 앞의 먹이에 정신이
팔려서 자신에게 닥친 위험은 까맣게 모르고 있었다.

"먹이를 노리는 자도 결국 먹이가 되는구나. 이(利)를 쫓는
자는 해(害)를 자초한다. 위험하다, 위험해."

장자는 그렇게 중얼거리면서 활을 버리고 황급히 밤나무 숲에
서 빠져 나왔다. 그러나 뒤쫓아온 밤나무 숲지기에게 붙들려 밤
을 훔친 도둑의 누명을 쓰고 창피를 당했다.

그 뒤 3개월 동안 장자는 방안에 처박혀 우울한 나날을 보냈
다고 한다.

명예나 이익 같은 것은 안중에도 없는 장자조차도 때로는 그

런 실패를 범한다. 하물며 우리들 범인(凡人)은 말할 나위도
없다.

좀처럼 장자가 논하는 '좌망'이나 '목계'의 경지에는 다다를
수 없지만, 그래도 끊임없이 노력을 되풀이하는 것이 인간으로
서의 성장에 이어질 것임에 틀림이 없다. 그 힌트를 〈장자〉 가
운데서 얻기를 바란다.

한비자(韓非子)에서 통솔법을 배운다

　〈한비자〉는 법가(法家)의 이론을 집대성한 책으로, 전체가 15편, 15만 단어로 이루어져 있다. 저자는 한비(韓非)이지만, 전부가 그의 손에 의해 쓰여진 것은 아니라고 한다.

　그 내용 및 형식을 살펴보면, 직접 자기 학설을 기술한 논문체의 문장과 설화를 모은 것의 두 가지 부분으로 구성되어 있다.

　한비자사상의 핵심은 법술(法術)이다. 본래 한비에 선행하는 법가의 이론에는, 법에 주한점을 두는 자와, 술을 중시하는 자의 두 유파가 있었는데, 한비는 이 두 파를 통합해서 법술이론을 완성하고 그것을 국가통치의 근본원리라고 주장했다.

　한비는 전국시대 말기에 한(韓)의 왕자로 태어났다. 태어날 때부터 몹시 말을 더듬었다고 한다.

　진왕정(秦王政：始皇帝)이 그의 저작을 읽고 감동하여, 한비를 진나라로 초청했으나, 중상모략하는 자가 있어서 비명의 죽음을 당했다고 전해진다.

　그러나 한비의 법술이론은 진시황에게 커다란 영향을 주었고, 천하통치의 이론적인 지주가 되었다.

· 이웃 나라에 성인이 있으면 적국이 될 우려가 있다. (十過篇)
· 싸울 때는 속임수를 가리지 않는다. (難篇)
· 일은 모르게 해야 성사되고,
  말은 새나가기 때문에 무너진다. (設難篇)
· 교활한 속임수는 어리석은 성의보다 못하다. (設林上篇)
· 호랑이가 개를 굴복시킬 수 있는 것은
  이빨과 발톱 때문이다. (二柄篇)
· 천장(千丈)의 둑도 개미구멍 때문에 무너진다. (喩老篇)

불신시대의 지도철학

부하는 자신의 이익을 우선으로 하고 상사에게 아첨하여
자기를 확대하고 상사의 자리에 오르려 한다.
방심도 허점도 보이지 않는 것이 지도자의 위치이다

　서양의 마키아 벨리, 동양의 한비자라고 할 정도로 〈한비자〉
라는 책은 철저한 인간 불신(不信) 위에 서서 지도자 본연의 자
세를 추구하고 있다.
　따라서 그 내용에 대한 찬반은 제쳐두고라도, 지도자를 지향
하는 사람이면 누구나 한 번은 읽어 두어야 할 책이라고 할 수
있다.
　가령 〈삼국지〉에서 낯익은 촉한(蜀漢)의 재상이었던 제갈공
명은, 초대 유비가 죽은 뒤 2대째인 유선(劉禪)을 받들어 명재
상이라고 숭앙받던 인물인데, 유선이 아직 황태자였던 무렵에
〈한비자〉를 읽을 것을 되풀이해서 권하고 있다.
　제갈공명은 제왕학(帝王學)을 가르치기 위한 교과서로 〈한비
자〉를 선택했던 것이다. 분명히 지금 다시 읽어 보아도 제갈공
명이 선택할 만한 책이라는 것은 확실하다.
　〈한비자〉는, 조직의 수뇌부는 어떻게 해야 하는가, 지도자는
어떻게 처신해야 하는가, 자신의 지위를 보전하기 위해서는 어
떤 점을 배려해야만 하는가를 추구했던 것이다.
　그러면 지도자학(指導者學)의 추구라는 점에서는, 중국의 다

른 고전들과 같은 성격을 가지고 있지만, 그 중 〈한비자〉가 이 채를 띠고 있는 것은 그 인간관에 독특한 냄새를 풍기고 있기 때문이다.

인간을 움직이고 있는 동기는 무엇인가? 애정도 아니고 배려도 아니고 의리도 아니다. 인정도 아니고 단 한 가지 그것은 이익이다. 인간은 이익에 의해서 움직이는 동물이다. 이것이 바로 〈한비자〉의 전권 (全卷)을 관통 (貫通)하고 있는 냉철한 인식이다.

한비는 이렇게 말한다.

'장어는 뱀과 비슷하게 생겼고, 누에는 나방이의 새끼벌레와 비슷하게 닮았다. 뱀을 보면 누구나 깜짝 놀라고, 나방이의 새끼벌레를 보면 누구나 소름이 끼친다. 그러나 어부는 손으로 장어를 잡고, 여인들은 손으로 누에를 친다. 즉 이익이 된다고 하면 누구나 용감해진다.'

또 이렇게 말하고 있다.

'마차를 만드는 직공은 사람들이 모두 부자가 되었으면 좋겠다고 생각한다. 관 (棺)을 짜는 사람은 사람들이 모두 빨리 죽었으면 좋겠다고 생각한다. 그러나 전자가 선인이고 후자는 악인이라고 할 수 없다. 부자가 되지 못하면 마차를 팔아 주지 못하고, 죽지 않으면 관을 팔아 주지 못하는 것뿐이다. 사람이 미운 것이 아니라 사람이 죽으면 자기가 이익을 얻기 때문인 것이다.'

이것이 한비자의 기본적인 인식이다. 처음으로 그의 적나라한 인간인식에 접하는 사람은, 혹시 반발을 느낄지도 모른다. 그러나 곰곰히 생각해 보면 인간사회의 어떤 진실을 예리하게 지적했다는 것을 인정하지 않을 수 없다.

인간관계가 이익에 의해서 움직여지고 있다면, 군신 (君臣)관

110

계, 즉 경영자와 부하의 관계도 결코 예외는 아니라고 한비자는 생각했다. 부하는 항상 자신의 이익을 확대하고, 빈틈만 생기면 상사를 끌어내리고 자신이 그 자리에 올라 앉으려고 한다. 방심도 허점도 보여서는 안 되는 것이 지도자의 위치라고 한비자는 판단했다.

이러한 생각에 눈살을 찌푸리는 사람들도 있겠지만, 현실을 직시한다면 충분히 납득이 가는 것을 부정할 수 없으리라.

그러면 한비자식의 사고방식 위에 서서 지도자가 부하를 충분히 구사하고 조직을 꾸려나가고 자신의 지위를 보전해 나가려면 어떻게 하면 좋을까? 한바자는 지도자가 되려면 다음 세 가지 사항을 배려하지 않으면 안 된다고 주장했다.

첫째는 '법(法)'이다.

공적을 세우면 그것에 합당한 상을 내린다. 실패를 범하면 벌을 가한다. 그러한 뜻을 분명히 밝혀 놓고 그대로 실행한다. 그러니까 신상필벌의 방침으로 부하를 대한다는 것이다.

둘째는 '술(術)'이다.

'술'이란 '법'을 운용해서 부하를 컨트롤하기 위한 요령이라고 할 수 있다. 한비자의 설명의 의하면, '술은 사람들에게 나타내 보이는 것이 아니다. 군주가 가슴속에 숨겨 놓고 이것저것 비교해 가면서 비밀리에 신하를 조종하는 것'이라고 한다.

셋째는 '세(勢)'이다.

권세라든가, 권한이라는 의미이다. 부하가 지도자의 명령에 복종하는 것은 그 상사가 부하의 생살여탈(生殺與奪)의 권한을 잡고 있기 때문이다. 따라서 지도자가 된 사람은 권력을 놓쳐서는 안 되고, 일단 놓치고 나면 부하에 대한 컨트롤이 안 된다는 것을 알아야 한다. 흔히 '권한의 위양(委讓)'이라는 말을 듣지만, 안이하게 그런 짓을 하다가는 더이상 지도자로서의 지위를

111

유지할 수 없게 된다는 것이다. 이것이 '세(勢)'의 의미이다.

한비자는 이러한 법, 술, 세의 세 가지를 기둥으로 하여 지도자로서의 본연의 자세를 해명하고 조직관리, 인간관계에 대처하는 길을 탐색하고 있다.

확실히 한비자의 이러한 관점에는 어느 정도 극단에 치우친 면이 없는 것은 아니지만, 과연 그렇다고 수긍이 가는 점도 많다. 역시 전국난세의 각박한 현실과 격투하는 가운데서 생겨난 주장답게 강한 설득력을 갖고 있는 것이 사실이다.

다음에서 그 주장을 몇 가지 논점으로 정리해서 하나씩 검토해 보기로 하자.

침묵으로 권위를 세워라

하류의 경영자는 자신의 능력을 사용하고,
중류의 경영자는 다른 사람의 힘을 이용하고,
상류의 경영자는 다른 사람의 능력을 이용한다

한비자가 주장한 '술(術)'을 조직관리에 적용하면 어떻게 될까? 옛날에 어떤 사람이 면장에 임명되었다. 그 사람은 어떻게 해서든 마을의 정치를 잘해 보려고 열심히 노력했는데, 그 심려로 비쩍 말라 버렸다. 그래서 한 친구가 걱정이 되어서 이렇게 물었다.

"자네 너무 말랐군 그래?"

그러자 면장이 대답했다.

"나는 무능한데 이 마을을 다스리라는 명령을 받았네. 어떻게든 내 책임을 다해 보려고 심려한 나머지 이렇게 말라 버렸다네."

그러자 친구는 이렇게 말했다고 한다.

"옛날에 순(舜)이라는 천자(天子)는 거문고를 뜯고 콧노래를 부르면서 천하의 정치를 했는데, 그래도 천하를 무사히 다스렸다고 하네. 자네는 이토록 보잘것 없이 작은 마을을 다스리는데도 비쩍 말라 버렸으니, 만일 자네가 천하를 다스리게 된다면 어찌 되겠나?"

한비자는 이 에피소드를 소개한 다음에 다음과 같은 의견을

113

덧붙이고 있다.

'내가 말하는 술을 따라서 다스린다면, 단지 관서에 앉아 가만히 있어도 원활하게 통치할 수가 있다. 술을 쓰지 않는다면 말라 비틀어질 정도로 애를 써도 전혀 성과가 오르지 않는다.'

현대의 경영자에 있어서도 같은 경우를 많이 찾아볼 수 있다.

위나라의 소왕(昭王)이라는 임금이 어느 날 자기 손으로 한 번 재판을 해 보고 싶었다. 그래서 재상을 불러 이렇게 말했다.

"내 자신이 한번 재판을 해 보고 싶소."

"그렇게 하고 싶으시면 먼저 법률 공부부터 하셔야 됩니다."

소왕은 법률책을 읽기 시작했는데, 얼마 읽지도 않았는데 졸리워

"나는 법률 공부조차도 할 수가 없는 걸."

하고 포기해 버렸다고 한다.

한비자는 그 에피소드에 다음과 같은 평을 가하고 있다.

'군주는 권력의 요체만 장악하고 있으면 그것으로 족하다. 신하에게 맡겨도 좋을 일까지 직접 하려면 졸리운 것도 당연한 일이다.'

또한, 한비자는 경영자에게는 상, 중, 하 세 가지의 등급이 있다고 말한다.

'하류의 경영자는 자신의 능력을 이용하고, 중류의 경영자는 다른 사람의 힘을 이용하고, 상류의 경영자는 다른 사람의 능력을 이용한다.'

여기서 '다른 사람의 능력을 이용한다'는 말은, 부하 한 사람 한 사람이 갖고 있는 능력을 충분히 발휘시킨다는 의미이다.

그 점에 대해서 한비자는 이렇게 말하고 있다.

'한 사람의 힘은 많은 사람의 힘을 당할 수가 없다. 한 사람의 지혜는 모든 일에는 미치지 못한다. 한 사람의 지혜와 힘을

쓸 때보다도 나라 안의 지혜와 힘을 쓰는 쪽이 낫다. 한 사람의 생각만으로 일을 처리하면 가끔 성공은 하지만 몹시 지친다. 잘 안 될 때면 눈뜨고 차마 보아줄 수 없다.

닭이 시간을 알리고 고양이가 쥐를 잡는 것처럼, 부하 한 사람 한 사람에게 능력을 발휘하게 하면 위에 있는 사람은 자기 손을 쓸 필요가 없어진다. 반면, 위에 있는 자가 혼자서 능력을 발휘하려고 하면 일은 원만하게 풀려나가지를 않는다.'

이처럼 잠자코 있으면서 권위를 세워나가는 태도, 이것이 바로 이상적인 조직관리라고 한다. 다만 그것이 성립되기 위해서는 법, 술, 세의 세 가지를 확실히 파악하고 있을 필요가 있다. 특히 '술'을 몸에 익혀서 부하의 조종법에 통달하지 않으면 안 된다고 한비자는 역설하고 있다.

술(術)에 의한 통솔법

상벌의 권한을 포기한 지도자는
발톱과 이빨을 버린 호랑이와 같으므로
부하를 뜻대로 움직일 수 없다

전국시대의 역사를 읽어 보면, 시살(弑殺)당한 군주가 흔히 등장한다. 우리뿐만 아니라 중국에서도 사정은 마찬가지이고, 현대에서도 비근한 예는 무수하게 많다.

신뢰하는 부하에게 배반당하거나 배신당하는 경우는 동서고 금을 막론하고 끊일 새가 없다.

부하에게 배신당했다 해도 개인적인 손해로 끝나는 경우에는 괜찮지만, 회사까지 거덜이 나고 세상에 폐를 끼치게 되는 경우가 비일비재하다. 그렇게 되면 지도자로서는 실격이라고밖에는 할 말이 없다.

어째서 그런 일이 일어나는 것일까?

한비자의 말을 빌리면, 지도자의 조직관리에 허점이 있으면 부하의 통솔에 잘못된 곳이 있기 때문이라는 것이다. 그렇게 되지 않기 위해서는 부하를 통솔하고 조종하기 위한 '술'을 체득할 필요가 있다.

이 '술'이란 첫째, 공을 세운 부하에게는 상을 내리고 실패한 자에게는 벌을 가하는 권한을 확실하게 손안에 넣어 두어야 한다. 그렇게 되면 이른바 '과자'와 '채찍'을 갖고서 마음대로 부

116

하를 조종할 수 있게 된다는 것이다.

한비자는 이렇게 말한다.

'호랑이가 개를 굴복시킬 수 있는 것은, 호랑이에게 날카로운 발톱이 있고 이빨이 있기 때문이다. 만일 발톱과 이빨을 호랑이에게서 빼앗아 개에게 준다면, 거꾸로 호랑이가 개에게 복종하지 않으면 안 된다. 이와 마찬가지로, 군주가 상벌의 권한을 자신이 사용하지 않고 신하에게 맡겨 버린다면, 부하들은 그 신하를 두려워하고 군주를 업신여기게 된다. 즉, 인심은 군주를 떠나 신하에게 모이게 된다.'

지도자가 행사하는 상벌(賞罰)의 권한은 호랑이의 발톱과 이빨에 해당한다는 것이다. 상벌의 권한을 포기한 지도자는 발톱과 이빨을 버린 호랑이 같은 존재로 전락해서, 부하를 뜻대로 움직일 수 없게 된다. 그러므로 권한을 완전히 자기 손아귀에 쥐고 있는 것이 '술'의 첫째 조건이다.

둘째는 엄격한 근무평정(勤務評定)이다. 이 평정의 방법에 대해서 한비자는 혁명참동(刑命參同)이라고 불리우는 독특한 방식을 제창했다.

'혁명참동'이란 부하의 신고에 근거를 두어 일을 맡기고, 신고와 성과가 일치한 자에게는 상을 내리고, 일치하지 않는 자에게는 벌을 주는 방식이다.

신고와 성과가 일치하지 않는 경우에는 두 가지가 있다. 하나는 신고 이하의 성과밖에 올리지 못한 경우로, 이 경우에는 벌을 받아도 할 말이 없다.

그러나 다른 하나의 경우는, 이것밖에 못한다고 해놓고서 그이상의 성과를 올린 경우이다. 그런 경우에도 벌을 가하지 않으면 안 된다고 한비자는 주장한다.

왜냐하면, 신고와 성과가 일치하지 않는 것의 마이너스는 얼마간 큰 성과를 올린 정도로는 보상할 수 없다는 것이다. 이것은 극히 엄격한 방식이라고 할 수가 있다. 다만 잘못 운영하면 조직 가운데 쓸데없는 반발을 일으키기 쉽다.

그러나 한비자의 인식으로는, 부하에게 직분을 지키게 하고 부하의 상호 은폐를 막기 위해서는 그렇게 엄격한 태도로 임해야 한다는 것이다.

셋째는 부하에게 좋다 싫다 하는 감정을 보이지 말라는 것이다. 군주가 신하에게 호오(好惡)의 감정을 보이게 되면, 신하는 그것에 자신을 두들겨 맞춰 아첨을 해온다. 그렇게 되면 신하를 부리기는커녕 신하에게 이용당하고 만다.

또한 속이 검은 신하는 그 약점을 파고 들어 책모(策謀)를 꾸미고 군주의 지위를 위협할 가능성도 있다. 그러한 틈을 보이지 말라는 것이다.

넷째는 때로는 부하에게 전혀 뜻하지 않은 질문을 하는 것도 좋다. 이것은 약간 잔재주에 속할지는 모르지만, 그런 방법으로 끊임없이 부하에게 자극을 주고 긴장감을 줄 수 있기 때문에, 부하를 컨트롤하는 데는 매우 효과적이라며 한비자는 다음과 같은 예를 들고 있다.

송나라의 재상이 부하에게 명해서 시장 순찰을 시키고, 돌아오자마자 대뜸 이렇게 물었다.

"시장에 무엇인가 달라진 것이 없더냐?

없습니다. 아무것도 달라진 것이 없습니다. 그러나 시장 밖은 우마차가 가득 서 있어서 겨우 지나갈 수 있을 정도였습니다."

"좋아. 아무에게도 그 얘기는 하지 마라."

재상은 그렇게 일러 놓고 시장을 관리하는 부하를 불러서 꾸지람을 했다.

"시장 밖에는 소똥으로 가득 차 있지 않느냐? 빨리 깨끗이 치우거라."

부하는 재상이 그런 일까지 알고 있는데 놀라서 그 다음부터는 직무를 게을리하지 않았다고 한다.

다섯째로 알고 있으면서도 모르는 체하고 물어 보거나, 거짓이나 트릭을 써서 시험해 보는 것도 효과가 있다고까지 한비자는 단언했다.

이와 같은 한비자의 '술'에 의한 부하 조종법에 대해서 무조건 긍정할 수 없다는 사람이 있을지도 모른다. 그러나 배울 점도 적지는 않다. 사람마다 각자의 능력에 맞춰서 소화하고 적용해 나가면 되지 않을까?

진언의 기회를 타라

상사에게 진언할 경우, 우선 상대의 심리와
욕망을 분석하고 그 위에 서서 설득하라

앞에서는 주로 한비자가 말하고 있는 지도자의 자세에 대해서
소개해 왔다. 그러나 현대에서는 지도자나 경영자라 하더라도,
그 위에 상사가 있거나 막후의 세력이 있거나 하는 것이 일반적
이다.

독재적인 사장이라도 모기업이나 은행에 목덜미를 잡히고 있
는지도 모르는 일이며, 부하에 대한 통제력도 옛날의 왕과는 비
교가 안 된다.

따라서 처음부터 중간 관리자의 성격을 띠고 있는 것이 현대
의 경영자이다. 그러한 가운데서는 자기보다 커다란 권력을 갖
고 있는 상대에게 어떻게 대응하느냐가 사업을 성공시키고 자신
의 지위를 보전하는 데 있어서 문제가 된다.

한비자는 그 문제에 대해서도 진언, 즉 상급자에 대해서 어떤
식으로 말을 하느냐 하는 각도에서 대단히 상세한 주의를 밝히
고 있다.

'진언(進言)'이라는 것은 매우 어렵다. 그것은 진언하는 사람
이 충분한 지식을 몸에 익히는 어려움이 아니다. 또 자기 의견
을 말로 나타내는 어려움도 아니다. 더구나 단도직입적으로 내

놓고 말할 용기를 갖는 어려움도 아니다. 진언의 어려움이란, 상대방의 마음을 읽은 다음에 이쪽 의견을 그것에 뜯어 맞추는 것, 바로 그 점에 어려움이 있는 것이다.

'가령 명성을 원하고 있는 인물이라고 하자. 그런 자에게 이렇게 하면 큰 이익을 올릴 수 있다고 설득하면, 상놈에게 욕보았다고 상대도 해 주지 않을 것은 뻔한 이치이다. 반대로 이익만을 추구하는 자에게 명성을 얻을 방법을 설득하면, 장사꾼 주제에 건방진 놈이라고 경원(敬遠)당하기 십상이다. 상급자에게 진언하려면 적어도 이 정도는 미리 알고 있을 필요가 있다.'

한비자는 이렇게 전제하고 나서, 더욱 구체적으로 상대에 따른 진언의 요령을 기술하고 있다.

'상대가 자랑하고 있는 것을 추켜 주고 칭찬하는 한편, 부끄러워하고 있는 것은 잊게 해 준다. 그런 종류의 요령을 아는 것이 중요하다.

이기적이 아닐까 하고 행동을 망설이는 자에게는 대의명분을 주어서 자신을 갖게 한다.

쓸데없는 일이라는 것을 알면서도 그만두지 못하고 있는 상대에게는, 나쁜 짓이 아니니까 그만 두지 않아도 된다고 말해서 안심시켜 준다.

높은 이상(理想)을 부담스럽게 느끼고 있는 상대에게는, 그 이상의 과오를 지적해서 실행하지 않는 것이 좋겠다고 말해 준다.

위험한 사업을 중지하도록 간하는 경우에도, 본인의 이름에 관계된다고 하며 못하게 하고, 경영자 개인의 이익이 되지 않는다는 것을 덧붙여서 암시하는 것이 좋다.'

이것은 아첨이나 추종과는 다르다. 어디까지나 상사에게 진언하는 경우에는, 우선 상대의 심리와 욕망을 분석하고 그 위에 서서 설득하라고 말하고 있는 것이다.

결론적으로 한비자는 다음과 같이 주의를 환기시키고 있다.

'용이라는 동물은 길들이면 사람이 탈 수 있을 정도로 온순해진다. 그런데 목구멍 밑에 직경 일척 가량의 비늘이 거꾸로 솟아 있어서, 그것을 건드리면 다짜고짜 물어 죽인다. 최고 경영자에게도 이런 비늘이 있다. 그것을 건드리지 않고 진언할 수 있으면 우선은 합격이라고 할 수가 있다.'

이러한 배려는 상사뿐만 아니라 모든 인간관계에 있어서 바람직한 것이다.

지도자가 자멸하는 원인

권세를 신하에게 대여해 주면
신하의 세력이 증대한다. 그렇게 되면 다른 사람들이
신하를 위해 일하게 되어
군주는 격리된 상태에 놓이게 된다

부지런히 일해서 출세의 계단을 올라가 겨우 지도자의 자리에 앉고서도, 스스로 무덤을 파고 자멸해 가는 사람들이 적지 않다. 그 원인은 어디에 있을까?

한비자는 그것을 여러 각도에서 분석하고 있다.

'넘어지기 전에 지팡이'라는 말도 있다. 원인을 알면 실패도 적어지는 것이 아닐까?

앞에서 말한 바와 같이, 인간은 어차피 각자의 이해에 근거를 두고 움직인다는 것이 한비자가 도달한 인식이었다.

다만 한 마디로 이익이라 해도 개개인의 놓여진 입장에 따라 다르다. 부부라도 남편의 이익과 부인의 이익은 당연히 서로 다르다. 또한 조직에 속해 있어도, 경영자와 평사원의 이익은 명백히 다르다.

'한비자'는 이런 예를 들고 있다

어떤 부부가 기도를 드릴 때, 부인 쪽이 이렇게 빌었다.

"제발 하느님 1백 묶음의 천(布)을 내려 주십시오."

"너무 적지 않소?"

남편이 이렇게 말하자, 부인은 이렇게 대답했다.

"그보다 더 많으면 당신은 첩을 두려 들 거예요."

부부조차도 이만큼 이해관계가 상반한다. 하물며 군주와 신하, 고용인과 피고용인 사이에서의 이해관계는 더 달라진다.

세상에는 그러한 기본을 이해하지 못하고 지극히 안이하게 권한을 이양해 버리는 경영자가 많은데, 그런 짓을 하면 대뜸 실권이 없는 지위로 밀려나고 영향력을 상실해 버린다고 한비자는 강조하고 있다.

'권세를 신하에게 대여해 주면, 신하의 세력이 증대한다. 그렇게 되면 국내외의 사람들이 신하를 위해 일하게 되어 군주는 격리된 상태에 놓여지게 된다.'

그렇게 되지 않기 위해서는 권력을 꽉 잡고 놓지 않을 것, 그것이 지도자의 자리를 유지하는 비결이라는 것이다.

그리고 지도자가 자멸하는 두 번째 원인은, '조그만 이익에 얽매이기' 때문이다. 여기서 한비자는 다음과 같은 구체적인 예를 들어 설명하고 있다.

옛날에 진(晋)이라는 대국이 괵이라는 작은 나라를 공격하려고 했을 때의 일이다. 괵을 공격하기 위해서는 그 옆에 있는 우(虞)나라를 통과하지 않으면 안 되었다. 그래서 진나라 왕은 우나라 왕에게 보석과 준마(駿馬)를 보내고 길을 빌려 주도록 청했다.

우나라에서는 중신들 중 한 사람이,

"우리나라와 괵나라는 이웃친구로 서로 돕는 입장에 있습니다. 만일 길을 빌려주면 괵이 망하는 그날로 우리나라도 멸망하고 맙니다. 안 됩니다. 제발 그 청을 기각해 주십시오."

하고 반대했으나, 보석과 준마에 눈이 어두워진 국왕은 반대를 무릅쓰고 길을 빌려 주고 말았다.

그러자 중신이 우려한 대로 진나라 군사는 괵을 멸망시키고 돌아오는 길에 아예 우나라까지 점령하여 보석과 준마를 되찾았다고 한다.

우나라 국왕은 눈 앞의 이익에 사로잡힌 나머지 후에 다가올 우환이 보이지 않았던 것인데, 그렇다고 왕의 어리석음을 웃을 사람이 있을까? 그러한 실패는 누구나 한두 번은 경험했을 것이다. 특히 조직에 있어서 지도자는 그 책임이 중대하다. 자기 몸을 망칠 뿐이라면 괜찮지만, 조직 자체까지 위험에 빠뜨리고 만다.

한비자는 '욕심에 눈이 어두워 이익만을 추구한다면, 자신은 물론 나라까지 멸망시키게 된다'고 경고하고 있다.

그리고 지도자가 자멸하는 세 번째 원인은, 놀음(遊)과 도락(道樂)에 빠지는 것이다. 한비자는 지도자가 빠지기 쉬운 놀음으로써 음악과 가무를 들고 있는데, 그 당시에 가무라는 것은 여성들이 하는 것이었으니까, '여자에게 빠진다'고 바꿔 말해도 좋을 것이다.

당시는 오락이 적었기 때문에 그 두 가지에 주의하면 되었을지도 모르지만, 현대의 지도자를 기다리고 있는 유혹은 엄청나게 많다. 유혹에 빠지지 않기 위해서는 한층 더 조심할 필요가 있다.

'빠지지 말라'고 하는 것은 '하지 말라'는 것과는 다르다. 누구에게나 기분 전환이나 스트레스 해소를 위한 놀음은 필요한 것이다. 한비자라 하더라도 그것조차 부정할 정도의 융통성 없는 벽창호는 아닐 것이다. 요는 일이 있은 다음에 놀음이지, 놀음에 빠져서 가장 중요한 일을 그르쳐서는 좋은 결과를 기대하기 힘들다는 말이다.

타력에 의존하지 말라

업적이 호조일 때야말로 한층 더 정신을
가다듬고 체질 강화에 힘쓰지 않으면 안 된다

한비자가 말하는, 지도자가 자멸하는 네 번째 원인은 '본거지를 비우는 것'이다.

본거지란 왕에게 있어서는 본국이지만 경영자에게 있어서는 바로 '본사(本社)'일 것이다. 경영자가 일년 내내 본거지를 비우게 된다면 역시 지배력의 작용 방식이 달라져 버린다.

여행중에 본국에서 쿠데타가 일어나 실각한 지배자, 혹은 일상활동의 부족으로 낙선하는 거물급 국회의원 등의 예는 헤아릴 수 없이 많다. 본거지를 비웠기 때문에 자멸한 좋은 예들이다.

회사만 하더라도 최고 경영자가 출근했다는 사실만으로도 사내(社內)에 독특한 긴장감이 감돌게 된다. 거꾸로 경영자가 자리를 자주 비우는 곳은 회사의 표정에도 왠지 느슨한 감이 있다. 당연히 업적에도 영향을 미치지 않을 수가 없다.

〈한비자〉에 나오는 '본거지'라는 말을 다르게 해석할 수도 있다. 가령 그것을 '본업', '본래의 직무'라고 이해하면 어떻게 될까?

다각경영(多角經營)이라는 말에는 무엇인가 화려한 냄새가 있다. 양다리를 걸친다는 말도 지금은 옛날처럼 수치스러운 뉘

126

앙스는 없다.

확실하게 살아남기 위해서는 다각경영도 나쁘지는 않지만, 아르바이트는 필경 아르바이트에 지나지 않는 것이다. 본말전도(本末轉倒)해서 가장 중요한 본업을 허술히 해서는 안 된다는 것이다.

한비자는 다섯 번째로, '충신의 의견을 듣지 않는 것'을 원인으로 들면서, '자기가 잘못하고 있으면서 충신의 의견을 듣지 않고 고집을 부리면, 모처럼의 명성을 잃고 세상의 웃음거리가 된다'고 말하고 있다. 이것은 독재자나 독재적인 경영자에 대한 경고라 해도 좋을 것이다.

물론 의견을 듣는다고 쓸모없는 부하의 의견에 일일이 귀를 기울이다가는 시간 낭비가 된다. 들을 만한 가치가 있는 의견을 내놓을 수 있는 우수한 부하를 갖는 것이 첫번째 전제가 된다.

옛날부터 중국인은 지도자로서 훌륭한 공적을 올리기 위해서는 두 가지 조건을 충족시키지 않으면 안 된다고 생각해 왔다. 그 하나는 우수한 인재를 거느리고 있을 것, 다른 하나는 그들의 의견에 귀를 기울이는 것이다.

모처럼 뛰어난 인재를 산하에 거느리고 있어도, 그들의 의견에 귀를 기울일 도량이 없으면 무의미한 것이다. 그 점에서 대조적이었던 것이 앞에서 말한 항우와 유방의 예일 것이다.

항우라는 사람은 산하에 많은 인재를 거느리고 있으면서도 그들의 의견에 귀를 기울이지 않고 결국 자멸의 길을 걸었다.

이에 반해서 유방 쪽은 어떤 면에서는 자기보다 뛰어난 인재를 여러 산하에 맞아들여, 그들의 의견에 귀를 기울임으로써 천하를 얻었다고 해도 과언이 아니다.

즉, 한비자는 항우의 전철을 밟지 말고 유방을 본받으라고 말하고 있는 것이다.

다음으로 자멸의 여섯 번째의 원인은 '타력에 의존하는 것'이다.

한비자는 '자신의 힘을 올바르게 인식하지 못하고 외국의 힘에 의존한다는 것은 나라를 빼앗기게 되는 시초'라고 말하고 있다.

이것은 작은 나라나 작은 기업일수록 심각한 문제이다. 작은 나라가 살아남기 위해서는 다른 나라들과의 협조를 도모하지 않으면 안 된다.

그러나 저자세 외교로 아첨만 하고 있다가는 결국에는 가볍게 취급당하고 만다. 오히려 다른 나라에 의존하지 않고도 살아남을 수 있는 조건을 만드는 것이 급선무이다.

기업의 경우도 이와 똑같은 말을 할 수가 있지 않을까? 업적이 호조일 때야말로 한층 더 정신을 가다듬고, 체질 강화에 힘쓰지 않으면 안 된다. 그 구체적인 방향으로는, '무외채 경영'이라든가, '독자상품의 개발' 같은 것이 될지도 모른다.

요약해 보면, 한비자는 '기대려면 큰 나무의 그늘'이라는 안이한 사고방식을 깨우치고 있는지도 모른다.

마지막으로 한비자는 '힘도 없는 주제에 예의를 갖추지 않는 것'을 자멸의 일곱 번째 원인으로 들고 있다.

지금은 그런 자기 분수를 모르는 인간이 적어졌지만, 그래도 때때로 2세경영인들 사이에서 그런 타입을 찾아 볼 수가 있다. 이러한 오만은 본인의 성격에 의한 것이기는 하지만, 역시 '우물 안 개구리'라는 말을 들어도 할 수가 없으며, 이러한 경영자의 기업은 쇠퇴일로를 거듭할 것임에 틀림없다.

사기 (史記)에서
관용을 배운다

　이 책은 한대의 역사가 사마천(司馬遷)의 저서이다. 태고의 전설시대로부터
하(夏), 은(殷), 주(周) 3대의 왕조를 거쳐 춘추전국시대, 진제국(秦諸國)의
통일과 와해, 그리고 기원 전 2세기, 한대의 초기에 이르기까지의 역사가 기록
되어 있다.
　〈본기(本紀)〉 12권, 〈표(表)〉 10권, 〈서(書)〉 8권, 〈세가(世家)〉 30권, 〈열
전(列傳)〉 70권, 전부 130권으로 이루어져 있다.
　단순하게 연대를 좇아 기록하는 편년체(編年體)가 아니라, 〈본기〉와 〈열전〉을
중심으로 하는 기전체(紀傳體) 형식을 빌어서, 역사의 모습을 입체적으로 부각
시키는 구성을 취하고 있다. 덧붙여 말하자면, 이 기전체는 그뒤의 정사(正史)
편찬의 규범이 되었다.
　저자인 사마천은 역사가의 집안에 태어나서 패장(敗將) 이능(李陵)을 변호한
죄로 궁형(宮刑)에 처해졌는데, 그 굴욕을 견디어내면서 이 책의 완성에 편생
을 걸었다. 그렇기 때문에 이 책의 곳곳에는 그의 개성이 약동하고, 위로는 왕
후 귀족으로부터 아래로는 일개 서민에 이르기까지 박력있는 필치로 생생하게
묘사되어 있다.
　이 책은 단순한 자료집이 아니라 역사문학이라고 해도 좋을 것이다.

- 거절 할 일을 거절하지 않으면
  오히려 피해를 입는다.(齊悼惠王世家)
- 때는 얻기 힘들고 잃기 쉽다.(齊太公世家)
- 정후장상(正侯將相)이라도 어찌 그 종류가 없겠느냐?(陳涉世家)
- 옛 군자는 교제를 끊어도 서로 욕은 하지 않았다.(樂毅傳)
- 색이 바래면 사랑 또한 줄어든다.(呂不韋傳)
- 패군(敗軍)의 장은 감히 용기를 말할 수 없다.(淮陰侯傳)
- 대행(大行)은 작은 것을 삼가지 않고,
  대례(大禮)는 작은 예의를 돌보지 않는다.(項羽木紀)
- 덕있는 자에게는 말이 없어도 사람들이 따른다.(李廣傳)
- 단연코 감행하면 귀신 또한 그것을 피한다.(李欺傳)

간부라면 역사책을 읽어라

왕후 귀족으로부터 서민, 부랑배에 이르기까지
모든 종류의 인간을 등장시켜
중국대륙을 종횡으로 활약하는 대서사시

〈삼국지〉 시대에 오(吳)나라 손권(孫權)의 막하에 여몽(呂蒙)이라는 장군이 있었다.

싸움에 당할 자가 없어 발탁을 거듭하여 장군의 지위까지 올라간 인물인데, 애석하게도 학문 교양이 없었다. 젊었을 때 집안이 가난해서 공부를 할 여유가 없었던 것이다.

중국에서는 예로부터 지도자가 되려면 학문 교양이 불가결하다는 생각이 전해 내려 오고 있었다. 아무리 전쟁터에서 강하고 정치적 수완이 뛰어나 있어도, 학문 교양이 없으면 저 녀석은 무식한 놈이라고 경멸받기 십상이다.

여몽의 경우도 예외는 아니었다.

걱정이 된 손권은 어느 날 여몽을 불러서 이렇게 말했다.

"지금은 그대도 중요한 지위를 차지하고 있다. 조금은 학문을 익혀 자기 계발을 도모하는 것이 좋겠다."

"아닙니다. 군무(軍務)가 다망해서 도저히 그럴 여가가 없습니다."

꽁무니를 빼는 여몽에게 손권은 거듭 강조했다.

"그렇다고 학자가 되라는 것은 아니다. 역사를 공부하란 말이다. 다망하다고 하지만 내가 더 바쁘지 않은가? 그래도 나는 어릴 때부터 책과 친하고 왕이 된 뒤에도 역사서나 병법서를 읽고서 너무나 많은 것을 배웠다고 생각하고 있다. 그대도 핑계 같은 것을 대지 말고 꼭 읽도록 하라."

그때 손권은 일부러 책의 목록까지 들어가며 여몽에게 권했는데, 그 내용을 보면 〈손자병법〉을 비롯한 병법서와 〈사기〉 등의 역사서적으로 이루어져 있다.

상대가 장군이니까 병법서를 권하는 것은 이해할 수 있으나 왜 그것에 더해 역사서적을 권했던 것일까?

병법서에는 전쟁하는 방법의 원리원칙이 쓰여 있다. 그러나 그것만을 통독하면 이길 수 있느냐 하면 그렇게는 안 된다.

중요한 것은 오히려 '임기응변의 운용'이다. 그것은 손자(孫子) 자신의 말이기도 하다. 그러니까 승리하기 위해서는 원리원칙을 통달한 뒤에 임기응변의 운용에 숙달하지 않으면 안 된다.

그 점에서 참고가 되는 것이 바로 역사서이다. 왜냐하면 역사책이라고 하는 것은 과거의 전투에 관한 사례집이기 때문이다.

이렇게 싸워서 누구는 이겼다, 혹은 이런 졸렬한 방법을 썼기 때문에 패배를 당했다는 그러한 사례가 여기저기에 수없이 실려 있는 것이 역사서적이다.

그렇기 때문에 그런 사례를 머릿속에 집어 넣어 두면, 임기응변의 운용면에서 크게 도움이 될 것이다.

손권의 격려에 힘을 얻은 여몽은 그 뒤부터 학자 뺨칠 정도로 열심히 역사서를 연구하여, 그 결과 힘으로 싸우는 무장(武將)에서 머리, 즉 지략으로 싸우는 장군으로 훌륭하게 변신했던 것이다.

그러나 역사서에 쓰여 있는 것은 비단 싸움하는 방식만이 아니다.

그 지도자는 이와 같은 악정을 폈기 때문에 나라를 혼란에 빠뜨리고 약체화시켰다든가, 혹은 그 지도자는 이와 같은 방법으로 부하의 통솔에 성공했다거나, 그 인물은 그러한 치졸한 행동을 했기 때문에 민심의 이탈을 가져 와서 자멸해 버렸다는 등등 갖가지 경우가 담겨져 있다.

이런 의미에서는 인간학의 보고라 말할 수 있을 것이다. 그 때문에 옛날부터 역사서는 간부들, 그러니까 지도자의 필독서로 간주되어 왔던 것이다.

그건 그렇고, 중국인은 기록광이라고 일컬어져 왔는데 특히 역사의 기록에 이상할 정도의 집념을 불태워 왔다. 그 결과, 오늘날까지 엄청난 수의 역사책이 쓰여졌다.

그 가운데서 중심적인 위치를 차지하고 있는 것이 〈정사(正史)〉라고 불리우는 역서로, 그것은 거의 왕조 단위로 각 시대의 역사가 기록된 것이다. 가령 한대의 〈한서(漢書)〉, 명대의 〈명사(明史)〉 등이 정사의 종류에 들어간다.

정사는 현재까지 25권의 책이 쓰여졌는데, 그 가운데서 가장 먼저 쓰여지고, 가장 오래된 시대의 일을 기록하고 있는 것이 〈사기〉인 것이다.

〈사기〉는 지금부터 2천여 년 전에 역사가인 사마천에 의해 쓰여진 것이다. 취급되어 있는 시대는 전설상의 황제(黃帝)시대부터 사마천이 살았던 한대(漢代)까지 거의 1천 년에 이르고 있다.

역사서라고 하면 무미건조한 연대기 같은 것을 상상할지도 모르지만, 〈사기〉는 그런 책은 아니다. 위로는 왕후 귀족으로부터 밑으로는 서민, 심지어는 부랑배에 이르기까지 모든 종류의 인간이 등장해서 그 광대한 중국대륙을 무대로 종횡으로 활약하는 대서사시인 것이다.

사마천은 그들의 성공과 실패의 궤도를 에피소드를 섞어가면서 묘사하고 있다. 그 때문에 지금 와서 읽어도 흥미롭고 더구나 현대를 살아가는 데 있어서 귀중한 시사를 주고 있다. 그것이 〈사기〉의 커다란 특징이라고 할 수 있다.

여기서 그 전모를 소개하는 것은 불가능하다. 그래서 그 가운데서 지도자에게 참고가 될 수 있는 몇 가지 예를 골라서 살펴보기로 하겠다.

관용과 포용력

사소한 일에 일일이 도끼눈을 세우다가는
부하의 신뢰를 얻을 수 없고,
관용과 포용력이 있어야만 부하의 신뢰를 얻는다

지금부터 2천수백 년 전에 중국이 춘추시대라고 불리우던 무렵, 초 (楚)나라엔 장왕이라는 명군이 나타나 후진국인 초를 일약 최강의 나라로 끌어올렸다.

장왕은 지도자로서의 장점을 고루 갖춘 인물이었던 것 같다.

장왕은 즉위해서 3년 동안 정치 따위는 아랑곳 없이 매일낮 매일밤 놀음으로 지새웠다. 더구나 나라 안에 포고 (布告)를 내려서, '간하는 자는 사형에 처한다'고 할 정도로 철저하게 놀았다.

그러나 그 중에는 장왕의 행동을 못마땅하게 생각하고 있는 신하도 있었다. 그 중의 한 사람인 오거 (伍擧)라는 중신이 배알을 청했다.

"수수께끼를 한 가지 내겠습니다."

"말해 보아라."

"언덕 위에 새가 있습니다. 3년 동안 날지도 않고 울지도 않습니다. 그것은 무슨 새겠습니까?"

"3년을 날지 않더라도 일단 날면 하늘 꼭대기까지 날 것이다. 3년을 울지 않더라도 일단 울면 이 세상을 놀라게 할 것이다.

135

그대가 말하려는 얘기는 이미 다 알고 있도다. 물러가라."

그러나 몇 개월이 지나도 장왕의 도락(道樂)은 그치지 않았다. 아니 오히려 전보다 더 심했다.

이번에는 소종(蘇從)이라는 신하가 면담을 청했다. 소종은 오거와는 달리 맞대고 말했다. 물론 목숨을 걸고서 하는 사간(死諫)이다. 장왕은 이렇게 다짐을 받았다.

"간하는 자는 사형이라는 포고를 알고 있겠지?"

"주군의 어리석음을 깨우칠 수가 있다면 죽어도 한이 없습니다."

그 각오를 들은 장왕은 이후 놀음을 그만두고 정치의 쇄신에 착수했다.

우선 지금까지 함께 놀음을 하던 부하 수백 명을 추방하고 신인을 등용하고, 용기있는 간언을 한 오거와 소종 두 사람을 국정의 최고 책임자로 임명했다.

이 이야기에서 '3년 동안 울지 않고 날지 않는다'는 속담이 생겨났는데, 장왕은 멋이나 호기심으로 놀음에 빠져 있던 것이 아니라는 것을 알 수가 있다.

그 동안에 충분히 신하들을 관찰하여 쓸 수 있는 자와 쓰지 못할 자를 가려내고 있었던 것이다. 그리고 일단 일에 손을 대자 일거에 인사를 쇄신하고 국정의 기반을 갖추었던 것이다. 실로 멋진 솜씨였다.

위의 이야기에서도 알 수 있듯이, 장왕이라는 사람은 수완가에다 예리한 인물이었다.

그러나 예리한 인물은 대개 그 예리함으로 인해서 부하를 두려워하게 만들 수는 있으나, 반면에 종처럼 심복시킬 수는 없는 것이다.

장왕은 그 점에서도 예외적인 존재였다. 예리한 인물이면서도 통이 큰 일면도 갖고 있었기 때문이다.

어느 날 밤의 일이다. 많은 신하들을 모아 놓고 주연을 베풀고서,

"오늘밤은 신분의 상하를 구별 않고 터놓고 마시는 술좌석이다. 사양말고 마음껏 놀아라."

라고 하며 신하들과 함께 신명나도록 마셨다.

그런데 이윽고 바람이 어디서 불어왔는지 방안의 촛불이 모두 꺼져 버렸다. 때는 이때다 하고 왕의 애첩을 껴안고서 장난을 친 신하가 있었다.

애첩은 다부진 여인이었던 모양으로, 그 신하의 갓끈을 떼어 들고 장왕에게 호소했다.

"갓끈이 없는 사람이 범인입니다. 빨리 불을 켜고서 붙잡아 주세요."

그러자 장왕은,

"아니다. 원인을 따지자면 내가 술을 마시자고 해서 생긴 일이므로, 일개 여자의 정조를 중하게 여겨서 부하에게 망신을 줄 수는 없다."

고 애첩을 제지하고 큰 소리로 말했다.

"오늘밤은 무례를 용서할 테니 모두 갓끈을 떼어내고 술들을 마셔라!"

불이 켜진 다음에 보니 신하 가운데 누구 한 사람 갓끈을 달고 있는 사람은 없었다고 한다.

그로부터 몇 년 뒤, 장왕은 진(晉)이라는 강국과 전쟁을 했다. 그러자 항상 아군의 선두에 서서 용감무쌍하게 싸우는 전사가 있었다.

초는 그의 활약으로 마침내 진나라 군대를 격파하는 데 성공했다. 전쟁이 끝난 다음 장왕은 그 신하를 불렀다.

"그대같은 용사가 있는 것을 지금까지 모르고 있었다는 것은 나의 부덕(不德)의 소치다. 그러한 나를 원망하지도 않고 목숨을 걸고 싸운 데는 다른 무슨 이유라도 있느냐?"

그러자 그는 이렇게 대답했다.

"저는 한 번 죽은 목숨이었습니다. 술에 취해 무례를 범했을 때, 임금님의 따뜻한 온정 때문에 목숨을 건지고 그때부터 신명을 던져 은혜에 보답하겠다고 노력해 왔습니다. 그날 밤 갓끈을 잘리운 것은 바로 저였습니다."

사소한 일에 일일이 도끼눈을 세우다가는 부하의 신뢰를 얻을 수는 없다. 관용하고 포용력이 있어야만 부하의 신뢰를 얻을 수 있다.

오기의 통솔법

성인을 찾아내서 스승으로 받드는 자는 왕이 되고
현자 (賢者)를 찾아내서
친구로 삼는 자는 패자 (覇者)가 된다

'손오병법'이라고 말해지듯이 〈손자병법〉과 더불어 유명한 병법서에 〈오자 (吳子)〉라는 병법서가 있다. 〈오자〉의 작자는 오기 (吳起)로서, 지금부터 2천5백여 년 전에 위나라를 섬기던 장군인데, 오기에 관한 기록에서도 지도자의 마음가짐에 대해 몇 가지 중요한 사실을 시사하고 있다.

오기가 섬기던 위의 임금은 무후 (武侯)였다. 어느 날 무후가 신하를 모아 놓고 회의를 열었는데, 누구 한 사람 무후보다 뛰어난 의견을 말하는 사람이 없었다.

무후는 물러갈 때 의기양양해 했다. 그것을 보고 오기가 이렇게 말했다.

"옛날에 초의 장왕이 신하와 회의를 열었는데, 누구 한 사람 장왕보다 뛰어난 의견을 말하는 사람이 없었습니다. 정무를 끝내고 물러가면서 장왕은 얼굴에 슬픈 표정을 짓고 있었습니다. 그래서 신공 (申公)이라는 신하가, '왜 그렇게 슬픈 얼굴을 하고 계십니까?'하고 물었더니, 장왕은 이렇게 대답했다고 합니다. '어떤 시대에도 성인은 있었고, 어떤 나라에도 현자 (賢者)는 있었다. 성인을 찾아내서 스승으로 받드는 자는 왕이 되고, 현자

를 찾아내서 친구로 삼는 자는 패자(覇者)가 된다고 하지 않았
던가? 그런데 지금 나에게는 나 자신보다 뛰어난 신하가 없다
는 것을 알았다. 이래서야 이 나라의 장래가 어찌 되겠느냐?'
장왕은 그처럼 신하의 무능을 슬퍼했습니다. 그런데 임금님은
그것을 기뻐하고 계십니다. 우리나라의 전도(前途)에 위구심
(危懼心)을 품지 않을 수가 없습니다."

그 말을 듣고 무후의 얼굴에 깊이 부끄러워하는 빛이 떠올랐
다고 한다.

지도자가 되려면 모름지기 겸허하라, 결코 '골목대장'이 되지
말라고 오기는 말하고 싶었을 것이다.

또 이런 이야기도 있다.

무후가 배로 서하(西河)라는 강을 내려갈 때의 일이었다. 경
치를 바라보고 있던 무후가 오기 쪽을 돌아보면서,

"정말 훌륭한 강이로구나. 이 험난한 지형을 보라. 이곳이야
말로 우리나라의 보배로다."
하고 말했더니, 오기는 이렇게 대답했다.

"아닙니다. 나라의 보배란 지형의 좋고 나쁨이 아닙니다. 위
정자의 덕이야말로 나라의 보배입니다. 가령 임금님이 덕을 닦
지 않으신다면 지금 이 배에 타고 있는 신하들은 전부 적에게
붙을 것입니다."

그렇게 말하며 무후의 잘못을 깨우쳤다고 한다.

지도자에게 덕이 없으면 부하는 따르지를 않는다. 이것도 또
한 지당한 말일 것이다.

그렇다면 그처럼 기회를 보아가며 무후를 간해 온 오기는 과
연 어떤 사람이었을까?

오기는 장군이었다. 장군은 부하를 이끌고 싸움터에 나가지
않으면 안 된다. 목숨을 건 싸움터에서 전선(前線)의 병사들의

정신이 흐트러져 있어서는 도저히 승리를 바랄 수 없다.

오기는 항상 부하들의 심리상태에 신경을 썼고, 싸움터에 있을 때는 언제나 최하급의 병사와 같은 옷을 입고 같은 음식을 먹었다.

또한 잠잘 때도 거적 같은 것은 깔지 않았고, 행군할 때도 마차에 타지 않았으며, 자기 식량은 자신이 휴대하고 무슨 일을 하던 부하들과 고생을 함께 했다고 한다.

그 모습을 잘 나타내 주는 다음과 같은 이야기가 전해지고 있다.

어느 날 한 사람의 병사가 종기 때문에 대단한 고생을 하고 있었다.

그것을 본 장군 오기는, 몸소 자기 입으로 종기를 빨아 고름을 뽑아 주었다고 한다.

그러자 나중에 그 얘기를 전해 들은 병사의 모친이 소리내어 통곡했다.

이웃사람이 이상하게 생각하고,

"당신 자식은 일개 병졸인데, 장군께서 몸소 고름을 빨아 주었잖소. 어째서 통곡을 하는 거요?"

하고 물었더니, 모친은 이렇게 대답했다.

"그렇지 않습니다. 사실은 오기 장군께서는 역시 그 아이의 아버지의 고름을 빨아 주셨습니다. 그 뒤 그애 아버지는 오기 장군을 따라 싸움터에 나갔는데, 어떻게든 그분의 은혜에 보답해야겠다고 끝까지 적에게 등을 보이지 않고 싸우다가 전사하고 말았습니다. 듣자 하니 이번에는 자식놈의 고름을 빨아 주셨다니…… 이것으로 그 아이의 운명은 정해진 것과 마찬가지입니다. 그래서 울고 있습니다."

오기는 굳이 그런 일까지 해가면서 부하의 마음을 사로잡으려고 했던 것이다.

 인정을 나타내 보이며 부하와 함께 똑같은 고생을 하면서, 부하의 마음을 사로잡는다는 그러한 마음가짐은, 현대의 지도자에게도 필요한 것이 아닐까?

엄하고 부드러운 조직관리

유(柔)에도 기울지 않고 강(剛)에도 기울지 않고,
교묘히 조일 것은 조이고 풀어 줄 것은
풀어 주는 것이 자산(子産)의 정치적 특징이었다

지금으로부터 2천5백 년 전, 춘추시대의 말기에 정(鄭)이라
는 나라에 자산(子産)이라는 명재상이 있었다.

자산의 정치적 특징은 강(剛)과 유(柔), 즉 엄한 면과 부드
러운 면의 균형이 잘 이루어진 점에 있었다고 한다.

그렇게 함으로써 자산은 정나라의 정치를 안정으로 이끌었는
데, 그의 방법은 현대의 조직운영면에서 참고될 점이 많다.

먼저 엄한 면의 예를 들면, 자산이 재상으로 있던 정이라는
나라는 작은 나라로, 대국들 사이에 끼어서 생존해 나가려면 무
엇보다도 체질을 강화하고 국력을 충실하게 하는 것이 첫째 과
제였다.

자산은 여러 가지 수법을 이용해서 농촌의 진흥책을 강구하는
한편 군비를 확충하기 위해 새로운 세금의 징수세를 도입했다.

그때 국민은 조세 부담의 중압에 못견디어, '자산을 죽여라'
하는 원성이 나라 안에 충만했다고 한다.

중신(重臣)들 가운데는 맹렬한 비난을 참다 못해 조세 징수
의 중지를 진언하는 사람도 있었다. 그러나 자산은 그에 굴복하
지 않았다.

"나라의 이익이 되는 일이라면, 몸을 희생해도 좋다. 나는 이렇게 배웠다. 선(善)을 행하려면 어디까지나 끝까지 추진하라. 그렇지 않으면 모처럼의 선도 아무 소용이 없게 된다고 배웠다. 국민의 비난을 받았다고 해서 그만둘 수는 없다. 나는 단호히 추진하겠다."

그렇게 말하면서 그는 끝까지 정책의 관철을 도모했다.

그러나 3년, 5년이 경과하는 사이에 농촌의 진흥책(振興策)이 궤도에 올라서 농민의 생활도 향상되어 갔다.

그 때문에 당초 자산을 죽이겠다고 벼르던 백성도 차츰 자산의 시책을 선정(善政)이라 칭송하기에 이르렀다고 한다.

이처럼 어떠한 비난에도 굴복하지 않고 확신하는 정책의 관철(貫徹)을 시도하는 방식을 강(剛)이라 한다면, 자산의 부드러운 면모는 우선 다음과 같은 학교정책에 잘 나타나 있다고 볼 수 있다.

정나라에는 옛날부터 지도자의 양성기관으로 각지방에 '향교(鄕校)'라고 불리우는 학교가 설치되어 있었다. 그 향교가 어느새 정부의 시책에 불만을 품고 있는 사람들의 정치활동 거점으로 이용되어지고 있었다.

그대로 방치해 두면 반란 같은 직접적인 반정부 활동으로 발전할 것 같은 추세였다. 그것을 우려한 측근들이 향교의 폐쇄를 진언했더니, 자산은 이렇게 말하며 반대했다.

"아니다. 그럴 필요까지는 없다. 그들은 아침저녁으로 일을 끝낸 뒤, 향교에 모여 우리들이 하는 정치를 비판하고 있다. 나는 그들의 의견을 참고로 평판이 좋은 정책은 과감하게 시행하고, 평판이 나쁜 정책은 고쳐 나가도록 하겠다. 그들은 이른바 나의 은사인 셈이다. 물론 탄압을 하면 그들의 언론을 우격다짐으로 봉쇄할 수도 있다. 하지만 그것은 강물을 막으려는 것과

144

같은 짓이다. 그런 짓을 하다가는 이윽고 제방이 넘쳐 흘러서 수많은 사상자를 낼 것이 틀림없다. 그렇게 되면 손을 쓸 수밖에 없게 된다. 국민의 언론도 그와 마찬가지로 탄압하기보다는 들을 것은 들어 주어 이쪽의 약(藥)으로 삼는 편이 현명하다."

이러한 태도는 정치에 대한 유연한 자세를 나타내 보이는 전형적인 예이다.

자산은 강함과 부드러움이 적절하게 균형잡힌 정치를 함으로써 명재상이라는 칭송을 받은 셈인데, '강'이냐 '유'냐, 실제 상황에 닥쳐서는 그 조화를 이루기가 어려운 일인 것이다.

자산은 병을 얻어 죽음의 자리에 들었을 때, 후임인 자대숙(子大叔)을 머리맡에 불러 놓고서 이렇게 충고했다.

"나는 정치에는 두 가지 방식이 있다고 생각한다. 하나는 '강'의 정치, 하나는 '유'의 정치인데, 일반에게는 '강'의 정치를 행하는 것이 좋다. 그 두 가지를 비유한다면, 불과 물 같은 것이다. 불의 성질은 격렬하고 보기에도 무서우니까, 사람들은 가까이 오려고 하지 않는다. 따라서 오히려 불 때문에 목숨을 잃는 사람은 드물다. 그런데 물의 성질은 지극히 약해서 사람들은 물을 두려워하지 않는다. 그 때문에 오히려 불보다는 물에 의해 목숨을 잃는 경우가 허다하다. '유'의 정치는 물과 같아서 얼핏 보기에 쉬운 것 같지만, 사실은 대단히 어려운 것이다."

일반적으로 정치라고 하는 것은 인기나 평판을 너무 중시한 나머지 '유'에 중점을 두고, 국민에게 아첨하는 정치방침을 취하기 마련이다.

그러나 그렇게 해서는 정치에 맺힌 데가 없어지고 만다. 자산은 그것을 경계했던 것이다.

그러나 자대숙은 자산이 죽은 후, 엄한 자세로 국민에게 임하기를 꺼려서 주로 관용을 베푸는 정치를 펴나갔다. 그러자 정치에 긴장감이 없어지고 도둑질이나 사기 같은 것이 횡행하게 되었다.

자대숙은,

"처음부터 자산님의 충고를 따랐으면 이런 일이 없었으련만……"

하고 깊이 후회했다고 한다.

'유'에도 기울지 않고 '강'에도 기울지 않게, 교묘히 '강'과 '유'의 밸런스를 취한 것이 자산의 정치였다. 그러니까 조일 것은 조이고, 풀어 줄 것은 풀어 주는 것이 바로 자산의 정치의 특징이었다.

협객의 인심수렴술

협객은 신분이나 자격면에서 서민에 불과하다.
권력의 배경이 없을 뿐만 아니라
국가 권력과 대립하는 존재다

〈사기〉에는 '유협열전 (遊俠列傳) '이라는 장 (章)이 있는데, 당시를 대표하는 유협, 즉 협객의 언행이 기록되어 있다.

본래 정사에는 여러 가지 인간 군상 (群像)이 등장하는데, 실제로 무뢰배의 왕초들에게 한 장 (章)을 할당한 것은 예가 없던 일이다.

그것을 보아도 사마천이라는 역사가는 협객들의 생활태도에 공감하는 바가 많았던 것 같다.

사마천과 같은 시대에 곽해 (郭解)라는 왕초가 있었다. 사마천은 곽해의 인상을 다음과 같이 쓰고 있다.

'나는 곽해를 만나 본 적이 있다. 그 풍모는 평범한 사람에도 못미쳤고, 말솜씨도 뚜렷하게 눈에 띄는 데가 없었다. 그러나 실제로는 그 평판은 대단한 것이다. 상당한 인물들도 면식이 있건 없건 모두 그의 명성을 흠모하고 협객이라면 반드시 곽해를 손꼽았다.'

협객은 신분이나 자격면에서 말하자면, 일개 서민에 불과하다. 권력의 배경이 없을 뿐만 아니라 왕왕 국가권력과 대립하는 존재이기도 했다.

따라서 사람들의 지지를 획득하여 살아남기 위해서는 남모르는 고심이 뒤따른다. 곽해라는 왕초가 그처럼 높은 인기를 얻은 이유 중 하나는, 그의 탁월한 '인심수렴술(人心收斂術)'에 있었다.

곽해에게는 누이가 한 사람 있었는데, 그 누이의 아들이 곽해의 위세를 등에 업고 행패를 부리는 일이 많았다.

언젠가 그 조카가 싫다고 하는 사람을 술집에 데리고 가서 억지로 술을 퍼먹였다. 더이상 못 마시겠다고 하는데도 계속 강요했다. 상대방은 화가 나서 단도를 뽑아들고 조카를 찔러죽이고 도망쳐 버렸다. 그러자 노한 것은 곽해의 누이였다.

"이대로 가만히 있으면 네 체면이 깎인다. 설마 가만히 있지는 않겠지?"

하고 곽해를 충동질했다.

곽해는 여기저기에 부하를 파견해서 원수의 행방을 찾게 했다. 범인은 도저히 피할 수 없다고 판단하고, 자진해서 곽해를 찾아왔다.

곽해는 상대방의 얘기를 듣고나자,

"과연 그대가 조카를 죽인 것도 무리는 아닐세. 나쁜 것은 조카 쪽이다."

라고 하며 조카의 잘못을 인정하고 상대를 도망치게 해 주었다고 한다.

그 때문에 곽해의 인기는 한층 더 올라갔다. 당시 왕초 곽해의 힘으로 범인 하나쯤 처치하는 것은 손쉬운 일이었다. 그런데도 그는 상대의 정당성을 인정하고 납득이 가는 처리를 했던 것이다. 이것은 보통 사람으로서는 할 수 없는 일이다.

또 이런 이야기도 있다.

곽해가 외출을 할 때면 사람들은 언제나 멀리서 경의를 표하며 길을 비켜 주었다고 하는데, 어느 날 한 사내가 일부러 다리를 길게 뻗고 앉아 곽해가 지나가는 것을 보고 있었다.

그래서 곽해는 심부름꾼을 보내서 그 사내의 이름을 물어오게 했다.

부하 한 명이 약은 체하고,

"그런 녀석은 죽여 버릴까요?"

하고 물었더니, 곽해는,

"안 된다. 이곳 사람들에게 가볍게 보여지는 것은 내가 모자라기 때문이지, 그 사람이 나쁜 것은 아니다."

라고 말하고 그 길로 마을의 관리를 찾아가 은밀하게 부탁했다.

"나에게는 소중한 사람이오. 병역 교체 명부에서 빼 주시오."

그 결과, 그 사내는 몇 번 병역교체의 시기가 왔는데도 그때마다 병역의무를 면제받았다.

이상하게 생각한 사내는 관리에게 그 이유를 물어서 곽해의 부탁이라는 것을 알게 되었다. 그 사내는 당장 곽해에게 달려가 이전의 무례를 진심으로 빌었다.

그 후 사람들은 점점 더 곽해를 존경하게 되었다고 한다.

또 이런 얘기도 있다.

낙양(洛陽)이라는 마을에서 어떤 사람이 다른 사람의 원한을 사서 난처한 입장에 빠져 있었다.

마을 유력자가 몇 사람씩이나 중재(仲裁)에 나섰지만 상대는 아무래도 말을 듣지 않았다. 그 사람은 최후의 수단으로 곽해에게 중재를 의뢰해 왔다.

곽해가 밤중에 은밀하게 상대의 집을 찾아가서 열의를 다해서 화해할 것을 종용했더니, 상대는 겨우 고집을 꺾었다.

보통 사람이면 그때 자랑스러운 태도를 보일 텐데 곽해는 그렇지 않았다. 중재에 응한 상대에게 이렇게 부탁했다고 한다.

"이번 문제에서는 낙양의 유력자가 여러 사람 중재를 섰어도 실패했다는 말을 들었소. 다행히 당신은 내 중재를 들어 주었소. 하지만 타관 사람이 이곳의 유력자를 제쳐 두고 중재에 나섰다면, 의리에 어긋나는 일이오. 그래서 부탁인데 이번에는 중재에 응하지 않은 척하고 내가 돌아간 뒤, 다시 한번 유력자를 중간에 세워서 화해해 주지 않겠소?"

　절묘한 배려라 할 수 있는 것이다. 단순히 겸손한 태도라기보다는 그것이 사람의 마음을 사로잡는다는 것을 곽해는 잘 알고 있었던 것이다. 이러한 배려도 지도자에게는 필수조건일 것이다.

범려의 명철보신

장사로 천금의 부를 쌓고
벼슬길엔 재상이 되어 그 이상의 영달은 없으나
영예가 길어지면 화 (禍)의 근원이 된다

범려라는 이름을 간혹 기억하고 있는 사람이 있을 것이다. 과연 이 범려는 어떤 인물이었을까?

기원전 5세기, 즉 2천 5백여 년 전에 현재의 소주 (蘇州)와 항주 (杭州)가 있는 강남 땅에 오 (吳)와 월 (越)이라는 두 나라가 일어나서 치열한 대립을 보이고 있었다.

월왕 구천 (勾踐)은 오왕 부차 (夫差)에게 치명적인 패배를 당한 뒤 회계산 (會稽山)에 들어가 굴욕적인 강화를 맺는다.

용서받고 월나라로 돌아온 구천은 어떻게 해서든 회계산의 치욕을 씻으려고 간난신고 (艱難辛苦)를 견디어내며 20년 후에 드디어 오나라를 멸망시켜 원한을 푼다. 그때 월왕 구천을 도와서 복수를 성공시킨 것이 바로 범려라는 사람이다.

여기까지는 분명히 전형적인 충신이라 해도 좋을 것이다. 그러나 그 뒤의 행적을 보면, 단순한 충신이라는 굴레 속에는 들어가지 않는다.

공훈에 의해서 대장군이라는 최고의 지위에 임명된 범려는 이렇게 생각했다.

'만족의 절정에 있는 군주 밑에 오래 있는 것은 위험한 일이

다. 도대체가 구천이라는 분은 고생을 함께 나눌 수는 있어도, 즐거움을 함께 나눌 수는 없는 타입이다.'

범려는 구천에게 편지를 보내어 사의를 표명했다. 구천은 범려의 참뜻을 이해할 수가 없었기 때문에 필사적으로 만류했으나, 범려는 그것을 뿌리치고 모처럼의 고위직을 미련없이 버리고 제 (齊)나라로 이주하다.

그 경우의 진퇴는 전혀 충신의 이미지와는 어울리지 않는다. 도대체 범려는 무엇 때문에 부귀영화를 약속하는 지위를 버리고 구천의 곁을 떠났을까? 이것을 알기 위해서는 그 후의 얘기를 좀더 진행시키지 않으면 안 될 것이다.

제나라로 이주해 온 범려는, 그곳에서 자식들과 함께 사업을 경영해서 잠깐 동안에 엄청난 부를 쌓았다. 능력을 인정받은 그는 제나라에서도 재상 취임을 요청받았다.

그러나 범려는, '장사를 해서는 천금의 부를 쌓고, 벼슬길에서는 재상에 오른다. 필부에게 있어서 그 이상의 영달은 없다. 그러나 영예가 길어지면 화의 근원이 된다'라고 제나라의 초청을 거절하고 재산을 마을 사람들에게 나누어 준 뒤, 남몰래 제나라를 떠나 도 (陶)라는 곳으로 이주해 갔다.

그러나 도라는 곳에서도 또 다시 사업 경영에 성공하여 눈깜짝할 사이에 몇백만의 부를 쌓아 올렸다고 한다.

범려라는 사람은 이재 (理財)의 능력도 상당히 있었던 모양이다.

그런데 그 무렵에 그의 둘째아들이 초나라에서 사람을 죽이고 체포당했다. 범려는 즉시 막내아들에게 막대한 황금을 주어 초나라에 보내 차남의 구출공작을 하게 하려고 했다.

그것을 보고 장남이,

"그 일은 장남이 해야 할 일입니다. 꼭 제게 시켜 주십시오."

하고 부탁했다.

모친도 옆에서 장남을 거들었다.

할 수 없이 범려는 장남을 보내기로 했다. 그런데 장남은 모처럼 지참해 간 대금을 쓰는 것이 아까워서 구출 공작에 실패하고 사형당한 동생의 시체를 안고 돌아왔다.

모친은 비탄의 눈물에 젖었다. 그러나 범려는 씁쓸하게 웃으며 이렇게 말했다고 한다.

"이런 결과가 되리라는 것을 처음부터 알고 있었다. 장남이 동생을 생각하지 않는다는 말은 아니다. 다만 어딘가 한 군데 미련을 못버리고 있는 것이다. 그것도 그럴 것이 어릴 때부터 나와 함께 고생을 해 왔으니까, 좀처럼 돈을 쓸 수가 없는 것이다. 그것에 비하면 막내는 생활의 고생을 모르고 자라났기 때문에 돈을 쓰는 것쯤은 대수롭게 생각하지 않는다.

내가 처음에 막내를 보내려고 한 것은 막내라면 아낌없이 돈을 쓸 수 있었기 때문이다. 장남은 그것을 할 수 없다. 결국은 동생을 죽도록 내버려 두었다. 그러나 그것도 당연하다. 어쩔 수 없는 결과로 슬퍼할 것은 없다. 나는 처음부터 둘째가 시체가 되어 돌아올 줄 알고 있었으니까."

굉장한 통찰력이라고 할 수밖에 없다. 즉 범려는 상황을 읽고 앞을 내다볼 줄 아는 인물이었던 것이다.

범려가 구천의 곁을 떠난 것도, 제나라의 초청을 거절한 것도, 또한 가는 곳곳에서 사업 경영에 성공한 것도 근원을 따져보면 그와 같은 통찰력에 의한 것이었다.

'명철보신(明哲保身)'이라는 말이 있다. 명철이란 깊은 통찰력을 말하고, 보신이란 몸을 지키는 것을 말한다.

그러니까 깊은 통찰력을 발휘하여 몸을 지키는 것이 '명철보신'인데, 범려라는 사람은 충신이라기보다는 오히려 명철보신의 인간이라고 말하는 편이, 그 됨됨이를 오히려 잘 나타내 줄 것이다. 범려가 보여 준 그러한 명철함은 조직의 키잡이에 해당하는 지도자에게는 필수조건이라 할 수가 있을 것이다.

이상 〈사기〉에 등장하는 몇 사람의 인물을 골라서 지도자의 마음가짐에 대해 논해 왔다. 물론 〈사기〉에 등장하는 인물은 이것으로 그치지 않고 실로 다채로운 개성의 인간들이 엮어내는 한 폭의 대파노라마라 할 것이다.

삼국지(三國志)에서
삶의 철학을 배운다

〈사기(史記)〉, 〈한서(漢書)〉, 〈후한서(後漢書)〉에 이어지는 네 번째 정사(正史)이다. 후한말(後漢末)에서부터 위(魏), 촉(蜀), 오(吳)의 3국 정립을 거쳐 진(晋)에 의해서 통일되기까지의 3국의 흥망성쇠를 기록하고 있다.

〈위서(魏書)〉 30권, 〈촉서(蜀書)〉 15권, 〈오서(吳書)〉 20권의 3부로 구성되어 있고, 총 65권이다. 이 책은 3국의 흥망을 나라별로 기술하고 있다.

저자인 진수(陳壽)는 처음에 촉에 사관(仕官)이었으나, 촉이 멸망한 뒤에는 천거를 받아 진나라의 사관이 되어 이 책을 완성했다.

그러나 이 책은 지나치게 간결하다는 결점이 있었다. 그 결점을 보완한 것이 남조송(南朝宋)의 〈배송지(裴松之)〉이다. 그가 대부분 일화(逸話) 같은 것을 많이 보충함으로써 〈삼국지〉는 한층 빛을 더하게 되었다. 〈위서〉 동이전(東夷傳) 가운데 사마태국(邪馬台國)의 여왕에 관한 기술이 있는 것은 널리 알려진 사실이다.

한편 〈삼국지연의(三國志演義)〉는 명초(明初) 나관중(羅貫中)이 이 정사에서 자료를 취하면서 여러 가지 설화(說話)를 집대성한 것으로, 여러 군데 픽션을 집어넣어 얘기를 흥미롭게 전개시켰다.

- 시무(時務)를 아는 것은 준걸(俊傑)이다.
- 오하(吳下)의 아몽(阿蒙)이 아니다.
- 용(龍)이 구름과 비를 얻으면, 이미 연못 속에 있지 않도다.
- 국궁진력(鞠躬盡力), 죽어서도 후회없다.
- 용병(用兵)의 길은 마음을 공격하는 것을 상책이라 하고 성을 공격하는 것을 하책이라 한다.(蜀書)
- 지(智)는 화(禍)를 면하게 한다.
- 죽은 제갈(諸葛)이 산 중달(仲達)을 도망치게 한다.
- 치세(治世)의 능신(能臣)은 난세의 간웅(奸雄)이다.(魏書)
- 선비가 사흘 떨어져 있으면 괄목(刮目)할 만큼 달라진다.
- 장점을 귀하게 여기고 단점을 잊어버려야 한다.(吳書)

사실에 의해 쓰여진 역사서

황제가 배(舟)라면 백성은 강의 물이며,
강물은 배를 뜨게 할 수도 있고 가라앉힐 수도 있다

실제로 읽은 적이 없는 사람이라도 대개 〈삼국지(三國志)〉라
는 이름만은 알고 있으리라. 그만큼 이 책은 우리에게 낯익은
고전이다.

〈삼국지〉는 엄청나게 스케일이 큰 역사서이고, 광대한 중국대
륙을 무대로 개성이 풍부한 인물들이 제각기 자기 특성을 살려
가면서 권력의 획득을 목표로 자웅(雌雄)을 겨룬다.

인간의 욕망이나 원한은 불꽃을 튀기고 지모와 책략이 난무하
여 파란에 가득찬 드라마가 전개된다. 손에 땀을 쥐게 하는 흥
미거리라는 말이 이처럼 어울리는 책도 드물 것이다.

'삼국지'를 읽으면 자기도 모르는 사이에 권모술수라든가, 정
치적인 흥정의 허허실실을 알 수가 있다.

또한 여러 가지 타입의 지도자가 등장하기 때문에 지도자나
관리직의 본연의 자세를 터득하는데도 안성맞춤인 인간학의 교
재라고 할 수 있다.

읽어서 재미있고 더구나 오늘날에도 통용되는 귀중한 지혜가
여러 군데 숨겨져 있다. 그 두 가지 점에서 〈삼국지〉의 뛰어난
인기의 비밀이 있다고 말할 수 있다.

〈삼국지〉에는 두 종류가 있는데, 하나는 소설인 〈삼국지연의 (三國志演義)〉이고, 다른 하나는 역사서인 〈삼국지〉이다.

연의란 이야기라든가, 소설이라는 의미이다. 옛날부터 〈삼국지〉라고 하면 〈삼국지연의〉를 가리키는 것이었다. 그렇기 때문에 우리나라나 중국에서도 〈삼국지연의〉 쪽이 널리 읽혀졌다.

그러면 역사서인 〈삼국지 (三國志)〉란 어떤 것일까?

소설인 〈삼국지연의〉와 역사서인 〈삼국지〉의 차이는 소설 쪽이 여러 곳에 픽션을 삽입하여, 얘기를 흥미롭게 부풀린 점에 있다. 그러나 역사서인 〈삼국지〉는 어디까지나 사실에 의거해서 쓰여져 있다.

따라서 흥미를 기대한다면 먼저 소설 쪽부터 읽는 것이 좋다. 그러나 현실에 임해서 실천적인 지침이라든가, 지혜를 끌어내고 싶으면 소설뿐만 아니라 역사서 쪽도 권하고 싶다.

〈삼국지〉의 시대적 배경을 살펴 보면, 지금부터 1천8백 년 전인 후한 (後漢) 왕조가 쇠퇴한 뒤, 위 (魏), 촉 (蜀), 오 (吳)의 3국이 대립하여 험악한 상황에 있었다. 각 나라의 지도자는 위의 조조, 촉의 유비, 오의 손권 세 사람인데, 그들에 의한 생존을 건 각축전이 〈삼국지〉 전반부의 하일라이트로 되어 있다.

그리고 얘기의 진행에 따라 〈삼국지〉의 중심은 유비가 죽은 후 그의 아들 유선 (劉禪)을 보좌한 제갈공명 (諸葛孔明)과, 그를 맞아 싸운 사마중달 (司馬仲達) 두 사람의 지혜의 대결로 발전해 간다.

기산 (祁山)과 오장원 (五丈原)을 무대로 해서 펼쳐지는 숙명의 라이벌의 대결은, 〈삼국지〉 후반부터 최대의 클라이막스라 할 수 있을 것이다.

여기서는 역사서인 〈삼국지〉를 중심으로 해서 영걸 (英傑)들의 지도자상을 더듬어 보기로 하겠다.

158

난세의 간웅 조조

권모술수에 정통하다는 것은
지도자에게 있어서 불가결의 조건이라 할 수 있으나
과용하면 비난을 면치 못한다

위나라의 조조라고 하면 소설 〈삼국지〉 가운데서는 전형적인 악인 (惡人)으로 묘사되어 있다. 역사 〈삼국지〉에서도 난세의 간웅 (奸雄)으로 평을 받고 있으며, 실제의 조조도 악인적인 요소가 없지는 않다.

여기서 말하는 간웅이란 악인의 요소를 갖고 있는 영웅이라는 정도의 의미이다. 왜 그런 말을 듣느냐 하면, 그 인물은 일반적으로 치사하고 악랄하다고 하는 말을 들어도 할 수 없을 정도의 흥정술을 태연하게 사용했기 때문이다.

만년의 조조는 황제를 꼭두각시로 만들어 조정의 실권을 장악하여 실력 제일인자로서 나라 안팎을 통치하고 있었다.

조정의 고관들은 그러한 조조에 반발하여 어느 날 밤 동지들을 규합하여 조조의 저택에 불을 지르고 반란을 일으켰다. 그러나 반란은 어이없게 진압되고 고관들은 한 사람 남김없이 조조의 면전에 끌려 왔다. 조조는 그들에게 이렇게 명했다.

"불을 끄려고 달려 온 자는 왼쪽에, 그렇지 않은 자는 오른쪽에 나와 서라."

고관들은 불을 끄려고 달려 온 자는 목숨을 살려 줄 줄 알고

전원 왼쪽에 줄을 섰다. 그런데 조조는,

"불을 끄려고 달려 온 자들이야말로 진짜 역적이다."

하고 고관들을 모조리 죽여 버렸다.

분명히 조조의 말에도 일리는 있다. 그렇지만 그 수법은 사실로 말하면 사기임에 틀림없다. 그러한 속임수 비슷한 수법을 태연하게 사용한 것이 조조였다. 그러나 실제로 조직을 맡은 지도자는 속임수라든가 권모술수의 수법을 잘 알아 두지 않으면 안된다.

권모술수에 정통하다는 것은 지도자에게 있어서는 불가결의 조건이다. 그렇지만 권모술수는 자기 쪽에서 그것을 사용하거나 혹은 과용을 하면 아무래도 비난을 면치 못하게 된다.

조조가 '난세의 간웅'이라는 평을 듣는 것은 그런 데 원인이 있다.

그렇지만 능력이라든가 재능이라는 점에서 볼 때 역시 조조는 삼국시대 최고의 인물이라고 할 수 있다.

무엇보다도 조조는 전쟁에 강했다. 일생 동안 20회 가량 전투를 해서 승률 8할의 성적을 거두고 있다. 라이벌인 유비가 겨우 2할 가량의 승률이니까, 조조가 얼마나 강했는가를 알 수 있을 것이다.

조조의 전투방식에는 세 가지 특징이 있었다.

우선 손자의 병법을 상세히 연구하고 항상 정석에 입각한 전투를 했던 것이다. 그것이 첫번째 특징이다.

이런 조조도 생애에 5, 6회의 치명적인 패전(敗戰)을 경험했다. 다만 그 경우에 과연 조조로구나 하고 감탄할 수 있는 이유는, 같은 실수를 두 번 다시 되풀이하지 않았다는 점이다.

조조 자신도 '나는 똑같은 방법으로 패한 적이 없다'고 큰소리치고 있는데, 조사해 보면 그가 말한 대로라는 것을 알 수가 있다. 비록 패배를 당하더라도 그 원인을 분석해서 그곳에서 교훈을 끌어내어 결코 같은 과오를 반복하지 않았다. 이것이 두 번째 특징이다.

셋째로, 조조라는 사람은 도망치는 데 재빨랐다. 더이상 싸워도 승산이 없다, 헛되이 손해만 늘어날 뿐이라고 판단하면 재빨리 도망을 했던 것이다.

그러한 방식으로 싸운다면 지는 싸움이 적어지는 것은 당연하며, 또한 전력을 온존(溫存)시켰다가 다음 싸움에 승부를 걸수가 있는 것이다. 조조는 이런 방식으로 난세를 극복해 나갔던 것이다.

덕의 인간 유비

지도자에게 덕이 필요하고,
그 덕이 때로는 능력을 보충하여
충분한 힘을 발휘한다

조조의 라이벌은 유비이다. 소설 〈삼국지〉에서의 유비라는 사람은 조조와는 대조적인 인물로 전형적인 선인 (善人), 비할 데 없이 훌륭한 인물로 묘사되고 있다.

확실히 그런 견해도 성립되지 않는 것은 아니다. 그러나 조조와 능력면에서 비교한다면 유비는 거의 무능에 가까운 사람이었다.

앞에서 말한 바와 같이, 조조는 싸움에 임하면 승률 8할의 성적을 올리고 있지만, 유비는 거의가 지는 싸움뿐으로, 승률로 말하면 2할 정도밖에 안 된다.

그 결과 조조는 순탄하게 승리를 거두어 커다란 세력을 구축해 갔으나, 유비 쪽은 부침의 연속으로 기치를 올린 지 20년이 지났는데도 신통한 수가 보이지를 않았다.

신통하지 않을 수밖에 없었다. 왜냐하면 유비는 싸움에 약할 뿐만 아니라, 정치적인 흥정에도 전혀 재능이 없었기 때문이다. 그래 가지고는 쉽사리 성공할 턱이 없었다. 끊임없이 벽에 부딪히고는 먼길로 돌아가지 않으면 안 되었다.

그런데 능수능란한 조조는 자기보다 훨씬 떨어지는 무능한 유비를 최대의 라이벌로 지목하고 끊임없는 경계심을 품고 있었다. 왜냐하면 유비는 자신의 무능함을 보충하고도 남을 만한 강력한 무기를 몸에 지니고 있었기 때문이다.

그것은 덕(德)이나 인덕(人德)이라고 표현할 수 있는 그의 인품이었다. 바꾸어 말하자면, 인간적 매력이라고 해도 좋다. 그것을 설명하려면 의외로 까다롭지만, 한 가지 비근한 예를 들어 본다면, 〈좌전(左傳)〉이라는 고전에 '비양(卑讓)은 덕의 근원이다'하는 유명한 말이 있다.

비양이란 자신은 낮은 곳에 있으면서 상대를 높은 데 세우고 한두 걸음 뒤로 물러나 상대에게 양보한다는 의미로, 이것이야말로 덕의 기본이라는 말이다.

유비가 몸에 지니고 있던 덕이라는 것은 바로 그 비양이었다. 그것을 굳이 두 가지 요소로 분해하면, 겸허와 신뢰가 아닐까 생각된다.

예를 들면, '삼고(三顧)의 예(禮)'라는 유명한 얘기가 있다. 유비가 제갈공명을 군사로 맞이하려고 세 번씩이나 그의 집을 찾아가 예를 다해 맞이했다는 얘기다.

그때의 이 두 사람의 입장을 생각해 보기로 하자. 유비는 불우했다고는 하지만 이름은 천하에 나 있었다. 더구나 나이는 50세에 가까웠다. 여기에 대해 제갈공명은 20대의 청년으로 전혀 무명의 존재에 지나지 않았다. 지금으로 말하면 대학을 갓나온 풋내기라고나 할까?

그런 상대에 대해서 유비는 특별히 '삼고의 예'를 갖추고 군사를 맞이했던 것이다. 그리고 일단 자기 진영에 맞아들이자 작전계획의 입안책정(立案策定)을 모조리 공명의 판단에 맡겼다고 한다.

이것은 철저하게 겸허한 태도와 깊은 신뢰를 갖고서 공명을 대하고 있는 것이다. 이것은 단지 공명 한 사람에게 그러한 것만은 아니었다. 공명 이외의 많은 부하에 대해서도 모두 똑같이 겸허한 태도와 깊은 신뢰를 갖고 대했다.

그 결과 유비는 만년에 이르러 중경(重慶)이나 성도(成都)가 있는 지금의 사천성(四川省)의 촉(蜀)에 겨우 자신의 세력을 구축하는 데 성공했던 것이다.

이것도 유비 자신의 변통이라기보다는 부하들의 헌신에 의한 것이었다. 그러니까 공명, 관우, 장비, 그 밖의 여러 부하가 '유비를 위해서라면……'하고 목숨을 걸고 분투했기 때문이었다. 그들을 그렇게 만든 것은 다름아닌 유비라는 인간이 갖고 있던 덕 때문이었다.

수완가인 조조가 무능한 유비를 경계한 것은 바로 이 덕 때문이었다. 조조는 능력에 있어서는 남달리 뛰어났으나 애석하게도 덕을 지니지는 못했다.

유비의 생애를 살펴 보면, 덕도 또한 사람을 움직이는 중요한 요소라는 것을 새삼 느끼게 된다.

〈채근담〉에 '덕은 사업의 근본이니라'하는 유명한 말이 있다. 덕이 근저(根底)에 없으면 사업경영은 어느 수준에 가면 더 뻗지 못하다는 의미이다.

유비한테서 배워야 할 것은 지도자에게는 덕이 필요하고 그 덕이 때로는 능력을 보충하여 충분한 힘을 발휘한다는 점일 것이다.

살아남는 데 성공한 손권

손권은 종래의 관계, 체면 따위는 무시하고
최선이라고 생각되는 전략만을 사용하여
난국을 타개해 나갔다

〈삼국지〉에는 조조, 유비와 함께 또 한 사람, 오나라의 손권이라는 군주가 등장한다. 그러나 손권은 〈삼국지연의〉에서도, 〈삼국지〉에 있어서도 유비와 조조와 비하면 비중이 약한 존재이다.

그 중 하나는, 조조나 유비가 모두 맨손으로 출발해서 자수성가한 사람들로 한결같이 그들의 생애는 파란만장했고 이른바 창업의 드라마로 가득 차 있다.

그러나 손권은 부친과 형이 2대에 걸쳐서 구축한 지반(地盤)을 이어받은 인물로, 그가 군주자리에 앉았을 때는 오나라라는 국가의 기반은 거의 완성되어 있었다. 그러므로 창업의 드라마와는 인연이 멀었다.

두 번째는, 조조나 유비의 싸움은 이른바 중앙권력을 둘러싼 싸움이었는데 반해서 손권은 그 싸움에 끼어들려는 자세가 약했고, 모든 방침이 형에게서 물려받은 영토를 보전하고 싶다는 소망에서 출발하고 있었다. 그 때문에 처음부터 지키는 자세가 역력했고, 그것이 그의 인간으로서의 박력을 약화시켰다.

그러나 손권의 오(吳)라는 나라는 조조가 세운 위(魏)나 유

165

비가 일으킨 촉(蜀)이 멸망한 뒤에도, 상당히 오랜 기간 동안 존속했다. 이른바 손권은 살아남는 전략에 성공했다고는 할 수 있다.

손권이 살아남을 수 있었던 이유가 몇 가지 있지만, 가장 큰 이유는 군주인 손권이 '수세(守勢)의 지도자'로서 남보다 월등히 뛰어났다는 점이다.

손권은 지도자로서 조조나 유비에게는 없는 두 가지 장점을 갖고 있었다.

그 하나는, 경영 자세가 지극히 유연했다는 점이다. 가령 조조에게 공격을 받았을 때는 유비와 손을 잡고 싸우고, 이윽고 정세가 바뀌어 유비의 공격을 받게 되면 이번에는 어제의 적이었던 조조와 손을 잡고 유비와 대결한다. 종래의 관계라든가 체면 따위는 일체 무시해 버리고, 그때그때 최선이라고 생각되는 전략을 사용하여 난국을 타개해 나갔다. 그것이 살아남을 수 있었던 첫째 이유이다.

두 번째는, 부하를 다루는 방법이다. 손권은 스스로 부하를 대하는 태도로, '그 장점을 이용하고 단점은 잊어 버린다'고 말하고 있다. 부하의 단점에는 눈을 감고 장점만을 발휘하도록 상황을 조종한다는 것이다. 좀처럼 평범한 인간으로서는 흉내낼 수 없는 태도이다.

덧붙여 부하를 다루는 것에 대해 살펴 보자면, 조조는 능력 본위의 엄격한 선별주의를 채용하고 있다. 능력있는 자는 파격적으로 발탁하지만 능력이 없는 자는 전혀 상대도 하지 않았다.

이에 반해 유비는, 능력이 있건 없건 모든 부하에 대해서 깊은 배려를 보이고 철저한 온정주의(溫情主義)로 대했다.

유비와 조조의 경우는 그 나름대로 성공한 셈인데, 우리들이 단순히 그것을 흉내내려 한다면 마이너스 면이 크게 나타날 수도 있다. 왜냐하면 조조처럼 엄격한 태도로 임하면 대개의 경우 쓸데없는 반발을 야기시킨다. 적어도 부하의 마음 속으로부터 복종을 얻기는 어렵다.

또한 유비의 온정주의를 자칫 잘못하면, 조직 속에 해이한 구조를 초래하기 십상이다. 그러나 손권의 '장점은 채용하고 단점은 잊는다'는 태도는 우리들이 그대로 흉내내도 충분히 통용되는 방법이다. 손권이 그러한 태도로 부하들을 통솔한 결과, 그의 막하에서도 쟁쟁한 인재가 배출되어 훌륭하게 난관을 극복해 나가게 되었다.

손권은 조조, 유비에 비해서 크게 눈에 띄는 존재는 아니지만 유연한 경영을 추구하면서도 매사에 철저한 것이라든가, 부하를 다루는 법 등 오늘의 우리들에게 암시하는 바가 많다.

건전한 경영자 공명

공명의 작선은 건곤일척, 즉
기습작전과 같은 직선 루트가 아니라
한발 한발 다져 가는 착실한 용병이었다

〈삼국지〉의 후반의 클라이막스는 제갈공명과 사마중달과의 대결로 압축되어 간다. 조조와 유비는 이미 죽었고, 손권만이 살아남아 있었다. 그러나 그는 거의 움직이지 않은 채 두 사람의 결전을 지켜보고 있었다.

그런데 제갈공명이라고 하면, 소설 〈삼국지〉에서는 신들린 듯한 책략을 써서 적을 괴롭히는 지모의 병법자로 묘사되어 있다.

그러나 역사서 〈삼국지〉에 묘사되어 있는 공명의 실상은 그러한 이미지와는 완전히 정반대이다. 저돌적인 기책 (奇策)은 절대로 채용하지 않으며, 언제나 돌다리를 두들겨 보고 건너가는 식의 착실한 용병으로 시종일관하고 있다.

한 예를 들어 보기로 하자.

첫번째 원정 (遠征)을 갔을 때의 일이다. 작전회의 석상에서 위연 (魏延)이라는 휘하의 장군이 직선 루트로 적의 본거지를 공격하는 작전을 제의했다. 건곤일척 (乾坤一擲), 진주만 공격과 같은 기습작전이다.

그러나 공명은, 위연의 책략은 지나치게 위험이 많다고 하여 기각하고 일부러 적의 저항이 적은 우회 루트를 골라 공격을 가했다.

비유해서 말하자면, 공명이 특기로 한 것은 단발 홈런을 노리는 작전이 아니다. 포오 보올로 나간 주자를 번트로 2루에 보낸 뒤, 빗맞은 까다로운 센터 앞 힛트로 한 점을 벌어들인다는 착실한 용병인 것이다. 더구나 공명은 다섯 번씩 원정을 시도했지만 결국은 작전 목적을 달성하지 못했다.

역사서인 〈삼국지〉는 그러한 공명에 대해서 '임기응변의 전략 전술은 그다지 잘 구사하지 못했던 것이 아닐까? '하는 비판을 가하고 있다.

확실히 그런 견해가 성립될 수 있다. 그러나 공명에게도 동정해야 할 점이 있다. 그 당시 공명이 놓여진 입장을 고려한다면, 어째서 그가 그토록 신중한 용병책을 썼는지 이해할 수 있기 때문이다.

공명은 선왕(先王)인 유비로부터 절대적인 신뢰를 받아 촉국(蜀國)의 뒷일을 위탁받았다. 그리고 형식상으로는 아들인 유선(劉禪)이 2대 황제에 취임했다. 하지만 유선이라는 인물은 범용(凡庸)한 군주로 단 하나 취할 점은 부친의 유언을 지켜 국정의 실권 전부를 승상인 공명에게 맡긴 일이다. 그렇기 때문에 무거운 책임이 공명의 어깨에 지워졌다. 그러한 상황 속에서 건곤일척의 승부수는 도저히 채용할 수가 없었다.

이로써 공명은 자연히 신중해지고 착실한 경영을 꾀할 수밖에는 없었다. 그것이 공명이 놓인 당시의 입장이었다.

그 위에 공명이 이끄는 촉(蜀)과 상대인 위(魏)를 비교해 보면, 종합전력에 있어서 1대 7정도의 열세에 놓여 있었다. 공명이 촉의 전군을 이끌고 원정하고 있는데, 상대인 위는 지방의 방면군(方面軍)만으로 맞아 싸워도 병력의 균형을 충분히 이룰 수 있었다.

그만큼 기본적인 주력에 차이가 있었다. 예를 들어 말하자면, 가까스로 2부에 상장(上場)되어 있는 3류 기업이 세계 유수의 대기업에 승부를 건 것과 마찬가지이다.

또 한 가지 촉에서 위로 나가려면, '촉의 벼랑길'이라고 불리우는 험준한 길을 지나가지 않으면 안 되게 되었다. 그것은 절벽 위에 걸려 있는 보조다리였다. 당연히 식량이나 물자의 수송에 곤란을 겪었다. 실제로 공명이 여러 차례의 원정에서 번번이 후퇴를 하지 않으면 안 되었던 것은 식량 보급이 계속되지 않았기 때문이었다.

이러한 이유를 헤아려 보면, 그 싸움은 공명에게 있어서 애당초부터 승산이 희박한 것이었다. 그것을 누구보다도 잘 알고 있었던 것은 그 자신이었을 것이다.

손자의 병법에 '승산 없는 싸움은 하지 말라'고 했는데, 공명도 될 수 있으면 그와 같은 싸움은 피하고 싶었을 것임이 틀림없다.

그러나 공명은 굳이 그 싸움을 하지 않을 수 없었던 것이다. 왜냐하면 그것이 선왕 유비의 유언이었기 때문이다.

그래서 공명이 생각해 낸 것이 최악의 경우라도 지지 않는 싸움을 하지 않으면 안 된다는 것이었다. 촉은 병력의 절대 열세로서 도저히 위를 이길 수 없었다. 그러나 지지도 않았다. 여러 가지 조건을 생각하면 오히려 공명의 선전(善戰)이라고 할 수도 있었다.

주군의 유언을 지키면서 한편으로 착실한 경영으로 지지 않는 싸움에 철저한 것을 보면, 공명이라는 인물은 역시 훌륭한 지도자였다.

솔선수범의 명재상

공명의 일상생활은 몹시 검소했으며
국무(國務)에 사심없이 열의를 쏟았기에
강력한 설득력을 지닐 수 있었다

그렇지만 공명으로부터 배울 점은 앞에서 말한 것만은 아니다. 그는 촉이라는 나라의 지도자로서 10년에 걸쳐 몇 배의 국력을 가진 나라들과 대전쟁을 치르면서도, 국내외 정치에서는 털끝만큼의 약점도 보이지 않고 있었다. 이같이 그는 지도자로서 발군의 실력을 가진 인물이라 할 수 있다.

공명은 촉의 승상, 즉 재상이었는데, 재상으로서의 공명에게는 몇 가지의 뛰어난 특징이 있었다.

첫째로, 솔선수범하는 태도이다.

옛날부터 중국인이 이상적인 재상상(宰相像)으로 생각해 온 것은, '재상은 세사(細事)를 가까이 않는다', 즉 재상이라고 하는 것은 자질구레한 업무는 제각기 담당자에게 맡기고 자신은 높은 곳에서 감시만 하고 있으면 된다는 생각이다.

그런데 공명의 태도는 그것과는 대조적으로, 하찮은 장부 따위까지 들치며 아침 일찍부터 밤 늦게까지 직무에 온 열의를 쏟았다고 한다.

이런 에피소드가 있다.

오장원(五丈原)에서 사마중달(司馬仲達)과 대치중일 때의 일이다. 공명측의 사자가 중달의 진영을 찾아갔다. 중달이 공명의 생활 태도에 대해서 묻자 사자(使者)가 이렇게 대답했다.

"제갈공은 아침 일찍 일어나고 밤에는 늦게까지 일을 하며, 매 20대 이상의 형벌 사건을 모두 손수 결재하십니다. 식사는 조금밖에 하지 않습니다."

중달은 사자가 돌아간 뒤, '저러다가는 공명의 목숨도 얼마 안 가겠구나'하고 중얼거렸다고 한다.

매 20대 이상의 사건이란 겨우 대대장급의 일이었다. 총사령관인 공명이 그 정도의 일에까지 손을 댄다는 것은 분명히 비정상적인 일이었던 것이다.

물론 공명도 '재상은 세사(細事)를 가까이 않는다'는 것을 모르는 바는 아니다. 그러나 공명은 그것이 허용되는 입장에 놓여 있지 않았다. 왜냐하면 촉이라는 소국(小國)에서 인재의 층도 엷고 느긋이 기다릴 여유가 없었으며, 무슨 일이건 재상 혼자 처리하지 않으면 안 되었기 때문이다.

한술 더 떠서 선주(船主)로부터 전적인 책임을 위탁받았다는 무거운 중압감이 공명 한 사람의 어깨를 짓누르고 있었다.

이러한 입장에 놓여진 공명은 문자 그대로 침식을 잊고 직무에 전념했던 것이다. 지도자의 그러한 열의가 부하나 국민의 마음을 움직이지 않을 수가 없었다. 공명이 발군의 지도력을 발휘할 수 있었던 첫째 요인이 바로 여기에 있다.

둘째는 공평무사한 태도를 들 수 있다.

공명은 신상필벌의 엄한 자세로 국내 정치에 임했다고 한다. 소국이 대국에 싸움을 거는 것이니까 당연히 세금의 부담도 컸을 것이다.

그러한 상황에서 엄한 정치를 행하면 부하나 국민들 사이에서 불평불만의 소리가 나오는 것이 보통이다.

그런데 공명의 경우, '백성들에게 원성 (怨聲)이 없었다'고 평가될 정도로 위정자를 원망하는 소리가 하나도 없었다.

그 이유는 공명이 지극히 공평무사한 태도를 취해서 상벌 (賞罰)의 적용에 전혀 사정을 두지 않았기 때문이다.

그 때문에 처벌을 받은 자는 자기가 잘못했기 때문이라고 납득하지 않을 수 없었다고 한다.

셋째는 사생활이 검소했다는 것이다.

공명은 원정에 출발할 때 황제인 유선에 대해서 자신의 재산을 보고하곤 했다.

밭은 얼마, 논은 얼마 하고 재산공개를 했던 것이다. 공개된 재산의 액수는 극히 미미한 것으로, 그가 죽은 뒤 남은 유족이 겨우 생활을 꾸려 나갈 정도였다.

공명은 일상생활도 몹시 검소했다. 그렇게 일편의 사심없이 국무 (國務)에 열의를 쏟았던 것이다. 그러니까 부하나 국민에 대해서 강력한 설득력을 가질 수 있었던 것도 당연하다고 할 수 있을 것이다.

사마중달

실아있는 인간이 상대라면
어떻게든 요리를 할 수 있겠지만,
죽은 사람 상대로는 어쩔 도리가 없다

공명의 군사를 맞이해서 싸운 것이 사마중달(司馬仲達)인데,
이 두 사람은 두 차례에 걸쳐서 대접전을 벌였다.

중달은 〈삼국지연의〉에 의하면, 공명의 교묘한 전략전술에 우
롱당하는 범용한 장군처럼 묘사되어 있지만, 그것은 소설의 픽
션에 지나지 않는다.

실제의 중달은 지극히 노련한 인물로서, 그의 교묘한 전술 앞
에 오히려 공명 쪽이 피해를 많이 입었다고 한다.

공명을 맞아 싸우는 중달의 기본 전략은, '싸우지 않고 이긴
다'는 것이었다. 수비를 견고히 하고 싸움을 피해 가면서 상대
의 후퇴를 기다린다는 전법(戰法)이었다.

그러니까 중달은 보급 곤란이라는 공명 측의 약점을 충분히
읽고 있었던 것이다. 수비를 굳게 하고 진공(進攻)을 저지시키
기만 하면, 병력의 차이도 있고 상대는 식량의 보급을 할 수 없
게 되어 철퇴할 것으로 보고 철저하게 싸움을 피했던 것이다.
대결의 결과는 바로 중달이 예상한 대로 진행되어 갔다.

〈삼국지연의〉에 의하면, 두 사람의 대결에서는 몇 번씩이나
치열한 접전이 벌어진 것처럼 쓰여 있다. 더구나 항상 공명이

174

승리하고 중달은 맥도 못추고 패배한 것으로 되어 있다.

그러나 그것도 소설상의 픽션에 지나지 않았다. 실제로는 거의 노려보기만 하다가 끝났던 것이다.

왜냐하면 공명은 '지지 않는 싸움'을 목표로 하고 신중한 용병을 주로 했다. 여기에 대해 중달은, '싸우지 않고 이긴다'는 것을 기본 전략으로 해서 임했다. 그래 가지고서는 싸움이 될 턱이 없었다. 눈싸움으로 시종일관한 것도 당연하다.

그러나 두 번에 걸친 대결 가운데서 매우 치열한 전투가 벌어진 적이 한 번 있다. 그것은 최초에 얼굴을 마주쳤을 때였다.

그때도 역시 공명 측은 식량보급이 딸려서 후퇴를 하지 않으면 안 되었다. 거기에 중달이 추격전을 벌여 꽤 격렬한 싸움이 벌어졌다.

결과를 보면, 공명 측의 자료에서는 중달이 승리한 것처럼 쓰여 있다. 공평하게 보아서 양자 모두 손실을 입었다고 보는 것이 타당할 것이다.

두 번째 오장원의 대결에서는, 완전히 눈싸움으로 시종하고 말았다. 그러나 원정군을 이끌고 싸움을 걸어 온 공명 측으로는 언제까지나 노려만 보고 있으면 체면이 말이 아니었다.

그래서 이런 수 저런 수를 써가며 중달을 자극하는데, 중달은 그 수에 넘어가지 않는다. 싸울 생각 따위는 전혀 없고, 꾹 참고 수비를 굳히고 공명이 물러나기만을 기다리고 있었던 것이다.

공명 측에서 보면 이 이상 싸우기 힘든 상대는 없다. 그만큼 중달의 전략이 노련했다고 해도 좋을 것이다.

이윽고 공명은 과로로 쓰러지고, 오장원의 진중에서 세상을 떠났다. 그리고 두 사람의 대결도 종막을 고했다.

'죽은 제갈, 살아남은 중달을 도망치게 하다'라는 유명한 일화가 생겨난 것도 바로 이때의 일이다.

공명을 잃은 촉의 군세는 후퇴하기 시작한다. 그것을 알고 중달은 추격을 명하는데, 상대가 재빨리 반격태세를 보이자,

"물러나라, 물러나라!"

하며 그 이상 추격하려고 하지 않았다.

그것을 본 근처의 백성들이

"죽은 제갈, 살아남은 중달을 도망치게 한다."

라고 수군거렸다고 한다.

그러나 그 소문을 들은 중달은,

"살아 있는 인간이 상대라면 어떻게든 요리를 할 수 있겠지만, 죽은 사람 상대로는 어쩔 도리가 없다."

고 중얼거리며 쓸쓸히 웃었다고 한다.

아무래도 중달은 부하가 보고 있어서 할 수 없이 추격하는 체해 보였으나, 진심으로 추격할 생각은 없었던 것 같다.

실제의 중달은 소설에 묘사되어 있는 것처럼 범용(凡庸)한 장군이 아니고, 이처럼 지략이 뛰어난 노련한 인물이었다. 그와 같은 상대를 적으로 삼아 대결하지 않을 수 없었던 데 공명의 비극이 있었는지도 모른다.

손자병법 (孫子兵法)에서 곡선사고를 배운다

〈손자병법〉은 전부 합해서 6천여 자로 중국의 고전 가운데서는 결코 긴 편이 아니다. 시계편(始計篇)에서 시작해서 작전(作戰), 모공(謀功), 군형(軍形), 병세(兵勢), 허실(虛實), 군쟁(軍爭), 구변(九變), 행군(行軍), 지형(地形), 구지(九地), 화공(火功), 용간(用間)의 합계 13편으로 이루어져 있다.

각편 모두 '손자왈'로 시작된다. 즉 손자의 말을 수록한 형식으로 되어 있다.

손자의 이름은 무(武)인데, 그 사람에 대해서는 자세한 것은 알 수가 없다. 제나라 사람이라고도 하고 오(吳)나라 사람이라고도 전해진다.

〈사기〉에 의하면, 〈손자병법〉 13편을 써서 오왕 합려한테 인정받아서 장군으로서 그 부강에 공헌했다고 쓰여있지만, 그 이상의 상세한 업적은 잘 알려져 있지 않다.

손무 이래로 전국시대에 걸쳐서 많은 병법서가 쓰여진 듯하지만, 그 가운데서 〈손자병법〉은 대표적인 병법서로써 남아 널리 읽혀져 왔다.

그 이유는 인간에 대한 깊은 통찰에 근거를 두고, 승부에 관한 행동의 법칙을 추출해냈기 때문일 것이다.

- 병(兵)의 형태는 물의 형상을 따른다.(虛實篇)
- 우회하는 것을 직선이라 생각하고 화를 오히려 이점으로 이용한다.(軍爭篇)
- 병은 적어도 빠른 것을 필요로 한다.(作戰篇)
- 승산이 많으면 이기고 승산이 없으면 진다.(始計篇)
- 병은 남을 속이는 것이다.
- 적을 알고 나를 알면 백번 싸워도 질 수가 없다.(謀攻篇)
- 백전백승은 반드시 최선은 아니다.
- 시작할 때는 처녀처럼, 끝에는 뛰는 토끼처럼.(九地篇)
- 빠르기는 바람같이, 조용하기는 숲처럼, 공격할 때는 불같이, 움직이지 않을 때는 산같이.(軍爭篇)
- 잘 싸우는 자는 쉬운 싸움을 이기는 자다.(軍爭篇)

싸우지 않고 이긴다

휴식이 충분하면 피로를 만들고,
단결된 적은 이간시킨다. 이와 같이
적의 약점을 파고 들면서 적의 의표를 찌른다

손자병법의 둘째 원칙은, '싸우지 않고 이긴다' 즉, '백전백승이 반드시 최선은 아니다. 싸우지 않고 적을 굴복시키는 것이야말로 가장 좋은 것이다'라는 것이다.

이것은 유명한 말이니까 많이 알고 있을 것이다. 요컨대 백번 싸워서 백 번 이겨도 최선의 방책이라고 말할 수는 없다. 싸우지 않고 적을 굴복시키는 것이야말로 최선의 방책이라는 의미이다.

손자는 또 이렇게 말한다.

'최고의 싸우는 방법은 사전에 적의 의도를 간파하여 그것을 봉쇄하는 것이다. 그것에 버금가는 것은 적의 동맹관계를 분단해서 고립시키는 것, 세 번째가 전투를 하는 것, 그리고 최저의 방책은 성을 공격하는 수단에 호소하는 것이다. 성을 공격한다는 것은 최후의 수단에 불과한 것이다.'

힘을 동원하여 상대를 굴복시키는 것은 비록 승리를 거둔다 하더라도 최저의 방책이라는 것이다. 왜 그럴까? 그것에는 두 가지 이유가 있다고 생각된다.

하나는 힘을 동원한 싸움이 되면, 아무리 교묘하게 싸운다 해

179

도 상당한 손해를 피할 수는 없다.

다른 하나는, 오늘날의 적은 정세가 바뀌면 내일의 아군이 될 가능성이 있다. 그렇게 되면 상대에게 손해를 입히지 않고 자기 편으로 끌어들이는 편이 득이 되기 때문이다.

따라서 싸우지 않고 상대를 굴복시키는 것이 최고의 전투방법이 되는 것이다.

검객들의 이야기 중에 이런 일화가 있다.

강을 건네는 나룻배 안에서 한 사람의 무술가와 말싸움이 벌어졌다. 상대방이,

"당신은 어떤 검술을 배웠소?"

하고 물었다. 그 검객은,

"손을 안 쓰고 이기는 검술이지요. 칼을 뽑는 일은 어리석지요."

하고 대답하니까, 상대방 무술가는 화를 벌컥 내면서,

"이 녀석이! 그렇다면 여기서 겨루어 보자."

하고 대들었다.

검객은 침착한 말투로,

"좋다! 이곳은 배 안이라서 다른 사람들에게 폐가 되니 저쪽에 보이는 섬으로 가서 한 번 승부를 겨루어 보자."

라고 말하고 배를 섬으로 향하게 했다.

배가 섬에 가까이 다가가자 무술가는 기다렸다는 듯이 큰 칼을 뽑아들고 몸을 날려 섬에 뛰어 내렸다.

그러자 검객은 뱃사공의 노를 빼앗아 들고 배를 다시 바다 쪽으로 밀어내고서,

"이것이 손 안쓰고 이기는 것이오. 그곳에서 실컷 쉬다 오시구려."

하고 소리쳤다고 한다.

이 검객의 그러한 행동이야말로 바로 손자가 말하는 '싸우지 않고 이긴다'는 전략을 실현한 것이라고 할 수 있다.

실제상황에서 그렇게 쉽게 되는 경우는 거의 없지만, 명장이라고 불리우는 사람들은 무엇보다 먼저 '싸우지 않고 이긴다'는 것을 명심해 왔다고 할 수 있다.

그렇다면 싸우지 않고 이기기 위해서는 구체적으로 어떤 방법이 있을까? 그것에는 두 가지 방법을 생각할 수 있다.

하나는 외교교섭에 의해서 상대방의 의도를 봉쇄해 버리는 것이다. 그러기 위해서는 당연히 외교교섭의 수완이 뛰어나지 않으면 안 된다.

또 하나는 모략이라든가, 지략을 구사해서 상대방을 무력하게 만들어 버리는 방법이다. 힘으로 이기는 것이 아니라 머리로 이긴다고 말해도 좋을 것이다.

〈손자병법〉에는 '병은 남을 속이는 것이다'라는 말이 있다. 즉 적을 속이는 것, 적의 눈을 어둡게 한다는 것이다.

그 속임수에 대해서 손자는 다음과 같이 말한다.

'예를 들면, 할 수 있는 것을 할 수 없는 것처럼 보이고, 필요한 데도 필요없는 체해 보인다. 멀리 떠나는 것처럼 보이고 접근하고, 접근하는 것처럼 보이고 멀리 간다. 휴식이 충분한 적은 피로하게 만들고, 단결된 적은 이간시킨다. 이와 같이 적의 약점을 파고 들면서 의표를 찌른다.'

이것이 바로 '속임수'이다. 모략이나 지략이라 해도 좋다.

전세계 헤비급 챔피언인 무하마드 알리는 '개구리뜀'이라는 독특한 전법으로 연속 6차방어의 기록을 남긴 명선수인데, '복싱은 결과적으로 서로 속이는 운동이다'라고 말하면서, '자기보다 고도의 기술을 갖고 있는 상대를 패배시키기 위해서는 상대 전술의 의표를 찔러서 싸웠다'고도 말하고 있다. 이것도 역시

〈손자〉가 말하는 속임수에 해당하는 것이리라.

요컨대 싸우지 않고 이긴다는 것은, 힘으로 이기는 것이 아니라 '머리를 써서 이긴다'는 것이다. 이것을 현대식으로 표현하자면, 아이디어로 승부한다는 것과 일맥상통할 것이다.

물을 따른다

물의 형태에 일정한 모양이 없는 것처럼 싸움에도
적의 태세에 따라 변화해가면서 승리를 얻는 것이야말로
절묘한 용병이라 할 수 있다

'승산 없이는 싸우지 말라', '싸우지 않고 이긴다'는 것이 〈손
자병법〉의 2대 테마이다. 힘으로만 상대를 굴복시키는 것은 어
리석기 짝이 없다는 손자의 입장에서 보면, 싸우지 않으면 안
될 때에 싸우는 방식도 지극히 유연한 사상으로 일관되어 있다.

우선 손자는 싸우는 방식의 이상을 물의 모습에서 찾아, '병
의 형태는 물을 따른다'고 말했다. 물이라는 것은 담는 그릇에
따라 형태가 달라지는 변화무쌍한 유연성을 갖고 있다. 상대의
저항을 피해 낮은 쪽으로만 흘러간다. 그러나 동시에 사용하기
에 따라서는 엄청난 에너지를 그 속에 내재하고 있다. 소용돌이
치는 격류에 이르러서는 어떤 커다란 바위나 나무도 밀어내 버
린다.

유연하면서도 내부 깊숙이 감추고 있는 엄청난 에너지, 손자
가 생각하는 싸움의 이상이 바로 이것이다.

그러한 발상과 비슷한 것에 '시작할 때는 처녀처럼, 끝에는
뛰는 토끼처럼'이라는 말이 있다. 사실 이 말도 근거를 따져 보
면 원전은 〈손자병법〉인 것이다.

'시작할 때는 처녀처럼'이라고 하는 것은, 수세를 취할 때는

183

방비를 굳게 하고 아무 소리 않고 꾹 참고서 때를 기다린다는 의미이다.

'끝에는 뛰는 토끼처럼'이란, 일단 공세로 전환하면 단번에 덮쳐나가는 전법이다.

그 반대는 곤란하다. 수세를 취할 때 되든 안되든 무턱대고 토끼처럼 뛰어나가는 것은 졸렬한 전법이다. 또한 공세로 전환했을 때, 처녀처럼 공격하는 것도 역시 실격이라고 할 수가 있다. 어디까지나 '시작할 때는 처녀처럼, 끝에는 뛰는 토끼처럼' 행동하지 않으면 안 된다. 이것들도 분명히 물의 본연의 형태에서 배운 용법이라 해도 좋을 것이다.

〈손자병법〉에는 또 '실(實)을 피하고 허(虛)를 공격한다'는 전법이 있다. '실'이란 전력이 충실해 있는 상태, 허(虛)란 전력이 엷은 상태를 의미한다.

즉 '실은 피하고 허를 공격한다'고 하는 것은, 상대의 전력이 충실한 것은 피하고 약한 곳을 공격하라는 말이 된다. 분명히 이러한 전법이라면 패배할 염려가 적고 승리할 확률이 높다.

'물은 높은 곳을 피하고 낮은 곳으로 흘러가지만, 싸움도 충실한 적을 피해 상대의 약한 곳을 찔러가야 한다.'

〈손자병법〉은 이상에서 말해 온 것에 한하지 않고 모든 곳에서 무리가 없는 유연한 전법을 논하고 있다. 정면돌파의 강행작전이라든가, 병력을 무시한 무리한 공격이라든가, 혹은 저돌적인 전법 등은 손자에 의하면 우매한 전술 이외에 아무것도 아닌 것이다.

그렇다면 강대한 적과 싸우지 않으면 안 될 때는 어떻게 하면 좋을까? 정면대결을 해서는 승산이 없다. 그러나 피치 못하게 싸우지 않으면 안될 때도 때로는 있는 것이다. 이와 같은 때는 우선 생각해 낼 수 있는 갖가지 책략을 강구하여 상대방의 방심을 유도하고, 그 다음에 상대가 전혀 예상하고 있지 못한 부분에 공격을 가하라고 손자는 말하고 있다.

둘째로, 적의 병력을 분산시켜 놓고 아군은 집중해서 싸우라고도 한다. 가령 아군의 병력은 하나이고, 적의 병력은 다섯이라 하자. 그대로 1대 5의 싸움을 걸면 처음부터 고전을 면치 못한다. 그렇기 때문에 적의 병력을 절반으로 분산시키고, 공격을 가한다면 1의 병력으로 0.5의 적과 싸우는 것이 된다. 그렇게 하면 유리하게 싸움을 진행시킬 수 있다는 것이 손자의 생각이다.

셋째로 손자는 상대방을 이쪽 페이스에 말려 들게 하라고 말한다. 누구에게나 장점과 단점이 있다. 상대방에게는 장점을 발휘하지 못하도록 하고, 자신은 장점을 십분 발휘해서 싸울 수 있는 상태로 이끌어 가라는 것이다.

물의 형태에서 배울 것을 권하는 손자는, 그때그때의 상황에 응해서 임기응변을 갖고 싸우라고도 말하고 있다.

'물의 형태에 일정한 모양이 없는 것처럼, 싸움에도 불변의 태세 같은 것은 있을 수가 없다. 적의 태세에 따라 변화해 가면서 승리를 얻는 것이야말로 절묘한 용병이라고 할 수 있다.'

두말할 필요도 없지만, 병법서라고 하는 것은 전투의 원리원칙을 망라한 책이다. 그러나 원리원칙을 머릿 속에 집어넣어 놓았다고 해서 싸움에 이길 수 있느냐 하면 반드시 그렇게 되지는 않는다. 중요한 것은 임기응변의 활용이다.

물론 원리원칙을 알아 놓는 것은 절대적으로 필요하다. 그러나 승리를 거두는 열쇠는 원리원칙을 여하히 적절하게 **활용할** 수 있느냐 하는 점에 달려 있다.

물의 모습에서 배우는 유연한 전법은 전쟁할 때에만 유효한 것이 아니라, 인생을 사는 지혜로서도 참고가 될 것이다.

승산이 없을 때는 싸우지 않는다

병력이 열세라면 퇴각한다.
아군의 전력을 무시하고 강대한 적에 도전한다면
애석하게도 적의 먹이가 될 뿐이다

〈손자병법〉은 두말할 것도 없이 병법서의 대표적인 고전이다. 중국의 고전이라기보다는 오히려 세계의 고전이라 할 수 있다. 이 책은 지금부터 2천5백 년 전에 손무(孫武)라는 사람이 쓴 병법서지만, 내용은 결코 낡은 것이 아니다. 아니 오히려 현대를 살아가는 우리들에게 귀중한 정신적 자료를 시사한다.

〈손자병법〉은 원래 병법서이기 때문에 그 내용은, 어떻게 하면 싸움을 유리하게 이끌어갈 수 있는가, 즉 승리하기 위한 전략전술, 패배를 당하지 않기 위한 술책이 푸짐하게 담겨 있다.

그러나 〈손자병법〉의 매력은 그러한 싸움의 원리원칙이 담겨져 있다는 점에만 있는 것이 아니다. 그 속에 전개되어 있는 전략전술이 인간에 대한 깊은 통찰에 의해 뒷받침되어 있기 때문에, 전쟁뿐만 아니라 인간관계의 모든 면에 걸쳐서 응용될 수 있다는 점에 있다.

'〈손자병법〉을 읽고서 인간사회를 사는 지혜를 배웠다'고 어떤 재계인사가 술회한 적이 있듯이, 인간관계의 참고서로서 더 나아가서는 경영전략의 교과서로도 읽힐 수 있다는 점에서 〈손자병법〉의 의미가 있다고 말할 수 있다.

186

〈손자병법〉은 지극히 유연한 사고방식으로 일관되어 있으나, 그곳에 시사되어 있는 전략전술은 크게 두 가지 원칙 위에 성립되어 있다.

첫째는 승산이 없을 때는 싸우지 말라, 즉 이길 전망이 없는 싸움은 하지 말라는 것이다.

둘째는 싸우지 않고 이기라는 것이다.

둘째 원칙에 대해서는 나중에 서술하기로 하고, 우선 첫째 원칙인 '승산이 없을 때는 싸우지 말라'에 대해서 생각해 보기로 하자.

'승산이 많으면 이기고 승산이 적으면 진다. 하물며 승산이 없는 싸움은 이길 턱이 없다.'

손자는 또 이렇게도 말하고 있다.

'병력이 열세라면 퇴각한다. 승산이 없으면 싸우지 않는다. 아군의 전력을 무시하고 강대한 적에 도전한다면 애석하게 적의 먹이가 될 뿐이다.'

이 두 가지 말을 듣고서 보통 사람들은 각별히 새로운 것도 없는 당연한 얘기가 아니냐고 생각할지도 모른다. 그러나 우리들은 아무리 생각해도 이 당연한 일에 약한 것처럼 보인다. 현대의 비즈니스 전략에서도 그런 경향이 없다고 할 수는 없다. 확실히 어떤 의미에서는 적극적이고 과감한 경영자세가 오늘날의 경제적 번영의 기초를 이룩해 왔다고도 말할 수 있지만, 지금부터는 훨씬 더 어려워지는 것이 아닐까?

승산없는 싸움은 반드시 좌절할 때가 온다. 새로운 사업을 시작하거나, 혹은 새로운 분야에 진출하거나 할 때는 반드시 확실한 전망을 세우고 나서 시작하지 않으면 안 된다.

어느 나라에서나 명장으로 일컬어지는 사람들은 결코 무리한 싸움이나 승산이 없는 싸움은 하지 않았다.

가령 〈삼국지〉에 등장하는 조조라는 거물이 그렇다.

그의 싸움하는 방법의 특징은, '군에게 행운의 승리란 없다'라는 신념에 근거하고 있다. 행운의 승리란 요행히 이기는 것, 즉 적의 실수에 힘입어 우연히 이기는 것을 말한다. 조조의 경우에는 그런 류의 승리는 없었다. 바꾸어 말하면, 확실한 승산을 갖고서 작전계획대로 싸워서 승리를 거두는 그의 전투방법이었다고 할 수 있다.

손자병법을 배우려는 사람은 우선 '승산 없는 싸움은 하지 말라'는, 얼핏 보기에는 흔해 빠진 교훈을 먼저 마음에 깊이 새기고 잘 음미해 볼 필요가 있다.

지(智) 용(勇) 신(信)

진정한 용기란 승산이 서지 않거나
승리할 전망이 없다고 판단했을 때 단호히 철퇴하는
서슴지 않고 뒤로 물러날 줄 아는 용기인 것이다

〈손자병법〉을 위시해서 병법서의 범주 안에 들어가는 책은 기본적으로는 장군이나 지도자, 또는 조직의 리더가 읽어야 하는 것이다. 〈손자병법〉은 지도자의 조건으로 무엇을 요구하고 있는 것일까? 그것을 잠시 살펴 보기로 하자.

손자는 지도자의 조건으로 다음과 같은 다섯 가지 조건을 들고 있다.

첫째는 지(智) 둘째는 용(勇) 셋째는 신(信) 넷째는 엄(嚴) 다섯째는 인(仁)이다.

우선 '지'는, 상황판단을 잘 하는 것으로 그 상황을 읽는 힘을 말한다. 바꾸어 말하면 선견력(先見力)이라고 해도 좋다.

〈손자병법〉에 '적을 알고 나를 알면 백 번 싸워도 질 수가 없다'고 하는 유명한 말이 있다. 적을 알고 나를 알기 위해 필요한 것이 바로 '지'인 것이다.

위에서 말한 바와 같이, '승산이 없이는 싸우지 않는다'는 것이 손자병법의 대전제인데, 승산이 있느냐 없느냐를 판단하는 것이 곧 '지'인 것이다.

다음은 '용'인데, 이것은 용기, 혹은 결단력이라 해도 좋다.

손자는 전진, 또 전진하는 식의 저돌적인 용기는 평가하지 않는다. 건곤일척 (乾坤一擲), 부딪쳐 깨지라는 식의 용기는 '필부 (匹夫)의 만용 (蠻勇)'에 불과하다. 즉 기껏해야 우직한 사나이의 만용에 지나지 않는 것이다.

그러면 손자가 말하는 진정한 용기란 어떤 용기를 말하는 것일까? 그것은 승산이 서지 않거나 승리할 전망이 없다고 판단했을 때엔 단호히 철퇴하는 용기, 서슴지 않고 뒤로 물러날 줄 아는 용기인 것이다.

옛날부터 천하를 잡은 사람들은 철퇴의 결단이 빨랐다. 그것이 그들의 공통적인 특성이다.

결코 무리한 짓을 하지 않는다. 그 이상 밀어 보았자 승산이 없다고 판단을 내렸을 때에는 주저하지 않고 재빨리 후퇴하고 있다.

가령 진나라 왕조가 멸망한 뒤, 숙명의 라이벌로서 패권을 다툰 항우와 유방에서 유방의 경우가 그러했다. 이 두 사람은 처음에 항우 측이 압도적으로 우세해서 유방은 계속 지고만 있었다. 그러나 유방은 결코 무리한 싸움은 하지 않았다. 안되겠다고 판단하면 미련없이 후퇴해서 다음 전투에 대비하곤 했다. 그렇게 도망만 다니고 있던중에 차츰 항우 측에 피로가 나타나서 형세가 역전되어 갔다. 그러니까 유방의 승리는 후퇴의 승리라고 해도 과언이 아니다.

더구나 〈삼국지〉에 나오는 조조도 도망치는 걸음이 빠르기로 유명했다. 그는 〈손자병법〉을 깊이 연구하여 전투에 임했고 그 결과 승리를 거두었다. 승리한 이유는 역시 무리한 싸움을 하지 않은 데 있었다. 조조가 자기 일대에 북부 중국의 패자 (覇者)로까지 군림하게 된 이유는, 오로지 후퇴의 결단을 빨리 내리는 재능에 있다고 해도 과언이 아니다. 여기서 손자가 말하는 '용'

190

이란 바로 이러한 용기라는 것을 우리들도 기억해 두어야 한다.

또한, 손자가 지적하고 있는 지도자의 세 번째 조건은 '신'이다. 이 말의 본래 의미는 거짓말을 않는 것, 약속을 지키는 것이다.

'신'은 옛날부터 중국 사회에서는 인간으로서 최소한의 조건으로 간주되어 왔다. 태연하게 거짓말을 하거나 약속을 지키지 않는 그런 종류의 인간은 도저히 인간이라고 할 수 없는 존재였다.

그렇다면 왜 손자는 그토록 자명한 '신'을 일부러 지도자의 조건에 넣었을까? 그것은 아마도 '신'이 부하를 통솔하는 데에 중요하게 작용하는 것이기 때문이 아닐까? 왜냐하면 태연스럽게 거짓말을 하는 지도자에게는 부하가 따라오지 않는다. 그래서는 부하의 마음을 사로잡을 수가 없기 때문이다.

우리들이 자주 인간관계에서 실패하는 것은 이른바 '경솔하게 떠맡는 일'이 원인일 경우가 많다. 깊이 생각도 해 보지 않고 '알았다, 알았다'하고 고개를 끄덕여 놓고나서, 나중에 가서 그 얘기는 없었던 것으로 해달라고 하는 경우가 흔히 있다. 그렇게 하면 부하는 쫓아오지 않는다.

그것을 피하기 위해서 지도자는 항상 발언을 신중하게 하지 않으면 안 된다.

엄격함과 인의 배합

인(仁)만 있고 엄(嚴)이 없으면
기강이 해이해지고 조직에 긴장감이 없어진다.
그러므로 인으로 부하를 접하면서
엄을 세우고 유지해야 한다

손자가 말하는 지도자의 조건 가운데서 남은 것은 엄(嚴)과
인(仁) 두 가지이다.

'엄'이라고 하는 것은 엄격한 태도, 즉 신상필벌로 부하에게
임하는 것이다. 〈손자병법〉의 저자인 손무(孫武)에게 다음과
같은 유명한 에피소드가 있다.

언젠가 손무가 왕의 부탁으로 후궁 180명을 모아서 부인부대
(婦人部隊)를 편성하여 훈련하게 되었다. 180명을 두 개의 부
대로 나누어 왕의 총애를 받는 미녀 두 사람을 각 부대의 대장
으로 임명하고 호령에 대한 설명을 시작했다.

'우향우'라고 하면 오른쪽을 향한다. '엎드려'하면 땅에 납작
엎드린다고 되풀이해서 설명하고 나서 드디어 훈련에 들어갔
다.

그런데 북을 두드리며 호령을 걸어도 여관(女官)들은 킬킬거
리며 웃을 뿐 전혀 호령에 따를 생각을 안했다. 손무는,

"아, 내 잘못이다. 호령을 이해하지 못하기 때문이다."

하고 다시 한번 자세히 설명해 주고 나서 북을 울리고 호령을
걸었다.

"우향우!"

그러나 여인들은 또 다시 킬킬거리고 웃을 뿐 꼼짝도 않았다. 그러자 손무는,

"요전 번에는 내 설명이 잘못됐지만 이번에는 다르다. 전원이 호령을 이해했을 것이다. 호령대로 움직이지 않는 것은 대장의 책임이다."

하고 두 사람의 대장을 그 자리에서 즉각 참해 버렸다. 그리고는 새로운 대장을 임명하고 또 다시 훈련에 들어갔다.

그 결과는 어땠을까? 여인들은 이번에야말로 대장의 호령이 떨어지자마자 정연하게 행동하고 누구 한 사람 말하는 사람조차 없었다고 한다.

이것이 〈손자병법〉이 말하는 '엄'의 진수인 것이다. 부하를 통솔하는 데는 먼저 그러한 엄격한 태도가 필요하다고 〈손자병법〉은 힘주어 강조한다.

그러나 '엄'만으로는 명령에 따르게는 할 수 있어도 심복하게 할 수는 없다. '면종복배(面從腹背)'와 같은 사태가 종종 일어나게 된다. 그래서 필요하게 되는 것이 '인(仁)'이라고 손자는 생각한다. '인'이라는 말은 대단히 설명하기가 까다로운 말인데, 간단히 말하자면 배려해 준다는 의미이다. 상대에게 이해를 나타내보이는 것, 상대의 입장이 되어 생각해 주는 것이라고 해도 좋을 것이다.

어떤 부대에 매우 잘 통제된, 그리고 단결이 잘된 중대가 있었다고 한다. 그래서 그 중대장을 불러 부하의 통솔에 대해서 각별한 배려를 하고 있느냐고 물으니까, 중대장은 잠시 생각한 뒤에 다음과 같이 대답했다.

"별로 특별한 일을 하고 있지는 않지만, 저는 평소에도 애써 부하들과 대화를 많이 하고, 때에 따라서는 그들 가족들과도 연

락을 취할 수 있도록 하고 있습니다. 혹시 그것이 대원의 사기에 좋은 영향을 주고 있는지도 모릅니다."

그 중대장은 대화를 자주 함으로써 대원의 사기를 높이는 데 성공한 셈인데, 이러한 배려도 손자가 말하는 '인'이다.

또 한 가지 예를 들어 보기로 하자.

주은래(周恩來)에 관한 얘기인데, 홍콩의 어떤 대학에서 학생들이 중공 여행을 하고 돌아오면 열이면 열 명 모두 주은래의 신봉자가 되어서 돌아왔다. 그 대학은 사상적으로는 본래 반공(反共) 계통의 대학이니까, 대학생들도 중국 공산당의 정책에는 의문을 갖고 있었던 것이다. 그런데도 단 한 번이라도 주은래를 만나 얘기를 듣고 오면, 누구나 주은래의 지지자가 되어 버린다는 것이다.

수상직에 있던 주은래는 무척이나 바쁜 인물이었다. 그런데도 불구하고 조금씩 시간을 내서 학생들을 만나서, 더구나 그들의 의견에 열심히 귀를 기울여 주고, 의문이나 질문에도 일일이 친절하게 대답해 주었다. 일반적인 정치가라면 속임수를 쓰거나 교묘하게 회피하는 대목에서도 주은래는 성심성의껏 대답해 주었다는 것이다.

그것이 젊은 학생들의 마음을 사로잡은 것도 무리는 아니라고 그 대학 교수는 말하고 있었다. 대수롭지 않은 배려이지만 그것도 바로 '인'이라고 할 수 있다.

다만 '인'만 있고 '엄'이 없으면 조직에 해이한 구조를 가져 오게 된다. 기강이 해이해지고 조직에 긴장감이 없어진다. 그렇게 되지 않기 위해서는 '인'으로 부하를 접하면서, 한편으로는 '엄'을 유지해 나갈 필요가 있다. 요컨대 '인'만으로도 '엄'만으로도 안 되는 것이다. '인'과 '엄'의 밸런스를 어떻게 유지해 나가느냐 하는 것이 부하에게 임하는 지도자의 자세이다.

곡선사고의 권유

우선 상대방의 의견에 귀를 기울이고
체면을 깎지 않을 정도로 도망갈 길을
열어 주면서 주장을 펴라

인생을 살아가는 지혜라고 하면, '우회하는 것을 직선이라 생각하라'고 하는 계략이 있다.

우회하는 것은 거리, 시간적으로 멀리 돌아가는 것을 의미한다. 즉 공격할 때 성미 급하게 몰아붙이는 것이 아니라, 멀리 돌아가면서 결과적으로 빠르게, 그러면서도 확실하게 목적을 달성하는 방법이기도 하다.

예를 들면 헝클어진 실뭉치가 있을 때, 그 실을 풀려고 하면 누구나 무작정 잡아당기거나 하지는 않는다. 그렇게 하다가는 실이 점점 더 엉키게 된다는 것을 경험적으로 잘 알고 있기 때문이다. 그 실을 풀려고 하면 역시 충분한 시간을 갖고서 하나하나 매듭을 가려 나가는 외에 다른 방법이 없다.

인간관계에 대해서도 전적으로 같은 얘기를 할 수 있다. 뒤엉킨 인간관계를 제자리에 돌려 놓으려면 역시 충분히 시간을 들여 가면서 대처하지 않으면 안 된다. 어떤 일을 추진하거나 교섭을 할 때도 마찬가지로, 무작정 몰아붙이거나 급하게 성사시키려고 하면 오히려 만사를 망쳐 버리게 된다. 그런 때는 냉각 기간을 두고 돌려 가면서 차분하게 접근하는 것이 오히려 효과가 있는 것이다.

바로 이러한 행동을 손자는 '우회하는 것을 직선이라 생각하라'고 말하고 있다. 소위 '곡선사고(曲線思考)'라고 해도 좋다.

'곡선사고'라고 하면, 〈손자병법〉에는 또한 '궁한 적에게는 대들지 말라'는 말이 있다.

궁한 적이란 궁지에 몰린 것을 말하는 것으로, 그러한 적은 공격해서는 안 된다는 말이다. 왜냐하면 그런 식으로 나가다가는 적도 필사적으로 반격해 오므로 뜻하지 않은 손해를 입기 때문이다. 이미 언급한 바 있는 '싸우지 않고 이긴다'와 일맥상통하는 점이 있는 발상이다.

그렇다면 적을 궁지에 몰아넣었을 때는, 어떻게 하면 좋을까? 손자는 그 해답으로써 다음과 같이 말하고 있다.

'포위된 적에게는 반드시 도망갈 길을 열어 놓아라.'

즉 도망갈 길이 있다, 잘 하면 살 수도 있겠다 하는 생각이 들면 죽을 기를 쓰고 반격을 해 오지는 않을 것이라는 예측이다.

이것은 인간관계에도 그대로 들어맞는다. 아무리 상대방에게 잘못이 있다고 하더라도 고압적으로 꼼짝하지 못할 상태에 몰아넣으면 언제 어디서 그 원한을 되돌려 받게 될지 모른다.

몇년 전에 자기 운전사에게 '운전이나 해먹은 놈이!'하고 욕을 했다가 원한을 사서 칼에 맞아 죽은 사장이 있었다.

극단적인 예인지는 몰라도, 상대방을 도망갈 구멍도 없이 몰아세웠다가는 비슷한 일이 언제나 일어날 수가 있는 것이다. 꾸지람을 하더라도 도망갈 길만은 남겨 두라는 것이 〈손자병법〉의 '포위된 적에게는 반드시 도망갈 길을 열어 놓아라'는 말이 갖는 교훈이다.

사람들과 토론을 할 때도 마찬가지이다. 치밀한 논리를 펴서 완벽하게 상대방을 해치우고 기분 좋은 얼굴을 하고 있는 사람들을 종종 볼 수가 있다. 자기는 기분이 좋을지는 모른다. 그러나 패배를 당한 상대방 입장이 되어 봐라. 아무리 생각해도 좋은 결과를 기대할 수는 없을 것이다. 상대방의 지지를 얻지 못할 뿐더러 언제 어디서 복수를 당할지 알 수가 없다.

타인과 마찰을 일으켰을 때는 우선 상대방의 의견에 귀를 기울인다. 그리고 상대방의 체면을 깎지 않을 정도로 도망갈 길을 열어 주면서 주장할 것은 주장한다. 그러는 편이 오히려 잘 되어 나갈 수가 있다.

전국책(戰國策)에서
실천행동을 배운다

〈전국책〉의 '책(策)'이란 책략의 뜻으로, 전국시대의 책략을 기록한 책이다. 이 책은 주로 당시에 활약한 세객(說客)들의 언론 활동과 권모술수들을 총망라 해놓은 책이다.

전국시대에 패(覇)를 겨룬 진(秦), 제(齊), 초(楚), 한(韓), 위(魏), 조(趙), 연(燕)의 7강과 동주(東周), 서주(西周), 송(宋), 위(衛), 중산(中山) 등 12개국에 대해서 나라별로 구성하여 합계 33편으로 이루어져 있다.

뿐만 아니라 사마천이 〈사기〉를 집필할 때, 이 책에서 많은 자료를 빌어다 썼다.

원작자는 불명이나, 전한(前漢)의 유향(劉向)이라는 학자가 궁중의 장서(藏書)를 교정할 때, 〈국책(國策)〉, 〈국사(國事)〉, 〈단장(短長)〉이라는 명칭으로 보존되어 있던 여러 자료를 교정해서 33권으로 다시 편집하여 〈전국책〉이라고 이름 지었다.

일단 역사서 가운데 속해 있지만, 전편에 걸쳐서 이른바 책사(策士), 세객(說客)의 권모술수, 언론 활동, 행동으로 메워져 있다. 비교적 짧은 에피소드를 중심으로 구성되어 있어서 읽기가 쉽고 재미있다.

· 천 리를 가는 자는 9백 리를 절반으로 해야 한다. (秦策)
· 교활한 토끼는 세 가지 핑계를 갖고 있다. (齊策)
· 선비는 자기를 알아주는 사람을 위해 죽고,
  여자는 자기를 아름답다고 하는 사람을 위해 모습을 단장한다.
· 말을 꺼낸 사람부터 먼저 시작하라. (燕策)
· 닭 벼슬은 될지언정 소 꼬리는 되지 마라.
· 입술이 없으면 이가 시리다. (韓策)
· 기린도 늙으면 망아지가 앞선다.
· 대공(大功)을 이루는 자는 대중의 의견을 묻지 않는다. (趙策)
· 세 사람의 말(言)로 호랑이를 만들어낸다. (魏策)
· 바람소리는 쓸쓸하고 역수(易水 : 하북성의 강)는 차다.
  그래서 장사(壯士)는 한번 가버리면 다시 돌아오지 않는다. (燕策)

인간관계의 모든 것

한 치의 양보도 없이 서로 대치하여 싸움이 길어지면
이웃 나라만 어부지리를 얻게 된다

'중국의 고전은 응대사령 (應對辭令)의 학문이다'라고 갈파한 학자도 있는데, 그 중에서도 그 특징을 가장 뚜렷하게 갖고 있는 것이 〈전국책 (戰國策)〉이다.

응대사령이란 설득이나 교섭, 혹은 부하의 조정법 등 인간관계의 모든 것을 포함하고 있다. 〈전국책〉은 이러한 응대사령의 보고 (寶庫)라 할 수 있다.

공자가 자공 (子貢)이라는 제자로부터 지도자의 조건에 대해 질문을 받았을 때 맨 처음에 든 것이, '외국에 사신으로 나가서 군명 (君命)을 더럽히지 않는다'는 것이었다. 즉 지도자란 외교교섭차 외국에 나가서 훌륭하게 국민의 여망에 부응할 수 있는 인물이 아니면 안 된다는 말이다.

외교교섭을 성공시키기 위해서는 당연한 얘기지만, 응대사령을 습득하고 있지 않으면 안 된다. 따라서 사회의 지도적 입장에 서 있는 경영자나 관리자가 교섭의 장 (場)에 임해서 주어진 직책을 다하려면, 적어도 〈전국책〉 정도는 읽어 둘 필요가 있을 것이다.

〈전국책〉은 결코 딱딱하고 재미없는 책이 아니다. 전국시대의 역사서로 그 시대에 활약한 세객(說客)들의 생생한 에피소드를 모아 놓은 책이다.

지금부터 2천수백 년 전에 중국은 바로 약육강식(弱肉強食)의 전국시대로 천하의 통일을 목표로 삼고 피비린내나는 무력항쟁을 계속하고 있었다. 그러나 그 한편으로는 각국 모두 활발한 외교교섭을 전개해서 생존을 도모했다. 그 당시의 이러한 외교교섭은 '세객'이라고 불리운 사람들이 담당하였다.

세객들은 우선 각국의 왕에게 유세(遊說)해서 자신의 가치를 인식시켜 자신을 파는 데 성공해야만 비로소 활약할 수 있는 기회가 주어진다.

운좋게 화려한 외교교섭의 무대에 등장해도 교섭에 실패하면 당장 실각당하게 된다. 그러므로 지위를 유지하기 위해서는 어떻게든 교섭을 성공시키지 않으면 안되었다.

그렇기 때문에 그들은 진지했고, 상대방의 설득에 갖가지 수법을 동원하게 되었다. 또한 그들의 변설에는 상대를 설득하지 않으면 안 된다는 박력감이 있었다.

전국시대에는 이러한 세객들이 수천 수만 명씩 세치 혀끝의 변설만으로 난세를 휘젓고 다녔던 것이다. 그 활약상을 기록한 것이 〈전국책〉이다.

우선 유명한 얘기부터 소개해 보기로 하겠다.

조(趙)나라가 연(燕)나라를 공격해 들어가려고 하던 때의 일이다. 소대(蘇代)라는 세객이 연나라 임금의 의뢰를 받고 조왕의 설득을 위해 찾아갔다.

"이곳에 오는 도중에 이수(易水)를 건너왔는데, 마침 모래 위에 무명조개가 나와 있었습니다. 그 곳에 도요새가 날아와 그 조갯살을 쪼아댔습니다. 그때 조개는 껍질을 꽉 닫아서 도요새의 주둥이를 물었습니다. 도요새가 '이 녀석, 2, 3일 비가 안 오

202

면 너는 죽는다'하고 소리쳤습니다. 그러자 조개도 지지 않고
대꾸했습니다. '무슨 소리를? 이대로 가면 너야말로 황천행이
다'하고 소리쳤습니다.

　서로 대치해서 한 치도 양보하려고 하지 않았습니다. 그때 그
곳을 지나가던 어부가 와서 두 놈 모두 잡아 버렸습니다.

　자, 이 나라는 지금 연나라로 쳐들어가려 하고 있습니다. 그
러나 싸움이 길어져서 국력이 바닥나면 이웃나라 진(秦)이 어
부지리를 얻게 될 것입니다. 제발 부탁이오니 그런 사정을 잘
생각해 주십시오."

　조나라 임금은,

　"과연 그렇겠구나. 잘 알았다."

하며 연나라에 대한 공격을 중지했다고 한다.

　이 얘기에서 '어부지리'라는 말이 생겨났는데, 그런 교묘한
예를 들어가며 목적한 대로 상대를 설득하는 데 성공한 것이 이
책의 특색이라 할 수 있다.

　상대방에게 무엇인가를 부탁할 경우, 대개 굽신거리며 부탁
해도 그다지 효과가 없다. 교섭을 잘 하는 사람은, 이렇게 이렇
게 하면 상대방에게도 구체적인 이익이 있다는 것을 나타내면서
어느새 상대방에게 그런 마음을 갖게 한다고 한다.

　조나라의 임금을 설득한 소대의 방식은 그 전형이라 할 수 있
을 것이다. 〈전국책〉에는 이러한 응대사령의 극치가 많이 소개
되어 있다.

의표를 찌르는 설득법

자기의 분수를 모르거나 기본방침을 그르치면,
아무리 노력을 해도, 노력하면 할수록
목적으로부터 멀어져만 간다

  사람을 설득하는 데는 여러 가지 방법이 있다. 그 하나는 상대의 의표를 찌르는 방법이다. 즉, 엉뚱한 말을 해서 상대의 관심을 끈 뒤에 서서히 본론으로 들어가는 방식이다.

  이 방식은 특히 설득이 곤란한 상대에게 효과를 발휘하는 경우가 많다. 세객들도 흔히 이 방법을 사용해서 목적을 달성시키고 있다.

  제(齊)나라 재상에 정곽군(靖郭君)이라는 사람이 있었다. 그는 설(薛)이라는 곳에 영지(領地)를 갖고 있었는데, 그곳에 자신의 성을 쌓으려고 했다.

  그러자 그에게 몸을 의탁하고 있던 세객들이 교대로 찾아와서는 공사를 중지하도록 진언했다. 귀찮게 생각한 정곽군은 비서에게,

  "이젠 손님이 와도 면회는 일체 사절이다."
라고 말하였는데 그때 한 사람의 세객이 찾아와서 면회를 신청했다. 그는,

  "세 마디만 하겠소. 그 이상 말하면 나를 가마솥에 넣고 삶아도 좋소."

하고 물러가지 않고 있었다.

"재미있는 녀석이로군."

정곽군은 아마 그렇게 생각했던 모양이다. 그래서 만나 보기로 했다. 세객은 종종걸음으로 뛰어 들어와서,

"바다, 큰, 물고기."

하고는 뛰어나가려 했다.

분명히 세 마디였다. 그러나 그것만으로는 무슨 소린지 도무지 알 수가 없었다.

"기다리게!"

정곽군이 엉겁결에 소리치자 그 사나이는,

"나는 억울하게 죽기는 싫습니다."

하고 물러나려 하자 정곽군은 그 세객과 정식으로 마주 앉았다.

그러자 세객은 이렇게 대답했다.

"큰 물고기에 대해서는 알고 계시겠지요? 너무나 크기 때문에 망에 걸리지를 않습니다. 낚시로 낚을 수도 없습니다. 그러나 그렇게 큰 물고기도 물에서 나오면 한낱 벌레의 먹이에 불과합니다. 제나라는 당신에게는 물과 마찬가지입니다. 그것만 잘붙잡고 있으면, 설에 성을 쌓는다고 하더라도 아무런 소용이 없습니다."

"과연 그렇구나."

정곽군은 그렇게 말하고 성을 쌓는 일을 단념했다.

세객이 말하려고 한 것은, 자신의 분수를 모르다가는 파멸을 맞이한다는 것인데, 그러나 이 이야기의 흥미는 독특한 설득 방법에 있다.

'바다, 큰, 물고기' 등과 같은 기발한 말을 해서 상대방의 관심을 끌고 서서히 본론으로 들어가는, 소위 오늘날 광고에 있어서의 선전 문구와도 같은 수법인 것이다.

위나라 안리왕이 이웃 조나라를 공격하려던 때의 일이다.

위(魏)의 계량(季梁)이라는 세객은 우연히 그때 제국 유세(諸國遊說) 여행중에 있었는데, 그 소문을 듣자 황급히 귀국해서 안리왕에게 면회를 요청했다.

계량은 어떻게 해서라도 그 전쟁을 중지시키려고 생각하고 있었으나, 그도 설득의 명수로서 처음에는 그런 눈치를 전혀 보이지 않았다. 계량은 안리왕을 만나자 우선 이런 예를 들면서 얘기를 시작했다.

"지금 귀국하는 길에 한 사람을 만났는데, 마차를 북쪽으로 달리면서 '초나라로 가는 길'이라고 말했습니다. '남쪽인 초나라를 가는데 왜 북으로 향하고 있느냐?'하고 물었더니, 그는 '말이 뛰어나게 잘 달린다'고 대답하는 것이었습니다. '좋은 말인지는 모르지만 길을 잘못 들었다'하고 말했더니, '여비도 넉넉하다'고 말했습니다. '그럴지는 모르지만 길을 잘못 들었다니까'하고 거듭 충고했더니, 그는 '좋은 마부가 붙어 있다'고 대답했습니다. 그렇게 조건이 갖추어져 있으면 점점 초에서 멀어질 뿐입니다."

안리왕이 무심결에 바짝 다가앉자 계량은 서서히 본론으로 들어갔다.

"그런데 지금 임금님은 천하의 신뢰를 얻어 패왕(覇王)이 되어 천하를 호령하려고 생각하고 계십니다. 나라가 크다는 것과 군사가 강하다는 것을 믿고서, 이웃 나라를 공격하고 영토를 확장하여 명성을 얻으려 하고 있습니다. 그러나 지금 여기서 섣불리 움직인다면 그만큼 패왕의 길에서 멀어질 것입니다. 그것은 마치 초나라로 가려고 하면서 역(逆)방향인 북쪽으로 마차를 달리게 하고 있는 것이나 마찬가지 아닙니까?"

안리왕은 그 설득으로 조나라를 공격하는 것을 단념했다는 것이다.

계량의 이야기는 기본방침을 그르치면 아무리 노력을 해도, 아니 노력하면 할수록 목적으로부터 멀어져 간다는 것을 깨우쳐 주고 있다.

우리들도 자칫하면 이와 같은 과오를 범하기 쉽다. 기업경영에 있어서도, 인생을 살아가는 데 있어서도 끊임없이 기본방침의 확인을 게을리해서는 안 된다. 그렇지 않으면 모처럼의 노력도 허사로 돌아가기 십상이다.

이것은 차치하고라도 교묘한 예로 상대의 관심을 끈 계량의 얘기도 의표(意表)를 찌르는 설득법의 전형이라 할 수 있다. 실제로는 그처럼 일이 원만하게 풀리는 경우가 적을지는 모르지만, 유효한 설득법임에는 틀림없다.

부하들의 사기를 올리는 법

우신 상대를 이해하고
그 심정이나 장점을 귀하게 여길 때
상대의 의욕은 되살아나기 마련이다

인간관계의 미묘성을 다른 각도에서 얘기하고 있는 것이, '선비는 자기를 알아 주는 사람을 위해 죽는다'는 말이다.

선비, 즉 훌륭한 인물이라고 하는 것은 자신을 이해해 주는 사람을 위해 목숨을 던진다는 것이다. 이 말의 출전도 〈전국책〉인데, 그것을 뒷받침해 주는 배경으로 다음과 같은 이야기가 있다.

진(晉)나라에 예양(豫讓)이라는 사람이 있었다. 예양은 처음에 범씨(氾氏), 중행씨(中行氏)라는 중신(重臣)을 섬겼는데, 높은 자리에 등용되지는 못했다.

그러다가 지백(智伯)이라는 중신을 섬기게 되면서 높은 자리에 등용되었다.

그러나 예양의 주인이 된 지백은, 세력 싸움을 한 결과 역시 중신인 조양자(趙襄子)라는 사람에게 살해되기에 이른다. 그 무렵에 진나라에서는 중신끼리의 세력 싸움이 치열해서 툭하면 서로를 죽이곤 했다.

그런데 주인을 잃은 예양은 산 속으로 도망쳐 들어가서,

"아아, 선비는 자기를 알아 주는 사람을 위해 죽고, 여자는

자기를 아름답다고 하는 사람을 위해 단장(丹粧)을 한다. 주군의 원한은 반드시 풀고 말겠다."
라고 말하며 복수를 맹세했다.

　얼마 뒤 예양은 이름을 바꾸고 조양자의 저택에 잠입해서 화장실 벽을 바르면서까지 암살의 기회를 노리고 있었다.

　어느 날 조양자가 화장실에 들어가려다가 문득 가슴이 섬뜩함을 느꼈다. 벽 칠하는 일꾼을 잡아서 문초해 보니 그의 도구 안에는 칼이 숨겨져 있었다. 그가 바로 예양이었다.

　죽은 망군(亡君)의 원한을 풀기 위해서 그랬다고 했다. 그러자 조양자의 측근은 예양을 그 자리에서 참(斬)하자고 했다.

　그러나 조양자는 그것을 제지했다. 그리고는

　"이 사람은 의사(義士)이다. 나 혼자 조심하면 그것으로 족하다. 지백은 이미 죽어 자손이 없는데, 가신(家臣)이 원수를 갚으려 하다니 훌륭한 사람이 아닌가?"
하고 방면(放免)했다고 한다.

　이 에피소드를 보면 조양자도 꽤나 통이 큰 인물이었던 것 같다.

　한편, 방면된 예양도 보통 사람이 아니었다. 이번에는 몸에 옻을 칠하고 문둥이로 변장한 뒤 수염을 깎고 눈썹을 밀어 버린 다음, 숯을 먹어 목소리까지 쉬게 하고 거지노릇을 하면서까지 조양자의 목숨을 노렸다.

　어느 날 조양자가 외출을 했다. 그것을 예양이 다리 초입에서 기다리고 있었다. 조양자가 다리에 들어서자 말이 놀라서 껑충 뛰었다.

　"분명히 예양일 것이다."

　그렇게 생각한 조양자가 부하를 풀어 수색했더니, 아니나 다를까 그것은 바로 예양이었다.

한 번 용서했던 조양자도 이번에는 얼굴을 마주보며 예양을 꾸짖었다.

"너는 옛날에는 범씨, 중행씨도 섬기지 않았느냐? 그들을 멸한 것은 지백이었다. 너는 그 원수를 갚기는커녕 맹세를 하고 지백을 섬겼다. 그런데 왜 지백의 원수만을 갚으려고 하는 거냐?"

이에 대해 예양은 이렇게 대답했다.

"범씨, 중행씨를 섬기기는 했지만 대우는 평범했다. 그래서 평범하게 보답했다. 그러나 지백은 선비로서 대해 주었다. 그래서 나도 선비로서 보답하고 있는 것이다."

이 말에 예양의 심리가 남김없이 나타나 있다고 해도 과언이 아니다.

이 말을 듣자 조양자는 자기도 모르게 탄식했다.

"예양이여, 이미 지백에 대한 이유는 섰다. 나로서도 용서할 만큼은 용서했다. 각오해라. 더 이상은 용서할 수 없다."

주위의 병졸이 예양을 둘러쌌다. 예양도 최후를 각오하고 조양자에게 마지막 말을 남겼다.

"당신은 나를 한 번은 용서해 주었다. 천하의 인심은 모두 한결같이 당신을 칭찬하고 있다. 지금은 나도 기꺼이 죽겠다. 다만 그 전에 당신의 옷을 얻어서 그것을 베고 싶다. 그렇다면 죽어서도 여한이 없겠다."

조양자는 그 의기에 감동되어 옷을 벗어 주었다. 예양은 칼을 뽑아들고 기합소리와 함께 뛰어올라 세 번 내려 치고나서,

"이것으로 지백의 은혜에 보답했다."

하고는 칼로 자기 목을 찔러 자결했다고 한다.

이것이 '자기를 알아 주는 사람을 위해 죽는다'는 얘기에 관련된 에피소드이다.

예양이 섬기고 복수를 맹세한 지백은, 원래 그다지 평판이 좋은 인물은 아니었다.

그가 조양자에게 멸망한 것은 자업자득이라고 해도 과언이 아닐 것이다. 예양은 그런 사람을 위해 목숨을 버리면서까지 원수를 갚으려고 했다. 예양을 그렇게까지 행동하게 한 것은 무엇일까? 지백이 자기를 이해해 주었고, 선비로서 대접해 주었다는 뜨거운 추억이었음에 틀림이 없다.

현대의 인간관계는 확실히 메말라가고 있다. 그러나 샐러리맨도 될 수 있으면 자기를 이해해 주는 상사 밑에서 일하고 싶어한다는 것은, 예나 지금이나 다를 바가 없다.

우선 상대를 이해하고 그 심정이나 장점을 귀하게 다루어 준다는 것, 그것이 부하의 의욕을 이끌어내는 것과 관련이 된다. 예양은 바로 이 사실을 우리들에게 시사해 주고 있는 것이다.

말을 꺼낸 사람부터 먼저 시작하라

먼저 예를 다해서 상대를 섬기고
겸허하게 가르침을 받으시오. 그러면
자기보다 열 배 나은 인재가 모여들 겁니다

'말을 꺼낸 사람부터 먼저 시작하라.'

무엇인가 일을 시작하려면 우선 말을 꺼낸 당사자부터 시작하라. 한 걸음 더 나아가서는 우선 손 가까운 것부터 시작하라는 뜻이다.

전국시대에 지금의 북경 근처에 연 (燕)이라는 나라가 있었다. 연나라는 이웃 제나라의 공격을 받아 대패를 맛보았다.

그 전란 (戰亂)의 시대에 즉위한 것이 소왕 (昭王)이라는 임금이었다. 그는 어떻게 해서든지 나라를 재건하여 패전의 치욕을 씻으려고 마음 먹었다.

그러기 위해서는 우선 훌륭한 인재를 구하지 않으면 안 되었다. 그래서 소왕은 현인으로 이름이 자자한 곽괴 (郭隗)라는 인물을 초청해다가 의논을 했다.

"우리나라는 내란이 일어난 틈에 제나라의 공격을 받아서 패배했소. 그 치욕을 씻고 싶은데 작은 나라의 서글픔, 역부족은 어찌할 수가 없소. 이번 기회에 인재를 모아서 그 협력을 얻어 선대 (先代)의 치욕을 씻으려고 하는데 그 점에 관해서 선생의 의견을 듣고 싶소."

212

그러자 곽괴의 대답은 이러했다.

"예로부터 제왕(帝王)은 훌륭한 보좌역을 갖고 있습니다. 또한 왕자는 훌륭한 친구를, 패자(覇者)는 훌륭한 부하를 갖고 있습니다. 그러나 멸망시키는 왕은 쓸모없는 부하들에게 둘러싸여 있습니다. 인재를 모으겠다고 하셨는데 그것에는 몇 가지 방법이 있습니다.

먼저 예를 다해서 상대를 섬기고 겸허하게 가르침을 받으십시오. 그렇게 하면 자기보다 백 배 훌륭한 인재가 모여들 것입니다. 다음으로 상대에게 경의를 표하고 그의 의견에 잠자코 귀를 기울이십시오. 그렇게 하면 자기보다 열 배 나은 인재가 모여들 것입니다. 상대와 대등하게 행동하면 자기와 비슷한 인간밖에는 모이지 않습니다. 의자에 기대어 앉아서 지팡이를 짚고 옆눈으로 지시를 하면 하급 관리급의 인간밖에는 모여들지 않습니다. 머리 너머로 욕이나 하면 하인배 정도밖에는 모이지 않습니다.

이상이 인재를 모이게 하는 마음가짐입니다. 널리 국내의 인재를 골라서 가르침을 받으면 그 소문이 퍼져 천하의 인재가 앞을 다투어 몰려들 것입니다."

곽괴는 이렇게 대답했던 것이다.

이런 곽괴의 의견과도 관련되지만, '야랑자대(夜郎自大)'라는 말이 있다.

옛날 한왕조 시대의 중국대륙의 남쪽 한 구석에 '야랑'이라는 작은 나라가 있었다.

어느 날 그 나라에 한왕조(漢王朝)의 사자가 들렀더니, '야랑'의 왕이,

"우리나라와 한나라와는 어느 쪽이 더 크냐?"

고 사자에게 물었다고 한다.

이 얘기에서 밖에 넓은 세계가 있는 것을 모르고 좁은 세계 속에서 으스대고 앉아 있는 사람을 '야랑자대'라고 부르며 놀려 대게 되었다.

바꾸어 말하면, '우물 안 개구리는 대해(大海)를 모른다'는 식이다.

곽괴가 말하고 있는 것도 바로 그것으로, 지도자는 '야랑자대'가 되어서는 안 된다, 즉 골목대장이 되어서는 안 된다는 뜻이다.

얘기가 다른 곳으로 흘렀는데, 곽괴는 인재를 모으는 비결에 대해서 다음과 같이 말했다.

"이런 얘기를 들은 적이 있습니다. 옛날에 어느 나라의 임금님이 천금을 걸고 하루에 만리를 달릴 수 있는 준마(駿馬)를 사방으로 구했습니다. 그런데 3년이 걸려도 손에 넣을 수가 없었습니다. 그때 한 명의 신하가 '제가 찾아오겠습니다'하고 나섰습니다. 그래서 임금은 그 사람에게 그 일을 맡겼습니다. 그리고나서 3개월 뒤, 그 사람은 준마의 거처를 알아내서 찾아갔더니 말은 이미 죽어 있었습니다. 그는 말의 뼈를 5백금으로 사들인 뒤 돌아와서 왕에게 보고했습니다. 왕은 화를 내며 그를 꾸짖었습니다."

'내가 원하는 것은 살아 있는 말이다. 죽은 말에 5백금을 내는 바보가 어디 있겠느냐?'

그러자 그는 이렇게 대답했습니다.

'죽은 말조차 5백금에 샀는데, 살아 있는 말이라면 훨씬 더 비싼 값에 사 줄 것이다 라고 틀림없이 소문이 날 것입니다. 그러면 말은 곧 모여들 것입니다.'

왕이 그 말대로 따른 즉, 과연 일 년도 안되는 사이에 천하의 준마가 세 마리나 모여들었다고 합니다.

214

자, 임금님도 진심으로 인재를 모으시려거든 먼저 나, 즉 곽
괴부터 시작해 주십시오. 저같은 것이라도 잘 대해 주신다고 소
문이 나면, 보다 훌륭한 인재들이 천리 길을 멀다 않고 찾아들
것입니다.

일리가 있다고 생각한 소왕은 즉시 곽괴를 최고 고문으로서
맞아들여, 스승으로 모시고 가르침을 받았다. 그러자 각국으로
부터 인재가 모여들기 시작했다.

소왕은 그 인재들의 협력으로 순조롭게 제나라를 보복할 수
있게 되었다고 한다.

이것이 '말을 꺼낸 사람부터 먼저 시작하라'는 말의 배경이
다.

성장기에는 조직의 비대화란 허용되지 않는다. 사원만 하더
라도 양보다는 질이 문제가 된다. 질이 좋은 사원을 확보하는
것, 그것이 바로 기업의 생존과 직결된다.

끈질긴 흥정술

흥정의 특징은
인간이 지닌 약점을 간파하고
손익의 수읽기를 몸에 익히는 것이다

응대사령 가운데는 당연히 흥정술도 포함된다. 흥정이라고
하면 지저분한 방법이라고 받아들이기 쉬운데, 흥정술에 뛰어
나지 않으면 사실 각박한 경쟁사회를 살아갈 수 없는 것이다.

전국시대에 활약한 세객들도 그러한 끈질긴 흥정술을 소위 생
활의 지혜로 몸에 익혀 왔다. 그런데 그 수많은 세객 가운데서
가장 흥정에 능한 사람이 장의(張儀)라는 세객이다.

나중에 장의는 국제정치의 무대에서 종횡무진으로 활약을 하
게 되는데, 젊었을 때의 일화로 다음과 같은 것이 있다.

초나라의 회왕(懷王)이라는 임금에게 유세를 갔을 때의 일이
다.

젊은 세객의 진언 따위가 쉽사리 받아질 리가 없었다. 장의의
생활이 궁핍해지자 동행해 간 하인도 도망쳐 버리는 판국이었
다.

한편, 회왕은 여자를 좋아해서 그 무렵 남후(南后)와 정수
(鄭袖)라는 두 미녀를 총애하고 있었다. 그것에 눈독을 들인 장
의는 하나의 계략을 품고 회왕과 회견했다.

"임금님께서는 저를 쓰실 마음이 없는 것 같으므로, 이곳을

216

떠나서 진나라에 가볼 생각입니다."

"그것 참 좋은 생각이구나."

"그래서 말씀입니다만, 진나라에는 임금님께서 원하는 것은 없습니까?"

"우리나라에는 황금, 혹, 코뿔소, 코끼리 등 무엇이든지 다 있다. 원하는 것은 없다."

"여인도 싫으십니까?"

"무슨 말이냐……?"

"진나라에서 보는 여인들의 아름다움은, 타관에서 온 사람에게는 마치 선녀가 내려 온 것처럼 보입니다만……"

"우리나라는 외진 곳이라서 그런 미인과는 인연이 멀다. 꼭 그곳 여인들을 안아보고 싶구나."

회왕은 미인이라는 말에 혹했다. 대뜸 장의에게 충분한 자금을 주고서 미녀의 조달을 의뢰했다.

남후와 정수 두 미녀는 그 얘기를 듣고는 제 정신이 아니었다. 그런 미인들을 데려왔다가는 총애가 당장 없어질 것이 아니냐고 불안해 했다.

남후는 시기를 놓칠세라 장의에게 사자를 보내어,

"근간 진나라로 여행을 가신다니 여기 황금 천근을 보내오니 아무쪼록 노자에 보태 쓰십시오."

하고 회유책으로 나왔다.

정수도 또한 '잘 부탁합니다'하고 황금 5백 근을 보내 왔다.

장의는 주머니가 두둑해지자 다시금 회왕을 만나 작별 인사를 한다.

"각국 모두 통행을 엄격히 제한하고 있는 오늘날 언제 다시 만나뵐 수 있을지 모르겠습니다. 그러니 작별의 잔을 받고 싶습니다."

"그것도 좋지."

회왕은 잔을 내렸다. 장의가 기회를 보아 말을 꺼냈다.

"둘만으로는 쓸쓸합니다. 누군가 마음에 드는 분에게 한 잔 따라 달라고 부탁하면 안되겠습니까?"

"그것도 그렇겠구나."

회왕은 남후와 정수를 불러서 술을 따르라고 명했다.

그러자 장의는 한순간 깜짝 놀라는 듯해 보이며 황송한 체하면서 말을 꺼냈다.

"주책없는 말씀을 제가 드린 것 같습니다."

"그게 무슨 말이냐?"

"저는 여러 나라를 다녀 보았으나 이처럼 아름다운 분을 뵌 것은 처음입니다. 그런 줄도 모르고 미인을 데려 온다는 둥 헛소리를 했습니다."

"좋아, 좋아. 신경쓰지 말아라. 나도 사실은 이 두 사람만한 미인은 없다고 생각하고 있으니까."

이렇게 해서 장의는 밑천도 들이지 않고 또 아무런 대가도 약속하지 않고 엄청난 대금을 주머니에 넣었다. 더군다나 그것으로 회왕도 만족하고 두 사람의 애첩도 만족해 하고 있으니, 이 얼마나 날렵한 흥정인가?

장의는 후에 국제정치의 무대에 등장하고 나서도 가끔 그러한 흥정을 성공시켜 거물 책사(策士)란 이름을 얻었다.

장의의 흥정술의 특징은 인간이 지니고 있는 약점을 정말로 잘 읽고 있다는 점이었다.

회왕 이야기에서도, 여자를 좋아하는 회왕의 약점뿐만 아니라 여자의 약점까지도 제대로 읽고 있다. 흥정술에 숙달하려면, 이러한 깊은 수읽기를 몸에 익히지 않으면 안 된다. 이것이 바로 지도자에게 걸맞는 자질이 아닐까?

218

인간관계의 미묘성

눈이나 부릅뜨고 실패를 책망하는
도량이 좁은 지도자에게는 부하가 따르지 않으므로
윗사람에게는 관용이 필요하다

인간관계에 어떻게 대처하느냐 하는 문제도 또한 오래된 것이
면서 새로운 문제이다. 이것을 그르치면 남의 원망을 사게 되
고, 뜻하지 않은 때에 봉변을 당할 수도 있다.

특히 사람들 위에 서 있는 지도자는 인간관계의 미묘성을 파
악하고 있을 필요가 있다. 그렇지 않으면 부하를 능숙하게 부릴
수 없을 것이며, 직무도 원활하게 진행시킬 수 없다.

전국시대에 중산(中山)이라는 작은 나라가 있었다. 중산의
국왕이 어느 날 국내의 명사들을 초대해서 연회를 베풀었다.

그런데 우연히 양(羊)의 수프가 부족해서 전원에게 돌아가지
않았다. 못 얻어 먹은 사람들은 그것을 섭섭하게 생각해서 초나
라로 도망가 초나라의 왕을 충동질해서 중산을 공격하게 했다고
한다.

초는 대국이니까 공격을 당하면 중산 같은 나라는 견디어 낼
수가 없다. 중산의 왕은 할 수 없이 국외로 탈출을 시도했다.

그러자 칼을 든 두 사람이 왕의 뒤를 쫓아오는 것이 아닌가?
왕이 돌아다보며,

"누구냐?"

하고 소리치니까 이런 대답이 돌아왔다.

"옛날 임금님께서 한 그릇의 음식을 베풀어 굶어 죽을 것을 면한 사람이 있었습니다. 저희들은 그 사람의 자식입니다. 부친은 임종 때 '중산에 일이 생기면 죽음으로써 은혜를 보답하라'고 말씀하셨습니다. 지금이야말로 은혜를 갚을 때라 생각하고 달려 온 것입니다."

중산의 왕은 자신도 모르게 이렇게 말한 뒤 탄식했다고 한다.

"얼마 안되는 음식이라도 상대가 곤궁할 때 베풀면 효과가 크다. 반면, 하찮은 원한이라도 상대의 마음에 상처를 주면 지독한 복수를 당한다. 나는 한 그릇의 수프 때문에 나라를 잃고 한 그릇의 음식으로 용사 두 사람을 얻었노라."

이 한탄은 현대에서도 그대로 적용된다. 바로 인간관계의 미묘성에 관한 말이 아닌가?

또 하나 소개하고 싶은 것은, 유명한 맹상군(孟嘗君)에 관한 이야기이다.

맹상군은 제나라의 재상을 지낸 인물로, 국제적으로도 명망이 높았던 정치가이다. 그의 저택에는 많은 식객들이 있었는데, 그 가운데 맹상군의 첩과 내통하고 있는 자가 있었다.

그것을 알게 된 가신(家臣) 한 사람이 맹상군에게 이렇게 말했다.

"식객 주제에 주군의 첩과 내통한다는 것은 있을 수도 없는 일입니다. 즉각 칼로 쳐야 합니다."

그러나 맹상군은,

"내버려 둬라. 아름다운 여인에게 끌리는 것은 인지상정이 아니겠느냐?"

하고 상대를 하지 않았다.

그렇게 해서 1년이 지나갔다.

어느 날 맹상군은 자기 첩과 내통하고 있는 식객을 불러 들였다.

"모처럼 내 집을 찾아주었는데, 지금까지 좋은 자리를 마련해주지 못해 참으로 미안스럽게 생각하고 있었다. 그렇다고 하급 관리 정도로는 그대도 만족할 수 없을 것이다.

그런데 나는 위나라 왕과는 친밀한 관계이다. 어떤가? 지금부터 거마(車馬)비를 마련해 줄 테니 위나라에 가서 사관(仕官)해 볼 생각은 없는가?"

이윽고 식객은 위나라로 가서 그곳에서 중요한 위치까지 오르게 되었다.

문제는 그 후일담이다.

제(齊)와 위(衛)의 국교가 단절되고 위나라 국왕은 다른 나라들과 손을 잡고 제를 공격하려고 했다. 그때 문제의 식객이 위의 국왕을 만류하게 되었던 것이다.

"제가 이렇게 임금님을 섬기고 있는 것은 맹상군이 이 못난 저를 추천해 준 덕분입니다. 그리고 옛날에 위 두 나라의 선왕(先王)은 자자손손 서로 칼을 겨누지 않겠다고 맹세했다고 합니다. 그런데도 임금님은 지금 여러 나라와 힘을 합해서 제나라에 공격을 가하려 하고 있습니다. 그것은 선왕의 서약에도 위배되고, 또한 맹상군과의 우정도 배신하는 것이 됩니다. 제발 소원이니 제를 공격하는 것을 중지해 주십시오. 그렇지 않으면 지금 여기서 임금님을 찌르고 저도 죽겠습니다."

위의 국왕은 식객의 목숨을 건 설득 때문에 제의 공격을 단념하고 말았다.

제나라 사람들은 그 말을 듣고

"맹상군은 참으로 멋지게 일을 처리했다. 화(禍)를 바꿔 복(福)으로 만들었다."

하고 얘기들을 했다고 한다.

요컨대 사람들 위에 서는 인간은 관용의 정신이 필요하다는 것을 말하고 있는 것이다. 분명히, 눈을 부릅뜨고 실패를 책망하는 도량이 좁은 지도자에게는 부하들이 따르지 않는 법이다.

육도삼략(六韜三略)에서
경영전술을 배운다

　〈육도〉라는 책은 태공망(太公望), 즉 주나라 건국 공신인 여상(呂尙)의 비전의 병법서라고 알려져 오고 있는데, 내용면에서 볼 때는 사상적인 일관성은 없지만, 그 당시의 실전(實戰)에는 상당히 도움이 되었다고 한다. 따라서 이 책은 〈실용군사서(實用軍事書)〉라고 해도 좋을 것이다.

　그리고 이 책은 육도, 즉 문도(文韜), 무도(武韜), 용도(龍韜), 호도(虎韜), 표도(戍韜), 견도(犬韜)의 6편으로 이루어져 있는데, 여기서 〈도(韜)〉라는 말은 비결이라는 뜻이다.

　우리나라에서는 〈육도〉와 〈삼략〉이 함께 읽혀져 왔는데, 〈삼략〉은 한나라 고조 때 종군한 명참모 장량(張良)이 활용했다고 전해지는 병법서이다. 이 책은 상략(上略), 중략(中略), 하략(下略)의 3편으로 이루어져 있다.

　따라서 이 2권은 오늘날의 기업 전쟁에도 활용할 수 있는 전법을 제시해 준다.

- 적국(敵國)의 군주가 신뢰하는 신하에게 접근하거나,
  혹은 매수하여 군주와 대립시켜라.(武韜篇)
- 여자를 접근시켜 보아서 그 인물의 성실성을 관찰하라
- 곤란한 임무를 맡겨 보아서 용기가 있는가 어떤가를 관찰하라.
- 상대방을 거스리지 않고 방심하게 한 다음 그 실책에 편승하라.
- 부드러움과 굳셈을 겸비하면 국위는 점점 더 빛나고,
  약함과 강함을 겸비하면 국운은 점점 더 성해진다.
- 승리를 가져오는 장수는, 예장(禮將)과 역장(力將)과
  금욕장(禁欲將)의 세 가지 형이 있다.(龍韜篇)
- 인간과 하늘의 뜻과의 관계는 마치 물고기와
  물의 관계와 같다.(上略篇)

인간 본성을 파악하는 방법

이해의 정도와 순간의 반응을 관찰하고
성실과 도덕, 정직과 용기의 심성을 파악하여
그의 태도를 관찰한다

장수를 선발하는 데 있어, 뭇사람 속에서 뛰어난 자를 선발하고 훈련을 더해서 임명하는 것이 원칙이겠으나, 그 인물의 고하(高下)를 구별하려면 겉모양과 내실(內實)이 일치하지 않는 것을 구분해야 한다.

• 얼른 보기에는 현자 같으나 실제에 있어서는 생각이 없고 착하지 못한 자.

• 겉으론 온화하고 선량해 보이나 실제에 있어서는 도적질하는 자.

• 겉모양은 공경하는 척 하지만 실제에 있어서는 교만한 자.

• 매우 겸손하고 삼가는 것처럼 보이지만 마음 속으로 공경하는 뜻이 없는 자.

• 물처럼 맑아 보이지만 실제에 있어서는 성의가 없는 자.

• 계획 세우기를 좋아하면서도 결단성이 없는 자.

• 겉으로는 과감해 보이지만 실제에 있어서는 무능하고 실천력이 없는 자.

• 성실하게 보이면서 실제에 있어서는 신의가 없는 자.

• 겉보기에는 어리석은 것 같으나 실제에 있어서는 충실한

225

자.

• 괴이한 것을 좋아하고 과격한 언동을 하면서도 실제에 있어서는 효과를 올리는 자.

• 겉으로는 용감한 척 하지만 실제에 있어서는 겁을 내는 자.

• 겉으로는 엄숙하고 성실한 것 같지만 마음 속으로 사람을 업신여기는 자.

• 엄격하고 냉혹한 것처럼 보이지만 도리어 고요하고 성실한 자.

• 겉으로 보기에는 위신이 없어 보이고, 풍채도 보잘것 없으나 밖에 있어 일을 할 때는 주도(周到)하지 않은 것이 없으며, 무슨 일이든 다 완수할 수 있는 자.

이상이 겉에 나타나는 것과 실제가 서로 맞지 않는 열 다섯 가지 경우이다. 세상 사람들이 아무리 천히 여기는 인물이라도 성인은 이를 존중해서 쓰는 경우가 있다. 이런 일들은 범인으로서는 판단이 미치지 못하고 오직 뛰어난 밝은 지혜를 가진 사람만이 알아볼 수 있는 것이다.

용도편(龍韜篇)을 살펴 보면, 인물의 본성을 간파하는 데 있어서 그 징후를 파악하는 여덟 가지 방법이 제시되고 있다.

첫 째로, 질문을 해 보아서 이해의 정도를 관찰하라.

둘 째로, 추궁해 보아서 그의 순간적인 반응도를 관찰하라.

셋 째로, 첩자를 보내서 내통을 하도록 유인하여 성실한 자인가를 관찰하라.

넷 째로, 비밀을 털어 놓아 그의 인덕을 관찰하라.

다섯 째로, 재정을 취급케 하여 정직한가 어떤가를 관찰하라.

여섯 째로, 여자를 접근시켜서 그 인물의 성실성을 알아 보라.

일곱 째로, 곤란한 임무를 부여해 보아서 용기가 있는가 어떤가를 관찰하라.

여덟 째로, 술에 취하게 만들어 보아 그의 태도를 관찰하라.

이상의 시험을 통하여 현명하고 현명치 않음을 확실히 구별할 수 있다.

승리를 위한 세 가지 유형

예의 범절을 터득한 예장(禮將),
수고를 마다하지 않는 역장(力將),
병사와 괴로움을 같이 나눌 수 있는 금욕장(禁欲將)들이 있을 때
부하들은 자진해서 싸울 것이다

용도편에는 병사를 격려하고 군대의 세력을 증강하여 승리를
초래하는 장군의 세 가지 형에 대해서 논하고 있다. 즉 예장(禮
將)과 역장(力將), 그리고 금욕장(禁欲將)의 세 가지 유형이
있다는 것이다.

여기서 '예장'이란 예의범절을 터득한 장수로, 겨울에는 자기
만 두툼한 옷을 입는 일이 없이 병사들과 더불어 추위를 함께
나누며, 비가 오면 병사들과 비를 맞는 인물을 가리킨다.

그리고 '역장'이란 수고를 마다하지 않는 인물로, 길이 험악
한 곳에서는 차에서 내려 걸어간다는 것이다.

끝으로 '금욕장'은 병사의 숙소가 정해진 다음에 숙소에 들
며, 병사의 식사가 준비된 다음에 식사를 하는 인물이라는 것이
다.

이와 같이 해서 장수는 병사와 더불어 추위와 더위, 배고프고
배부른 것, 또는 힘드는 일을 함께 나눌 수 있어야만 병사들이
진군(進軍)의 북소리를 듣게 되면 기뻐서 일어나고, 퇴각의 징
소리를 들으면 분개하며, 적의 성이 높이 솟아 있고 호(壕)가
깊이 파여 있어도 시석(矢石)을 무릅쓰고 앞을 다투어 성벽을

228

기어오르게 되고, 적과 백병전을 벌였을 때는 먼저 적에 접근하
여 분전(奮戰)하게 된다.

이것은 결코 병사가 죽기를 좋아하고 몸이 부상당하는 것을
즐겨 하는 것이 아니라, 그 장수가 추위와 더위를 함께 하고,
배고프고 배부름을 함께 하며, 힘드는 일을 같이 했음에 감격해
서 이에 보답하려는 것이다.

성질과 기능

탐욕스런 자는 이익을 올리고 싶어 하고,
우둔한 자는 죽기를 두려워하지 않는다

삼략(三略)의 상략(上略)편을 보면, 〈군참〉이라는 고대의 병법서에, '부드러움은 자주 굳셈을 제압하고, 약함은 흔히 강함을 제압한다'는 말이 있다.

여기서 부드러움은 다른 사람을 육성시키는 덕이고, 굳셈은 다른 사람에게 손해를 끼치는 악에 지나지 않는다. 약함은 누구로부터도 보호받지만, 강함은 다른 사람으로부터 놀림을 당한다는 것이다.

그러나 단지 부드러움이나 약함을 금과옥조(金科玉條)로 믿어서는 안 된다. 부드러움과 굳셈, 약함과 강함의 네 가지를 모두 겸비하고서 이를 자유자재로 활용하는 것이 긴요한 일이다.

'부드러움과 굳셈의 두 가지를 겸비하면 국위는 점점 더 빛나고, 약함과 강함의 두 가지를 겸비하면 국운은 점점 더 번성하게 된다. 그렇지만 부드러움과 약함만 가지고 있다면 나라는 쇠퇴하고, 굳셈과 강함 일변도로 나가면 나라는 망한다.'

군대와 국가를 다스리는 요체는 사람의 마음 속을 살펴서 알도록 하며, 모든 정무(政務)와 군무(軍務)를 실시하는 데에 있다. 예를 들어서 위험 상태에 놓여 있다고 인정되는 자에게는 안정을 얻을 수 있는 대책을 세워 주며, 공포증에 걸려 있는 사람이 있다면 기쁨을 주도록 하며, 일단 배반하고 떠나간 자라도 돌아오는 것을 허용하며, 억울하게 죄명을 뒤집어 쓰고 있는 자가 있다면 그 실상을 캐내서 이를 용서하며, 무언가 하소연하려는 자가 있다면 이를 살펴서 해결하여 주도록 한다.

비천하게 취급되고 있는 자가 있다면 다른 사람과 같은 처우를 받도록 하여 주며 힘을 믿고 폭력을 휘두르는 자는 이를 억제하고, 적대행위를 하는 자는 엄하게 다스리며, 탐욕에 급급하여 애태우는 자는 그 마음을 너그럽게 하여 준다.

욕구불만이 있는 자에게는 그 욕구를 충족(充足)시켜 주며, 언제나 두려움을 느끼고 공축(恐縮)하는 자에게는 기를 펴도록 해 준다.

지략이 있는 자는 신변에 두어서 자문에 응하도록 하고, 남을 헐뜯어서 참소를 일삼는 자는 그 진상을 밝혀내서 화근을 제거하며, 떠나가려는 자는 원래의 위치에 머물러 있도록 힘쓴다.

반역을 기도하는 자는 사전에 이를 들추어내서 엄단하며, 사회의 질서를 무시하고 횡포를 부리는 자는 그 기세를 꺾으며, 필요 이상으로 비대하여진 것(권력이나 재력 등)은 이를 정도에 맞도록 한다.

귀순하려는 자는 급하게 손을 써서 받아들이고, 위엄에 복종하는 자는 이를 활용하며, 항복하러 온 자는 과거의 잘못을 묻지 않고 용서한다.

위에 열거한 실례들이 모두 군국을 다스리는 요체로서 사람들의 마음을 살피며 백무(百務)를 베푸는 것이다.

한 나라에 있어 지도자가 신하와 백성을 어루만져 사랑하며, 그들의 욕구를 살펴서 이를 성취시켜 주며, 평화스럽고 자유로운 생활을 누릴 수 있도록 이끌어 준다면 신하와 백성들은 진심으로 그 지도자를 존경하고, 복종하게 되어 국민의 총화가 이루어져 번영과 발전을 가져 오게 된다.

또한 〈군세 (軍勢)〉라는 병법서에는 이렇게 쓰여져 있다.

'사람들 중에는 지모 (智謀)에 뛰어난 자도 있고, 용기있는 자도 있고, 탐욕스런 자가 있는가 하면 우둔한 자도 있다. 그리고 지모에 뛰어난 자는 공적을 세우고 싶어하고, 용기있는 자는 뜻을 달성시키기를 바란다. 또한 탐욕스런 자는 이익을 올리고 싶어하고, 우둔한 자는 죽기를 두려워하지 않는다. 각자의 성질에 따라 부리는 것이 군대를 통솔하는 비결이다.'

대의명분

물고기는 물을 얻을 때 비로소 생명을 보존할 수 있고
물을 잃은 물고기는 죽은 물고기와 같다

의 (義)를 가지고 불의를 벌하는 것은 막혀 있는 대하 (大河)
의 물을 횃불에 쏟아 붓는 것과 같고, 깊은 계곡에 뛰어든 사나
이를 뒤에서 밀어 붙이는 것과 같아서, 절대로 실패하는 일이
없다.

'인간과 하늘의 뜻과의 관계는 마치 물고기와 물의 관계와 같
다. 물고기는 물을 얻을 때 비로소 생명을 보존할 수 있고, 물
을 잃은 물고기는 죽은 물고기와 같다.'

사람이 도의 (道義)를 지켜서 산다는 것은 마치 물고기가 물
에서 사는 것과 같은 것이다. 물이 있으면 살고, 물이 없으면
죽는다. 그렇기 때문에 군자 (君子)란 언제나 두려워하고 경계
해서 도의에서 벗어나지 않도록 힘쓰는 것이다.

백성들이 일용사물 (日用事物)에 궁핍을 느끼는 형편이라는
나라에 저축이 있다거나 여력 (餘力)이 있을 수 없다. 백성들이
일용사물에 부족을 느끼지 않은 상태에서만 그 나라는 안정 (安
定)을 누릴 수 있는 것이다. 왕실 (王室)이 부유하다고 해서 그
나라의 경제가 풍부하다고 볼 수 없는 것이며, 일부 지배계급이
여유 있는 생활을 한다고 해서 그 나라의 경제가 안정된 것은

233

아니다. 어디까지나 백성들 전체가 생활에 부족을 느끼지 않을 때 비로소 그 나라 경제가 안정되고 국력(國力)이 늘어나며, 번영을 누릴 수 있는 것이다.

즉, 위정자(爲政者)가 도의(道義)에서 벗어나는 행동을 하지 말 것과, 국민경제의 안정을 이룩하는 것만이 국가 경제의 발전과 번영을 가져 오는 길임을 강조하고 있다.

무력을 쓰지 않고 이기는 길

천하의 이익을 함께 하는 자는 천하를 얻고,
천하의 이익을 독점하려는 자는 천하를 잃는다

병법(兵法)은 정도(正道)에서 벗어나 권모술수로 일관되어 있다. 예를 들어서, 실력이 충분하면서도 상대방에게는 약한 것처럼 보이고, 군대가 다수이면서 상대방에게는 적게 보이며, 세(勢)가 실(實)하면서도 허(虛)한 것처럼 가장하고, 동쪽을 치는 것처럼 하면서 서쪽을 치는 모든 것이 다 속임수가 아닌 것이 없다.

뇌물과 이권과 여색(女色)으로 내부를 분열시키고 혼란에 빠뜨려 적의 힘을 약화시킨다.

전쟁의 궁극적 목표는 승리를 거두는 일에 있기 때문에 승리를 위한 것이라면 무슨 짓이든 못할 것이 없다는 결론이 된다.

그러나 그렇다고 해서 전연 제약을 받지 않는 것도 아니다. 항자(降者)는 불살(不殺)이라고 귀중한 사람의 생명을 함부로 다루는 일을 경계하고 있다.

이처럼 병법이란 승리를 목표로 권모술수로 일관되어 있지만 전쟁을 수행하는 목적만은 인도와 정의에서 벗어나서는 안 된다. 어디까지나 악(惡)을 주벌(誅罰)하여 백성을 도탄에서 건져 내고, 환란을 수습하고 질서를 바로잡아서 평화와 안정을 이

록하려는 선의 (善意)의 것이 되어야 한다. 아무리 뛰어난 권모
술수라 하더라도 전쟁의 목적이 천도 (天道)에서 벗어나는 것이
라면 효력을 발생할 수 없게 된다.

따라서 이 병서 (兵書)도 선 (善)과 정의의 편에 서는 것이니
만큼 무릇 장수된 자는 먼저 정신자세부터 가다듬어야 될 줄로
믿는다.

무도편 (舞韜篇)에 보면 문벌 (文伐), 즉 무력에 의하지 않고
지모 (智謀)에 의해서 적을 공격하고 승리를 거두는 방법을 제
시해 주고 있다.

우선 첫째로, 상대방에게 거슬지 않고 방심하게 만든 다음 그
실책에 편승해라.

그리고 두 번째로, 보물이나 미녀를 보내서 적국 군주의 마음
을 빼앗는다.

세 번째로, 적국의 군주가 신뢰하는 신하에게 접근하거나 혹
은 매수해서 군주와 대립시켜라.

네 번째로, 적국의 중신에게 군주보다도 값비싼 물건을 선사
하거나, 혹은 사자로 찾아온 적국의 중신을 오래 머물도록 하여
그 군주에게 의심을 품도록 하는 등 모략에 의하여 군신 사이를
이간시킨다.

다섯 번째로, 적국의 군주에게 일체의 정보가 들어가지 못하
게 만든다.

여섯 번째로, 상대방에게 일부러 상담할 것을 의뢰하여 그 결
과가 상대에게 이익이 되도록 한다. 이렇게 그 쪽의 신뢰를 얻
어놓았다가 언젠가는 이용해라.

이와 같이 무도편에서는 적국과 싸우지 않고 이기는 '문벌 (文
伐)'의 비결을 상세하게 제시해 주고 있다.

십팔사략(十八史略)에서
조직관리를 배운다

〈십팔사〉란 〈사기〉의 일부분으로 송대(宋代)까지의 역사를 기술(記述)한 18권의 역사서란 뜻이고, 략(略)이란 다이제스트했다는 의미이다.

따라서 〈십팔사략〉이라는 것은, 태고시대부터 송대까지의 역사를 초보자용으로 다이제스트한 역사서인 것이다.

저자는 증선지(曾先之)로 송말(宋末) 원초(元初)의 사람인데, 그의 행적은 전혀 전해지지 않고 있다. 저서로서 남아 있는 것도 이 책뿐이다.

그 당시 중국은 몽고(元)의 침략을 받아서 멸망의 위기에 처해 있었다. 그런 가운데서 중국의 전통을 전하려고 한 것에 이 책의 의도가 있었는지도 모른다.

기술(記術)은 어디까지나 간략하다. 개인의 에피소드를 중심으로 해서 치란흥망(治亂興亡)의 사실이 추적되고, 수많은 인간군상의 생활태도를 통해서 현대를 사는 지혜를 배울 수 있도록 배려되어 있다.

또한 사서(史書)에 있는 고사(故事)나 명언(名言)같은 것이 거의 수록되어 있기 때문에, 중국의 역사나 사상을 아는 데도 편리하다.

- 형벌과 상은 천하의 형벌과 상이니라. (宋)
- 덕을 따르는 자는 번창하고, 덕을 거역하는 자는 망한다. (西漢)
- 진심으로 남을 대하라.
- 집이 가난하면 훌륭한 아내를 생각하고,
  나라가 어지러우면 훌륭한 재상을 생각한다. (魏)
- 백성의 입을 막는 것은 강물을 막는 것보다 어렵다. (周)
- 천자(天子)에게는 두 말이 있을 수 없다. (晋)
- 가난할 때의 교제를 잊어서는 안되고,
  조강지처(糟糠之妻)는 끝까지 버려서는 안된다.
- 인생은 흰 망아지가 달리는 것을 문틈으로 보는 것과 같다. (宋)
- 호랑이 굴에 들어가지 않으면 호랑이 새끼를 잡을 수 없다. (東漢)
- 하나의 이익을 일으키는 것은
  하나의 해(害)를 제거하는 것만 못하다. (南宋)

명참모의 정치철학

법령이 번잡하면 민중은 따라오지 않는다.
속박을 의식하지 못하게 하면서
자연스럽게 민중을 따르게 하는 것이
정치의 요체이다

한 마디로 중국을 3천 년의 역사라고 말하듯이, 중국의 역사가 긴 전설의 시대에 종지부를 찍고 기록의 시대로 들어갔던 것은 지금부터 3천 년 전이다. 그 무렵에 지금의 황하강(黃河江) 유역에 주(周)라고 하는 왕조가 성립했는데, 그것이 중국 문명의 시초가 되었다.

주왕조는 문왕(文王), 무왕(武王), 성왕(成王)의 3대에 걸쳐 왕조의 기초를 굳혔다. 그들의 창업을 도와 준 것이 주공단(周公旦)이라는 명참모다.

주공은 무왕의 동생으로, 3대인 성왕에게는 숙부뻘이 되는데, 어린 성왕이 군주가 되자 재상으로서 국정의 실권을 장악하여 주왕조의 기초를 다졌다.

훨씬 뒤에 공자가 이상적 정치가로서 숭배한 사람이 바로 주공(周公)이다. 또한 중국의 오랜 역사 가운데서 명참모역을 꼽을 때 제일 먼저 거론되는 것도 역시 주공이다.

주공은 장년(長年)에는 공적을 인정받아, 노(魯)라는 곳에 영지를 하사받아 그 지방의 영주로 임명된다. 그러나 자신은 국정의 최고책임자로서 수도에 머물러 있지 않으면 안 되었다.

239

그래서 노(魯)에는 자기의 대리자로 아들 백금(伯禽)을 파견했는데, 그때 그는 다음과 같은 주의를 하고 있다.

"나는 무왕의 동생이고 성왕에게는 숙부가 된다. 수많은 제후 가운데서도 가장 높은 신분이다. 그러한 나조차 다른 사람의 방문을 받으면 세면이나 식사를 중단하고 만나서 예를 잃지 않도록 노력하고 있다. 그래도 아직 미흡한 곳이 있지 않을까, 우수한 인재를 몰라 보고 있는 것이 아닐까, 걱정이 태산 같다. 그대도 노에 가면 아무리 영주(領主)라 하더라도 결코 오만해서는 안 된다."

지도자는 무엇보다 먼저 겸허해야 한다는 것이다.

〈논어〉에 의하면 그때 주공은 말을 이어 다음과 같이 자식을 깨우치고 있다.

"알겠느냐? 위에 서는 자는 첫째로 친족을 소홀히 해서는 안 된다. 둘째로, 중신에게 자기가 무시당했다는 생각을 갖게 해서는 안 된다. 셋째로, 옛날 친구는 웬만한 사정이 있지 않는 한 버려서는 안 된다. 넷째로, 한 인간에게는 너무 많은 것을 기대해서는 안 된다."

지도자로서의 자질구레한 배려를 구하고 있는데, 이 또한 적절한 훈계라 할 수 있다. 그러면 주공의 정치란 구체적으로 보면 어떤 정치였을까?

백금(伯禽)은 노(魯)에 부임하고서 3년 뒤에 겨우 시정(施政)을 보고하기 위해 돌아왔다.

"돌아오는 것이 너무 늦었구나."

주공이 이렇게 말하자 백금이 대답했다.

"옛날 습관을 고치고 규범을 정리하고 3년 상(喪)을 지키도록 지도하려니까 이렇게 늦어졌습니다."

한편, 낚시의 명인으로 알려져 있는 태공망(太公望)은 공적에 의해 제(齊)의 영주로 임명되었는데, 그는 부임한 지 불과 5개월 만에 시정을 보고하러 돌아왔다.

"너무 빠르지 않으냐?"

주공이 말하자 태공은 이렇게 대답했다.

"저는 군신의 예를 간소하게 하고 영민(領民)의 습관을 존중하는 정치를 하고 있으니까요."

주공은 백금의 보고를 들었을 때와는 대조적인 태공망의 말을 생각했다. 그리고는 한숨을 쉬며 이렇게 중얼거렸다고 한다.

"도대체 법령이 번잡하면 민중은 따라오지 않는다. 속박을 의식하지 못하게 하면서 자연스럽게 민중을 따르게 하는 것이야말로 정치의 요체라 할 수 있는데, 유감스럽게도 백금은 그 미묘성을 잘 모르고 있구나."

한 마디로 말하면 간소하고 알기 쉬운 정치를 가리키는 것으로, 조직관리의 요체로써 크게 참고가 되는 이야기이다.

항우와 유방의 대결

항우가 자기 재능에 자신감을 갖고
연전연승 무적의 막강함을 자랑한 데 비해,
유방은 유능한 부하를 얻어 집단의 힘을 발휘한 데 있다

진(秦)의 시황제가 죽은 뒤 각지에 반란이 일어나서 진제국은 천하를 통일하고 나서 불과 15년 만에 망해 버렸다.

그 뒤에 천하를 양분해서 싸운 것이 초(楚)의 패왕(覇王) 항우와 한왕(漢王) 유방 두 사람의 영걸(英傑)이었다.

초한의 싸움은 3년 가까이 계속되었다. 싸움은 처음에는 항우 측이 압도적으로 우세했다. 유방은 고전의 연속으로 항우의 정예군단에 밀려 싸울 때마다 패배를 하고, 전선을 유지하는 것이 고작이었다.

그런 대결이 1년이 지나고 2년째로 접어들 무렵부터 서서히 형세가 변해 갔다.

전술적으로는 여전히 항우 측이 우세를 유지하고 있는데, 공격하고 있는 항우 측에 피로의 빛이 역력해지고 오히려 공격을 받고 있는 유방 측에는 여유가 있어 보였다.

2년째를 지나자 형세는 완전히 역전한다. 전술적으로도 전략적으로도 유방 측이 우위에 서고, 항우의 열세는 뚜렷해졌다.

그리고 마침내 항우는 사면초가의 상태에 쫓기게 되어,

"우(虞)야, 우야, 너를 어떻게 할까?"

하고 우미인(虞美人)을 끌어안은 채 멸망해 갔다.

우세한 항우가 왜 멸망했을까?

열세에 놓여 있던 유방이 어떻게 역전의 승리를 거둘 수 있었을까?

여기에는 세 가지 이유를 들 수 있다.

우선 첫째로, 유방 측이 항우에 대한 포위망을 구축했기 때문이다.

유방은 처음에 열세에 놓였을 때, 이미 그 포위망 구축에 착수했는데 그것이 일년 뒤에 결실을 보아서 차츰 항우를 '보자기 속의 쥐'와 같은 상태로 몰고 들어갔다. 정치전략의 승리라 말할 수 있을 것이다.

둘째로, 유방 측이 모략공작(謀略工作)에 의해 항우의 진영을 이간시키고 상대방의 군신관계를 엉망으로 만들었던 것이다. 그 때문에 항우 측은 조직으로써의 힘을 상실해 버렸다.

셋째로, 보급 문제에 있었다. 유방 측은 병참 즉, 후방의 원호체제가 견실했다. 그렇기 때문에 인원과 물자의 보급을 충분히 받을 수가 있었다. 패전을 거듭하면서도 진용(陣容)을 갖추고 상대방에게 결정타를 허용하지 않은 것은 바로 그 때문이다. 그러나 항우 쪽에서는 보급받을 수 있는 후방세력을 확보할 수가 없었다. 그래서 소모한 전력을 회복하지 못하고 조금씩 조금씩 열세로 몰려들어가 버렸던 것이다.

전략전술적인 측면에서 보면 이상 세 가지를 지적할 수가 있다. 그러나 그러한 이유보다도 승패를 좌우하는 포인트가 된 것은 두 지도자의 그릇의 차이였다.

유방은 항우를 멸망시키고 낙양에 개선했을 때, 자신의 승인(勝因)과 항우의 패인(敗因)에 대해 다음과 같이 말했다.

"본영 안에 앉아서 책략을 꾸미고 승리를 천리 밖에서 결정짓는다는 점에서 나는 장량(張良)을 쫓아가지 못한다. 내정의 충실, 민생의 안정, 군량의 조달, 보급로의 확보라는 면에서는 나는 소하(蕭何)를 따를 수가 없다. 백만 대군을 자유자재로 지휘하여 승리를 거두는 점에서 나는 한신(韓信)을 못 따른다.

이 세 사람은 모두 영걸이라 말할 수 있다. 나는 그러한 인물들을 부릴 수가 있었다. 이것이야말로 내가 천하를 잡은 이유이다. 한편 항우에게는 범증(范增)이라는 영걸이 붙어 있었는데, 그는 그 한 사람조차 제대로 부리지 못했다. 그것이 나에게 패배한 이유다."

여기서 유방이 거론하고 있는 장량, 소하, 한신 세 사람은 하나하나의 능력을 비교해 보면 누구나 유방을 훨씬 능가했다. 이러한 유능한 부하를 얻고 그 위에 그들을 제대로 구사할 수 있었던 것이 유방의 승인(勝因)이라는 것이다.

우선 첫째로, 부하의 의견에 귀를 잘 기울였다는 것이다. 유방이라는 사람은 지시나 명령 같은 것을 거의 내리지 않았다. 무슨 문제가 생기거나 벽에 부딪히면 '어떻게 해야 할까?'하고 부하에게 의견을 구한 다음에 결단을 내린다. 이것이 유방의 자세였다.

두 번째 특징은, 성공의 보수를 톡톡히 지불했다는 점이다. 전쟁을 하게 되면 당연히 전리품이 손에 들어온다. 유방은 그것을 단 한 푼도 자기 주머니에 집어넣지 않고 모두 공적을 세운 부하에게 나누어 주었다. 말하자면, 이익이 났을 때는 기분좋게 모두 보너스로 나누어 주었던 것이다.

부하로서는 자신의 의견이 채택되면 기쁘기도 하고 책임을 느끼지 않을 수가 없다. 따라서 어떻게든 성공시켜 보려고 안간힘을 쓰게 된다. 성공하면 그 노력에 걸맞는 보수가 약속되어 있다. 그렇게 되면 싫어도 노력하지 않고는 못 배긴다. 이러한 두 가지 방법으로 부하의 의욕을 끌어낸 것이 유방이었다.

항우라는 사람은 자기 재능에 만만한 자신을 갖고 있었다. 전투에 임하면 연전연승(連戰連勝), 무적의 막강함을 자랑했고 게다가 나이도 젊었다. 24세 때 군사를 일으켰고, 유방에 쫓겨 목숨을 잃은 것이 30세 때였으니까, 그가 활약한 것은 20대의 불과 몇 년 동안이었다. 지나친 자신감에 빠졌던 것도 무리는 아니다.

그런 탓인지 부하의 진언 같은 것에는 귀도 기울이지 않고 언제나 독단적으로 일을 처리한 것도 무리는 아니다. 또한 전리품을 얻어도 모조리 혼자 독점하고 부하에게 나누어 주지 않았다고 한다.

그 결과 항우는 유능한 부하를 차례로 잃고 고군분투한 꼴이 되었다.

요컨대 유방이 집단의 힘을 교묘하게 끌어내서 싸운데 반해, 항우는 그것에 실패했다. 그 차이가 두 사람의 승패를 갈라놓은 가장 큰 원인이었다.

재상은 사소한 일에 힘쓰지 않는다

재상은 친자를 보좌하고
음양의 조화를 도모하여 사계절의 운행을 순조롭게 하며
만민의 생활을 안정시키는 데 있다

재상(宰相)은 황제의 임명을 받아 정치를 도맡아하는 입장에
있다. 문무백관의 으뜸이고 정치의 최고책임자라 해도 좋을 것
이다.

그러한 입장에 놓여 있는 재상의 이상적인 자세는 어떤 것일
까? 이런 질문이 나왔을 때 반드시 인용되는 유명한 얘기가 두
가지 있다.

우선 등장하는 것이 진평(陳平)이라는 인물이다. 그는 젊었
을 때 유방을 섬기고 지모의 작전참모로서 유방의 승리에 공헌
했다. 여섯 번 특이한 계책을 써서 여섯 번 유방의 위기를 구했
다고 할 정도로 발군(拔群)의 머리를 가진 참모였다.

진평이 만년에 재상으로 임명되어 한제국(漢帝國)의 뼈대를
짊어진다. 그 무렵 유방은 세상을 뜨고 젊은 문제(文帝)의 시
대에 들어가 있었다.

그러던 어느 날의 일이다.

문제는 진평과 또 한 사람의 재상인 주발(周勃)을 불러 들였
다. 중국에서는 정책적으로 복수(復數)의 재상을 두는 일이 많
았는데, 그때도 주발과 진평이라는 두 사람의 재상이 있었던 것

246

이다.

문제가 먼저 주발 쪽을 보고 물었다.

"재판 건수는 연간 얼마나 되는가?"

"잘 모르겠습니다."

"그러면 국고의 수지(收支)는 연간 얼마나 되는가?"

"뵈올 낯이 없습니다. 그것도 자세히는……"

주발은 솔직하게 사과할 수밖에 없었다. 송구해서 등에 땀이 흠뻑 배었다고 한다.

문제는 할 수 없이 진평을 보고 같은 것을 질문했다. 진평이 대답하기를,

"황송합니다만, 그런 문제라면 각 담당자에게 물어 보십시오."

"담당자라니 누구를 말하는가?"

"재판에 대해서는 사법상(司法相), 국고의 수지에 대해서는 재무상(財務相)입니다."

"각기 담당하는 것이 있다면, 재상은 도대체 무엇을 담당하고 있느냐?"

"황송하지만 말씀드리겠습니다. 폐하께서는 제가 어리석은 줄을 모르시고 황공하옵게도 재상에 임명하셨지만, 원래 재상의 임무란 위로는 천자를 보좌하고 음양(陰陽)의 조화를 도모하여 사계절의 운행을 순조롭게 하며, 밑으로는 만민(萬民)의 생활을 안정시키는 데 있습니다. 또한 밖으로는 사방의 만족(蠻族) 및 제후를 진무(鎭撫)하고 안으로는 만민을 순종케 하여 관리들에게 각자의 직책을 완수케 하는 데 있습니다."

"과연 잘 알겠다."

문제는 그렇게 말하며 진평에게 칭찬의 말을 내렸다고 한다.

얼마 뒤 주발은 자신의 불명(不明)을 부끄럽게 생각하여 사

임을 하고, 그 후 진평은 혼자서 재상직을 맡아 나갔다. 그의 재상으로서의 활약도 문제에게 말한 것과 같은 것이었음에 틀림 없다. 즉 적재적소에 인재를 배치하여 직무를 맡기고, 본인은 '집오리의 물갈퀴'로서 조직이 원활하게 움직여 나가도록 배려한 다는 그런 자세이다.

그러한 진평을 당시 사람들은 명재상이라고 칭송했다.

진평과 함께 자주 인용되는 인물로는, 진평보다 120년 가량 뒤에 선제 (宣帝)라는 황제를 섬긴 병길 (丙吉)이라는 재상이다.

병길에 대해서는 이런 얘기가 전해지고 있다.

어느 봄날에 마차를 타고 시내 한복판을 달리고 있었다. 그러 던 중에 돌연 난투사건의 현장에 부딪히게 되었다. 많은 사망자 까지 발생하고 있었다. 그러나 병길은 아무 일도 없었다는 듯이 시침을 떼고 그냥 지나쳤다.

한참 가니까 저쪽에서 소가 끄는 달구지가 다가왔다. 소는 혀 를 빼물고 괴로워하고 있었다. 그것을 본 병길은 즉시 하인을 시켜,

"그 달구지는 얼마나 먼 길을 왔소?"

하고 묻게 했다.

이해하기 힘들었던 것은 수행하던 서기관이었다. 왜 난투사 건은 무관심하게 지나치고, 소가 힘들어 하는 것에는 신경을 쓰 는가? 재상님은 경중 (輕重)의 판단을 잘못하고 있는 것이 아 닌가?

서기관은 용기를 내서 그 이유를 물었다. 그러자 병길의 대답 은 이러했다.

"아니야, 그렇지 않다. 난투사건을 취체 (取締)하는 것은 장 안의 영 (도지사)이나 경조윤(京兆尹 : 경찰국장)의 직책이다. 재상은 일 년에 한 번 그들의 근무평가를 해서 상벌을 주청하면

248

그것으로 족하다. 재상은 자질구레한 일에 손을 대는 것이 아니다. 노상에서 취체를 하다니 말도 안 되는 짓이다. 소를 보고 마차를 멈춘 것은 다름이 아니라 아직 봄도 깊지 않은데 소가 허덕이는 것을 보니 날씨가 너무 덥지 않은가 걱정이 되어서이다. 재상의 직책은 음양의 조화를 도모하는 것에 있다. 그래서 일부러 달구지를 세우고 물어 본 것이다."

서기관은 그 말을 듣고 무식을 탓했다고 한다.

앞의 진평의 얘기에도 음양의 조화를 도모한다는 말이 나왔는데, 옛날 중국인은 이 세상의 모든 것은 음과 양의 밸런스 위에 성립되어 있다고 생각했다.

그 밸런스가 유지되어 있으면 평화롭게 치정(治政)을 할 수 있지만, 밸런스가 무너지면 이변이 생긴다고 믿고 있었다. 즉 음양의 조화를 도모한다는 것은 그 밸런스가 무너지지 않도록 높은 곳에서 지켜 본다는 뜻이다.

이상 두 가지 얘기를 종합해 보면, 재상에게 구해지는 자질이라고 하는 것은 첫째로 대국적(大局的)인 판단이다. 둘째로 전체적인 조정능력, 셋째로 적재적소에서 부하의 능력을 이끌어 내는 것이라 할 수 있을 것이다.

중국 재상들의 정치 철학에서 현대의 경영 간부들도 역시 배울 점이 많을 것으로 사료된다.

지도자가 자멸하는 구도

주왕은 단기라는 미녀의 환심을 사기 위해 궁전에 재물을
가득 채우고 주지육림(酒池肉林)의 주연을 벌이는 등
자기 욕망대로 하다 망해 버렸다

중국에는 폭군이 많이 등장하여, 인간이라는 동물의 처참함
을 조금은 엿보게 해 준다.

중국 역사에서 폭군이라고 하면 우선 손꼽히는 것이 은(殷)
나라의 주왕(周王)이라는 사람이다.

'주왕은 태어나면서부터 변설(辯舌)에 능하고 동작은 민첩하
고 맹수를 손으로 때려잡을 만큼 괴력의 소유자였다. 머리의 회
전이 빨라서 간언하는 신하 따위는 간단히 반박해서 두말을 못
하게 했고, 자신의 비행(非行)은 그의 특기인 궤변으로 얼버무
려 버렸다.'

이것을 보아도 대단히 뛰어난 인물이었다는 것을 알 수 있다.
그와 같이 혜택받은 재질을 곧게 키웠으면, 명군은 안되더라도
훌륭한 왕으로서 이름을 후세에 남겼을지도 모른다.

그러나 주왕은 전형적인 폭군으로 역사에 이름을 남겼다. 그
이유는 자기 컨트롤이 부족하여 항상 욕망대로 행동했기 때문이
다.

중국의 황제는 마음에 안 드는 신하를 죽이는 것쯤은 식은 죽
먹기라고 할 정도의 절대적 권력자였다.

그렇기 때문에 자기 컨트롤이 듣지 않으면 저돌적으로 탈선해 버린다. 폭군이 되는 원인이 바로 거기에 있다.

주왕은 단기(妲己)라는 미녀를 탐애(貪愛)해서, 그녀가 말하는 것은 무엇이든 들어 주었다. 세금의 징수를 엄히 해서 궁전에 재보와 곡물을 가득 채우고, 별궁을 확장해서는 그곳에 주지육림(酒池肉林)의 주연을 벌이고, 밤낮을 가리지 않고 놀이를 즐겼다고 한다. 모두 단기의 환심을 사기 위해서였다고 한다.

당연히 백성들 사이에서 불만의 소리가 높아갔다. 그러자 주왕은 형벌을 무겁게 하여 심한 탄압정책으로 이에 맞섰다. 그러나 신하 가운데는 보다 못해 간하는 사람도 나타났다.

그러나 주왕은 아랑곳 없이 간하는 자를 모조리 죽여 버렸다고 한다. 이렇게 되니 이미 손을 쓸 수도 없었다.

그러다가 주왕은 신하에게도 국민에게도 외면을 당하고 주(周)의 무왕(武王)에게 멸망당해 버렸다. 이 정도로 지독하지는 않아도 비슷한 얘기는 현대에도 끊이지를 않는다.

주왕과 같은 운명을 걷지 않기 위해서는 지도적 위치에 있는 자는 끊임없는 자기 컨트롤을 명심하지 않으면 안 될 것이다.

주왕과 같은 선천적인 폭군은 아니지만, 치세(治世) 도중에 전락해서 모처럼의 업적과 명성을 날려 버린 황제도 적지 않다.

그 전형으로써 양귀비와의 로맨스로 유명한 당왕조(唐王朝)의 현종(玄宗) 황제를 들 수가 있다.

현종은 당왕조의 6대 황제로, 그 치세는 44년에 이르렀다. 황제에 즉위한 것이 27세, 의욕이 충만하고 긴장감을 갖고 정치에 임했다.

그 결과, 치세의 전반에는 '개원(開元)의 치세'라 불리울 정도로 훌륭한 시대를 구축하는 데 성공했다. 그것이 가능했던 이유로써 두 가지를 들 수 있다.

첫째로, 현종은 본래 영매 (英邁)한 인물로서, 지도자로서의 결단력도 뛰어났다. 그런 인물이 긴장감을 갖고 정치에 임하면 실패할 리가 없는 것이다.

　둘째로, 훌륭한 참모들을 갖고 있었다. 현종은 그들의 의견에 자주 귀를 기울이고, 그들 또한 힘을 합해서 현종을 도와 주었다.

　이런 얘기가 있다.

　요숭 (姚崇)이라는 재상이 있었다. 어느 날 요숭이 과장급의 인사에 대해서 주상 (奏上)을 했을 때, 현종은 궁전의 지붕에 시선을 보낸 채 전혀 대꾸를 하지 않았다. 요숭은 황공해서 물러났다. 나중에 측근의 신하가 현종에게 이렇게 간했다.

　"재상이 정무 (政務)를 주상하고 있는데 대답을 하지 않으신 것은 무엇 때문입니까? 만기 (萬期)을 총람하시는 황제로서는 도저히 납득이 안 가는 태도였습니다."

　그러자 현종은 이렇게 대답했다.

　"짐은 서정 (庶政)의 일체를 요숭에게 맡기고 있다. 국가의 중대사라면 모를까, 하급관리의 인사 따위로 일일이 짐을 괴롭힐 필요가 있겠느냐?"

　나중에 그 말을 전해 들은 사람들은,

　"폐하는 훌륭한 지도자로서의 자질을 갖고 계시다."

라고 말했다고 한다.

　또 한휴 (韓休)라는 완고한 재상이 있었다. 현종은 주연 같은 것으로 도를 지나쳤을 때는 언제나 측근에게,

　"한휴가 알게 되면 곤란한 걸."

하고 신경을 쓰곤 했다. 어느 날 측근에 있는 자가,

　"한휴를 재상으로 삼고나서부터 폐하는 많이 야위셨습니다."

하고 은근히 한휴의 경질 (更迭)을 암시했더니 현종은,

"한휴 덕분에 짐은 말랐다. 그러나 천하는 살쪘도다."
하고 대답했다고 한다.

그처럼 뛰어난 참모들을 갖고 자신도 정신을 차리고 정치를
해나갔으니, 훌륭한 시대를 구축할 수 있었던 것도 당연하다.

그러나 현종은 치세의 후반이 되자, 마음이 태평하게 해이해
져서 정치를 소홀히 하고 만사를 귀찮아했다.

긴장감을 상실한 현종은 오로지 양귀비와의 사랑에 빠져 들어
갔다. 그렇게 되니까 자연히 보좌하는 재상에도 아첨하는 자나
무능한 자만을 등용하게 된다.

그 결과 정치의 근본이 흔들리고 이윽고 대규모의 반란이 일
어나서 당왕조는 붕괴의 위기에 직면하게 되었다. 그러한 것도
따지고 보면 지도자인 현종이 긴장감을 잃고 정치를 돌보지 않
게 되었기 때문이다.

이것도 또한 남의 일이 아니다. 지도자가 긴장감을 상실하고
무사안일한 경영을 하면, 당장 조직은 붕괴의 위기를 맞이한
다.

한신과 소하의 활약

사냥을 할 때 사냥감을 쫓아가서
잡아 오는 것은 개지만,
개의 끈을 풀고 잡아 오라고 명하는 것은 사람이다

유방의 공적을 도운 세 명의 거물 가운데 한신(韓信)은, '가랑이 밑 기어가기'의 고사(故事)로 알려져 있다.

젊었을 때 떳떳한 직업을 얻지 못하고 무위도식(無爲徒食)으로 보내고 있을 무렵, 부랑배에게 길거리에서,

"야, 목숨을 내던질 배짱이 있으면 나를 찔러 봐라. 그것이 무서우면 내 가랑이 밑을 기어가라."

하는 시비를 당했다.

한신은 한참 상대방의 얼굴을 보고 있다가 이윽고 땅바닥을 기어 가랑이 밑을 빠져나갔다는 얘기다.

'못할 짓을 참고 하는 인내'의 좋은 예로, 옛날 '수신(修身)' 교과서에도 실렸었다.

한신은 백만대군도 자유자재로 지휘하는 능력이 있었다. 그만큼 용병(用兵)의 재능을 타고났던 것이다. 그의 천재성을 가장 잘 나타내 주고 있는 것이 '배수(背水)의 진(陳)'이라는 고사이다.

유방과 항우가 사투(死鬪)를 벌이고 있었을 때, 한신은 유방의 명을 받아 북방의 전략을 맡았다. 북방에서 멀리 우회해서

항우의 배후로 돌아나가 대포위망(大包圍網)을 구축한다는 작전이었다.

그때 한신은 20만의 적과 조우(遭遇)했다. 더구나 상대는 견고한 요새를 쌓고 그를 기다리고 있었다.

그것에 비해 한신의 군사는 겨우 1만 명, 게다가 여기저기서 긁어 모은 잡군에 불과했다. 제대로 맞붙어 싸웠다가는 승산이 없다. 한동안 생각하고 있던 한신은, 적의 요새 앞을 흐르고 있는 강을 등지고 포진했다. 그것을 안 적군은 병법의 초보도 모르는 녀석이라고 코웃음을 쳤다.

적은 당연히 우격다짐으로 공격해 왔다. 한신의 군세는 강을 등지고 있으니, 그 이상 도망갈 수가 없었다. 살아남기 위해서는 죽자하고 싸울 수밖에 없었다.

정신 못차리게 싸우고 있는 동안에 어느새 적의 대군을 격파하고 멋진 승리를 거두었던 것이다.

싸움이 끝난 다음 수하의 장군들이,

"병법에는 산을 등지고 강을 앞에 놓고 싸우라고 되어 있습니다. 그런데 이번 전투에서는 강을 등지고 싸우면서 대승리를 거둘 수가 있었습니다. 저희들도 영문을 모르겠습니다."

하고 물었더니 한신은 이렇게 대답했다.

"아니다. 그것은 훌륭한 병법이다. 그 증거가 '스스로를 사지(死地)에 놓아야 비로소 살 수 있다'고 병법에도 있지 않느냐? 그것을 응용한 것이 이번의 '배수의 진'이다. 아무리 보아도 우리 군세는 여기 저기서 긁어 모은 잡군이라서, 그것을 생지(生地)에 놓았다가는 뿔뿔이 해체되어 버릴 우려가 있었다. 그래서 일부러 사지에 놓아 본 것이다."

장군들은,

"탄복했습니다. 저희들이 미칠 바가 못됩니다."

하고 머리를 숙였다고 한다.

'사지 (死地)'라는 것은 죽음 이외에 다른 길이 없는 곳이라는 의미이다. 〈손자병법〉에도 병사를 결사적으로 싸우게 하려면, 사지에 놓으라고 했는데, 한신의 '배수의 진'은 그것을 응용한 것이었다.

정석 (定石)에서 벗어난 것처럼 보이면서도 사실은 병법의 정석에 입각해 있었다. 정석을 머리 속에 넣어 놓고 그것을 임기응변으로 구사하는 데 한신의 천재성이 있다.

한신 이상으로 유방의 승리에 공헌한 자가 소하 (簫何)라는 승상이다. 그는 한신과는 달리 한 번도 싸움터에 나가 본 적이 없었다.

언제나 후방에 머물면서 나라의 경영을 맡아 전선에 있는 유방에게 병사와 물자를 계속 보내 주었다. 유방이 패배를 거듭해도 전선을 다시 정비할 수 있었던 것은 소하의 활동에 힘입은 바다.

후방 근무라는 것은 눈에 띄지 않고 생색도 나지 않는 일이다. 공성야전 (攻城野戰)의 공적에 비하면 화려함이 없고, 그렇게 쉬운 일도 아니다.

그러나 유방은 전후의 논공행상에서 그의 활동을 공적 제1위로 인정하고 그 노고에 보답하였다.

소하가 공적 제1위로 인정되었을 때, 역전의 장군들은 모두 불만을 토로했다.

"우리들은 목숨을 걸고 제일선에 서서 많은 사람은 백 몇십 회의 전투에 참가하여 싸웠습니다. 공적의 차이는 있겠지만, 똑같이 성을 공격하고 적지를 점령했습니다. 그런데 소하님께서는 단 한 번도 싸움터에 나온 적이 없고, 주로 책상에 앉아 문서만 작성하고 있지 않았습니까? 그것이 우리들보다 더한 공적으로 인정받다니 도저히 납득이 안 갑니다.”

그때 유방은 이렇게 말했다.

“그대들은 사냥이라는 것을 알고 있느냐?”

“알고 있습니다만……”

“그렇다면 사냥개라는 것을 알고 있겠지?”

“네, 알고 있습니다.”

“알겠느냐? 사냥을 할 때 사냥감을 쫓아가서 잡아 오는 것은 개지만, 개의 끈을 풀고 잡아 오라고 명하는 것은 사람이렷다. 이른바 그대들은 도망다니는 사냥감을 잡아 온 것뿐으로, 공적이라 해도 개의 공적이니라. 그것에 비하면 소하는 그대들의 끈을 풀어 지시한 사람으로 곧 인간의 공적인 것이다.”

그 말을 듣고 역전의 장군들도 입을 다물었다는 것이다.

커다란 일을 완성하려고 하면 훌륭한 참모를 갖지 않으면 안 된다. 유방에게 있어서 그 참모에 해당하는 사람이 바로 소하였다. 소하는 최후까지 일관해서 충실한 명참모로 그 생애를 마쳤다.

명군사(名軍師) 장량

한 사람을 위해서 이롭게 하면 백성은 떠나고,
한가지 일만 이롭게하고 만가지 일을 해롭게 만들면
국가는 망한다

유방의 위업을 도운 세 사람의 거물 가운데 나머지 한 사람이 장량(張良)이라는 군사(軍師)이다.

한신이 영업담당 중역, 소하가 총무담당 중역이라고 한다면, 장량은 기획담당 중역이라고나 할까? 중국 3천 년 역사 가운데서 지모(智謀)를 갖춘 군사라고 하면 맨먼저 거론되는 것이 바로 장량이라는 인물이다.

그런데 지모를 갖춘 군사라고 할 때에 신들린 것 같은 책략을 연상하는 사람들이 많은데, 그것은 아직 낮은 차원의 지모에 지나지 않는다.

진짜 지모란 닥쳐 올 위험을 미연에 예측하고 한 수 빨리 대책을 강구하는 능력을 가리킨다.

이러한 지모는 거의 사람들 눈에 띄지 않는다. 왜냐하면 사람들이 미처 깨닫기 전에 이미 문제가 해결되기 때문이다.

장량이 갖고 있던 지혜도 사실은 이러한 지모였다. 한 가지만 예를 들어 보기로 하자.

유방이 숙적 항우를 멸망시키고 전후 논공행상(論功行賞)이 행해졌다. 주된 공신 20명에 대해서는 결정을 보았으나, 그밖의 사람들에 대해서는 평정이 엇갈려 좀처럼 결정이 나지를 않았다.

그러한 어느 날의 일이다. 유방이 회랑 (回廊)의 이층에서 문득 뜰을 내려다 보니까 장군들이 여기저기에 모여서 무엇인가 수군거리고 있었다.

의아하게 생각한 유방은 뒤에 대령해 있는 장량을 돌아보며 물었다.

"저 사람들은 무슨 얘기들을 하고 있느냐?"

"모르고 계셨습니까? 반란을 도모하고 있습니다."

"천하가 안정되었는데 반란이라니, 그게 무슨 소리냐?"

"폐하는 일개 서민에서 몸을 일으켜 그들을 써서 천하를 장악하셨습니다. 그런데 모처럼 폐하가 천자가 되셨는데도 봉지 (封地)를 받은 것은 소하를 위시해서 옛날부터의 총신들 뿐입니다. 한편, 처벌을 받은 것은 모두 평소부터 폐하의 미움을 산 자들입니다.

지금 담당자가 각자의 공적을 평정하고 있습니다만, 필요한 봉지를 합계해 보면 천하 전부를 나누어 주어도 모자랄 지경입니다. 그들은 폐하가 전원에게 봉지를 줄 수 없는 것이 아닌가, 과거의 실패를 핑계로 처벌을 받게 되는 것이 아닌가 하고 그것이 걱정이 되어 저렇게 모여서 반란을 도모하고 있는 것입니다."

"그럼 어떻게 하면 좋겠느냐?"

"폐하가 평소에 가장 미워하고 또 그 사실을 모두가 알고 있는 그런 인물은 없습니까?"

"있지. 옹치 (擁齒)에게는 옛날부터 원한이 있었지. 녀석은 나한테 몇 번씩이나 반항을 했거든. 차라리 죽이고 싶지만 공적도 많기 때문에 꾹 참고 있지."

"그렇다면 우선 옹치에게 봉지를 주고 모두에게 그 사실을 발표하십시오. 옹치가 봉지를 받았다면 자연히 가라앉을 것입니다."

그래서 유방은 주연을 베풀고 옹치를 집방후(什方侯)라는 영주에 임명하고, 그것을 기회로 담당관리를 독촉해서 논공행상을 서둘겠다는 것을 발표했다.

그 순간 장군들은 술을 마시다 말고 환호성을 지르며,

"옹치조차 영주가 되었으니 우리들도 기대할 수 있다."

고 수군대었다고 한다.

장량의 술책이 반란 일보 직전의 위기를 미연에 방지한 셈이다. 대단한 일이 아닌 것 같지만, 막상 자신이 그러한 판단을 내려야 하는 입장에 처하게 되면 자연스럽게 그러면서도 효과적인 묘책을 그리 쉽게 생각해 낼 수는 없을 것이다. 그런 것이 진짜 지모라고 할 수 있다.

장량은 대대로 한(韓)이라는 나라의 재상을 역임한 유서깊은 명가의 출신이었다. 유방을 위시해서 신하의 대부분이 거의 최하층인 서민 출신이라는 것과 비교해 보면 이색적인 존재였다.

그런 때문인지 진퇴가 어딘지 모르게 매우 유연하다. 유방의 천하가 정해지자 깨끗이 현세에 대한 관심을 끊고, 오로지 몸을 가볍게 하는 도인술(導引術)을 실행하여 선인수행(仙人修行)에 힘썼다고 한다.

"나는 세치 혀로 제왕의 스승이 되고, 만호의 영지를 배령해서 열후(列侯)의 열에 끼어 있다. 일개 서민으로 영락한 이 몸에게 그 이상의 영달은 없다. 나는 이것으로 충분하다. 이제는 속세를 버리고 옛날 선인처럼 선계(仙界)에서 노닐고 싶다."

가끔 대궐에 들어가 유방과 얘기를 할 기회가 있어도, 현실정치에 관한 화제는 주로 피하고 오로지 옛날 얘기로만 시간을

260

보냈다고 한다.

유방은 황제에 즉위한 지 8년 뒤에 세상을 떠났는데, 그동안 여기 저기에서 반란이 일어나 진압에 온 힘을 쏟았다.

그때 모반의 혐의를 받고 주살된 공신도 하나둘이 아니었다. 정치의 세계는 아직도 난세의 여운을 남기고 어딘지 소연해 있었다. 장량의 선인수행은 그러한 정치의 계절을 살아온 지모(智謀)의 군사가 취한 '명철보신(明哲保身)'의 책략이었는지도 모르는 일이다. 이 이야기는 오늘의 우리나라 실정에도 시사해 주는 바가 크다.

삼십육계(三十六計)에서 인간전략을 배운다

이 〈삼십육계〉라는 책은, 중국인이 터득해 온 지략(知略)을 집대성한 책이지만, 어느 시대 누구의 손에 의해 쓰여졌는지는 분명치 않다. 그러나 삼십육계라는 말은 상당히 오래 전부터 사용되어 왔다. 지금으로부터 1500여 년 전의 역사가 쓰여진 〈남제서(南齊書)〉라는 정사(正史)에 보면, '단공의 36책(策), 도주하는 것이 상책이다.'라고 쓰여 있는데, 이것이 최초의 기록이며, 여기서 책은 계(計)와 똑같은 의미로 쓰여졌다.

그러나 이 말은 제나라의 단도제(壇道濟)에 뒤얽힌 이야기에서 힌트를 얻어 써놓은 책인 것이다. 내용면에서 볼 때, 매우 유연하고 합리적인 사고방식에 근거를 두고 있다.

- 인간심리의 맹점을 찌르라.
- 주도권을 먼저 잡으라.
- 적의 자멸을 유도하라.
- 적을 방심시켜라.
- 숨어있는 적을 찾아라.
- 새우를 미끼로 해서 도미를 잡아라.
- 혼란을 틈타 쳐들어가라.
- 원래의 모습을 그대로 놔두고 빼내라.

만천과해 (瞞天過海)

위장(僞裝) 수단을 써서 상대방을 유혹해 내고
그 틈을 이용하여 승리를 거두는 계략,
쳐들어가는 척하지만 사실은 행동을 일으키지 않는다

그 실례를 〈삼국지〉에서 보면, 오나라의 손권(孫權)을 모시던 지장(智將) 태사자(太史慈)라는 인물에서 찾아 볼 수 있다.

도창(都昌)이라는 읍이 황건적의 대군에 포위당하여 위기에 몰렸을 때의 일이다. 태사자가 구원을 요청하는 사자역(使者役)을 자청해 나섰으나 포위망이 너무나 엄중해서 그리 쉽게 빠져나갈 수가 없었다.

그래서 태사자는 우선 배를 든든하게 채운 다음, 새벽녘을 기다려 채찍과 활을 들고 말에 올라, 활의 과녁을 든 기사 두 명을 거느리고 성문을 열고 힘차게 달려 나갔다. 놀란 것은 포위하고 있던 황건적의 병사들이었다. 당황한 병사들이 황급히 말을 끌어내 탈출을 저지하려는데, 태사자는 유유히 말에서 내렸다. 그리고 성 옆에 있는 참호에 들어가 활의 과녁을 지면에 꽂아 놓고서 느긋이 활쏘는 연습을 시작하였다. 가져 간 화살을 모두 다 쏘고 난 그는 태연히 성 안으로 돌아왔다.

다음날 아침도 역시 활쏘는 연습을 하러 나갔다. 황건적의 병사들 가운데는 일어나서 경계하는 자도 있었지만, 드러누운 채 움직이지 않는 자도 있었다. 태사자는 유유히 과녁을 세우고 활

을 다 쏘고 나자 다시 성 안으로 되돌아왔다. 3일째 되는 아침
에 또 다시 성밖으로 말을 몰아나갔다. 세 번째가 되니 적의 병
사들은 '또 왔군'하며 일어나서 경계하는 자가 하나도 없었다.

태사자는 그것을 확인하자 재빨리 말에 채찍을 가해 단숨에
포위망을 돌파했다고 한다.

성동격서 (聲東擊西)

우선 동쪽을 치는 척하고 서쪽을 쳐들어가라.
이렇게 하면 적군이 동쪽으로 이동하여 수비를 굳히게 되고,
서쪽은 허술해진다. 이때 서쪽을 쳐라

'성언격동 (聲言擊東), 기실격서 (其實擊西)'라는 말이 〈통전 (通典)〉에 있다. 즉 '동쪽에서 소리치고 기실은 서쪽을 치라'는 뜻이다.

위 전법의 실례를 들어 보면, 조조와 원소 (袁紹)가 서로 북방 (北方)의 패권을 잡으려고 '관도'에서 치열한 싸움을 벌이고 있었다.

그때 원소는 10만 대군을 거느리고 조조의 본거지에 진격해 들어갔다. 우선 조조 측의 전진기지라고 할 수 있는 백마 (白馬)에 척후병을 파견하여 이를 포위하게 하였다.

한편 조조군으로서는 백마를 빼앗기게 되면, 전군의 사기가 뚝 떨어질 수밖에 없었다. 조조는 스스로 주력을 인솔하여 구원에 임하려고 하였다. 그러자 참모 한 사람이 다음과 같이 진언했다.

"저희 병력으로는 도저히 당해 내지 못합니다. 뭐니뭐니해도 적의 병력을 분산시키는 일이 급선무입니다. 저의 계책입니다만, 먼저 서쪽으로 돌아서 적의 배후에 나서는 것처럼 보이도록 하십시오. 원소는 반드시 서쪽으로 군사를 이동시켜 요격하려

267

고 할 것입니다. 그 틈을 타서 기마병대를 백마로 급파하여 적의 방심한 곳을 치는 것입니다. 이렇게 하면 적을 무찌를 수 있을 것입니다."

조조가 이 계책에 따라 서쪽으로 향하는 것처럼 태세를 보이자, 과연 원소의 주력도 서쪽으로 이동하였다. 그것을 확인한 조조는 집자기 창부리를 돌려 백마로 급행해 적의 포위군을 마구 격파했던 것이다.

격안관화 (隔岸觀火)

비록 병력이 우세하다 하더라도 무턱대고 공격해서는 안 된다.
그랬다가는 승리를 얻었다 하더라도 이쪽에서도
상당한 출혈을 면치 못한다

〈삼국지〉 '관도의 싸움'에서 대승을 거둔 조조는, 북방을 지배하게 되었으나 원소의 아들 원상(袁尙)과 원희(袁熙)가 북방의 이민족이 사는 오환(烏丸)으로 도망쳐서 아직도 저항할 기세를 보이고 있었다.

그래서 조조는 북방으로부터 위협을 제거하기 위해 오환토벌 군사를 일으켜 이를 격파하였다. 패퇴한 원상과 원희는 요동의 공손강(公孫康)에게 의지해 그곳으로 달아났다.

그때 조조의 막료들은 곧 군사를 요동으로 진격시켜 공손강을 토벌하고 겸하여 원상 형제의 숨통을 끊어버려야 한다고 진언했다. 그런데 조조는,

"아니야, 그래서는 안 된다. 나는 지금 공손강의 손으로 원상 형제를 처치하도록 하려고 생각하고 있는 참이야. 일부러 군사를 움직이게 할 필요조차 없다."

라고 말하며 수도로 철수해 왔다. 그런데 과연 얼마 후 공손강으로부터 원상과 원희 형제의 머리가 헌상되었던 것이다.

왜 이렇게 되었는지 막료들은 납득이 가지 않았다. 그래서 그 이유를 물어 보자, 조조는 이렇게 대답했다.

269

"원래 공손강은 원상과 원희 형제의 세력을 두려워하고 있었거든. 만약 내가 군사를 동원해서 성급하게 공격을 가했다면, 그들은 힘을 합해 저항해 왔을 것이다. 그냥 내버려 두면 자연히 사이가 벌어지게 되지. 이것이 바로 자연스런 결과지."

이러한 조조의 방식이야말로 '격안관화'의 전형적인 것이다.

차시환혼 (借屍還魂)

이용할 수 있는 것이라면 무엇이든지 이용해서
세력의 확대를 도모하는 계략

예를 들자면,

첫째, 자기 방위를 위한 방파제로 이용한다.

둘째, 세력 확대를 위한 은신처로 이용한다.

셋째로, 지반 확대를 위한 발판으로 이용한다.

하는 것 등을 들 수가 있다. 이용하기 위한 전제로는, 상대방은
세력이 약하고 또한 이용 가치가 있어야 한다. 상대에게 이용
가치가 없어지면 빼앗아 버린다.

〈삼국지〉의 유비가 촉나라의 땅에서 자립의 기반을 쌓았던 방
식도 사실은 바로 이 계략에 의한 것이었다.

유비는 전부터 촉나라 땅을 탐내고 있었다. 하지만 촉에는 이
전부터 유장(劉璋)이란 자가 할거해서 큰 무리 없이 다스려 왔
다. 그러므로 군을 움직일 명분이 없었다. 마침 그때 북방의 방
비에 불안을 느꼈던 유장이 동족의 우의로써 유비에게 도움을
청했던 것이다. 유비는 마침 잘 되었다고 생각하여 스스로 군사
를 이끌고 촉나라로 향해서 구실을 만들어 유장에게 공격을 가
했다. 그리하여 마침내 촉나라를 취하는 데 성공하였다. 도움
을 줄 것처럼 했다가 강탈자로 변신했던 것이다.

욕금고종 (欲擒姑縱)

취하고자 한다면 잠시 참고 때를 기다리면
좋은 결과를 얻을 수 있다

'취하려고 하면 잠시 내버려 두는 것이 좋다.'

이 말의 뜻은 이렇다. 도망갈 구멍을 차단하고 공격하면 상대방도 필사적으로 반격해 온다. 가만히 도망가는 대로 놔두면, 상대의 세력은 자연히 약해진다. 추격한다고 해도 너무나 몰아치면 안 된다. 체력을 소모시키고 투지를 잃게 되어 상대가 산산이 흩어지는 순간을 포착하게 되면, 피를 흘리지 않고도 승리할 수 있게 된다는 뜻이다.

요컨대 참고 때를 기다리면 좋은 결과를 기대할 수 있다는 것이 이 계략이다.

〈삼국지〉에서 제갈공명이 남방 이민족의 반란을 진압하려고 군사를 일으켰을 때에 전군에 포고문을 내렸다.

"적의 대장인 맹획(孟獲)을 죽여서는 안 된다. 반드시 사로잡아야 한다."

맹획이란 자는 반란군의 주모자였다. 과연 격전 끝에 맹획은 사로잡혀 공명 앞에 끌려 왔다. 그러자 공명은 앞장서 자기 군사의 진영을 샅샅이 안내하고는,

"어떤가 우리 군대의 진영은?"

272

하고 물었다. 그러자 맹획이 대답하기를,

"아까는 이쪽 진영을 몰라 실수를 저질렀소. 이렇게 보여 주었으니까 이번에 다시 싸울 때는 반드시 이길 거요."

공명은 웃으면서 이렇게 말했다.

"그것 참 재미있군. 좋아, 이 자를 풀어 주거라."

이리하여 맹획은 일곱 번 석방되었고 그리고 일곱 번씩이나 붙들려 왔다.

이러한 고사로 인해서 '칠종칠금(七縱七擒)'이라는 말이 생겨났다고 한다.

일곱 번째 붙잡혔을 때는 과연 맹획도 마음 속으로 이젠 항복이라고 생각했을 것이 틀림없다. 공명이 다시 포승을 풀어 주고 용서해 주려고 했을 때,

"당신은 참으로 하늘과 같은 사람입니다. 두번 다시는 배반하는 일이 없도록 하겠습니다."

하고 말하며 물러가려고 하지 않았다고 한다.

공명은 무력토벌과 병행하여 '욕금고종'의 계략으로 이민족(異民族)의 마음을 완전히 사로잡았던 것이다.

투량환주(偸梁換柱)

대들보를 빼다가 기둥으로 갈아 끼우듯이,
상대의 뼈를 발라내는 계략

대들보나 기둥은 가옥의 구조를 지탱하는 기본 골격이다. 그
것을 갈아 끼우면 모습은 같아도 알맹이는 완전히 바뀌고 만다.
그와 동시에 상대에게 이런 수를 쓰게 되면, 전력을 약화시키게
되고 저항할 의욕을 상실하게 만드는 것이 된다. 이 계략은 적
국에 대해서나 동맹국에 대해서도 쓸 수 있다. 동맹국에 이런
수법을 쓰는 것은, 상대를 이쪽의 의향대로 조종하기 위해서 인
것은 두말할 나위도 없다.

진시황제가 천하의 통일에 성공한 것은 군사력의 압도적인 우
위에 기인하고 있지만, 그와 동시에 모략활동으로 상대의 전의
를 약화시키는 데에 힘을 기울였기 때문이라는 사실을 잊어서는
안 된다.

제(齊)나라를 정벌하려고 했을 때였다. 그즈음 제나라에서는
후승(后勝)이란 자가 재상에 임명되어, 국정의 실권을 장악하
고 있었다. 진시황제는 이 후승에게 눈독을 들여 거액의 금품을
보내서 매수하였다.

한 나라의 재상을 매수하다니 과연 중국이란 나라는 하는 일
마다 통이 컸던 것이다.

후승은 시황제의 요청을 받아들여 자기 부하들을 여러 명 진으로 보냈다. 진은 그들을 첩보요원으로 양성하여 많은 금액을 주어 제나라로 돌려 보냈다. 진나라의 뜻을 받들었던 그들은 귀국 후에, 진나라가 강대하다는 것을 한결같이 입을 모아 선전하면서 전쟁 준비의 중지를 제왕에게 진언했다.

나중에 진군(秦軍)이 제나라 수도에 쳐들어갔을 때, 제나라 쪽에서는 한 사람도 저항하는 사람이 없었다고 한다. 첩보원의 활약으로 온 나라가 모두 저항할 의지를 잃고 있었던 것이다.

주위상 (走爲上)

싸움은 되도록 피하고
도망치는 것이 상책이다

원래 중국의 병법에는 부딪쳐 부서져야 한다는 식의 옥쇄전법
(玉碎戰法)은 없다.

승산이 없을 때에는 싸워서는 안 된다는 것이 기본적인 인식
으로 되어 있다.

예를 들면 〈손자병법〉에는, '병력이 열세면 퇴각하고 승산이
없으면 싸우지 않는다'고 씌어 있다.

그리고 〈오자 (吳字)〉에도, '유리하면 공격을 가하고 불리하다
고 생각되면 물러서는 것이 긴요하다'라고 씌어 있다.

그렇다면 물러서는 것은 어떠한 장점이 있는 것일까 ?

첫째, 이길 수는 없지만 패하는 일도 없다.

둘째, 전력을 온전하게 보전해서 다음 싸움에 경주할 수 있게
된다.

36계

▼ 승전계 (勝戰計)

제 1 계 : 만천과해 (瞞天過海) 하늘을 속여서 바다를 건너다 —— 인간심리의 맹점을 찌르라.

제 2 계 : 위위구조 (圍魏救趙) 위나라 군사를 포위하여 조나라 군사를 돕다 —— 분산시켜 놓고 쳐라.

제 3 계 : 차도살인 (借刀殺人) 칼을 빌어 사람을 죽인다 —— 우군을 이용하라.

제 4 계 : 이일대로 (以逸待勞) 편안하게 고통스러운 상대를 기다린다 —— 주도권을 먼저 잡으라.

제 5 계 : 진화타겁 (趁火打劫) 불속으로 뛰어들어 가서 약탈을 하다 —— 내우외환 (內憂外患)을 이용하라.

제 6 계 : 성동격서 (聲東擊西) 동쪽에서 소리를 치면 서쪽을 친다 —— 적진을 교란시켜라.

▼ 적전계 (敵戰計)

제 7 계 : 무중생유 (無中生有) 없는 가운데 있는 것을 낳는다 —— 있는 것처럼 보이라.

제 8 계 : 암도진창(暗渡陳倉) 은밀히 진창으로 건너가다 ── 우
회작전을 취하라.

제 9 계 : 격안관화(隔岸觀火) 강을 건너서 불을 보다 ── 적의
자멸을 유도하라.

제10계 : 소리장도(笑裏藏刀) 웃는 얼굴에 칼을 감춘다 ── 적
을 방심시켜라.

제11계 : 이대도강(李代桃畺) 살구가 복숭아로 바뀌어 넘어지다
── 상대는 살을 베게 하고 이쪽에서는 뼈를 자르라.

제12계 : 순수견양(順手牽羊) 손 닿는대로 양을 끌고 간다 ──
작은 실수를 찌르라.

▼ 공전계 (攻戰計)

제13계 : 타초경사(打草驚蛇) 풀을 때려 뱀을 놀라게 하다 ──
숨어 있는 적을 찾아라.

제14계 : 차시환혼(借屍還魂) 주검을 빌어 혼을 찾아오다 ──
무엇이나 이용하라.

제15계 : 조호리산(調虎離山) 호랑이를 달래서 산을 떠나게 한
다 ── 적을 꼬여 내라

제16계 : 욕금고종(欲擒姑從) 사로잡기 위해서 잠깐동안 놔준다
── 잡으려거든 먼저 놔주어라.

제17계 : 포전인옥(抛磚引玉) 벽돌을 던져 옥을 가져온다 ──
새우를 미끼로 해서 도미를 잡으라.

제18계 : 금적금왕(擒賊擒王) 적을 잡으려면 먼저 임금을 잡으
라 ── 적의 요점을 공략하라.

▼ 혼전계 (混戰計)

제19계 : 부저추신(釜底抽薪) 솥밑에서 장작을 빼내다 ── 적의

기세를 꺾으라.

제20계 : 혼수막어 (混水摸魚) 물을 저어서 고기가 보이지 않게 한다 —— 혼란을 틈타 쳐들어가라.

제21계 : 금선탈각 (金蟬脫殼) 매미가 허물을 벗다 —— 원래의 모습을 그대로 놔두고 빼내라.

제22계 : 관문착적 (關門捉賊) 문을 닫고 도적을 잡다 —— 퇴로를 차단하고 잡으라.

제23계 : 원교근공 (遠交近攻) 먼 곳의 적은 사귀고 가까운 곳의 적은 공격한다 —— 먼 나라와 교섭해 이웃 나라를 쳐라.

제24계 : 가도벌괵 (假途伐虢) 길을 빌어서 괵나라를 치다 —— 약소국의 약점을 찔러라.

▼ 병전계 (併戰計)

제25계 : 투량환주 (偸梁換柱) 대들보를 빼다가 기둥으로 바꾸다 —— 주력을 바꾸라.

제26계 : 지상매괴 (指桑罵槐) 뽕나무를 가리키면서 회나무 욕을 하다 —— 넌지시 빗대어 경고 하라.

제27계 : 가치부전 (假痴不癲) 어리석은 체하면서도 미치지는 않는다 —— 못난 소처럼 행동하라.

제28계 : 상옥추제 (上屋抽梯) 지붕 위로 올려놓고 사다리를 치우다 —— 사다리〔進路〕를 제거하라.

제29계 : 수상개화 (樹上開花) 나무 위에 꽃을 피운다 —— 위세 있게 보여라.

제30계 : 반객위주 (反客爲主) 손님이 주인으로 바뀌다 —— 주객을 전도시켜라.

▼ 패전계 (敗戰計)

제31계 : 미인계 (美人計) 미인을 쓰는 계략.

제32계 : 공성계 (空城計) 성을 비우는 계략.

제33계 : 반간계 (反間計) 반목시키고 이갈시키는 계략.

제34계 : 고육계 (苦肉計) 내 몸을 상하게 하여 거짓을 진짜로 믿
게 하라.

제35계 : 연환계 (連環計) 저이 스스로 서로 얽히게 해놓고 그 다
음에 쳐라.

제36계 : 주위상 (走爲上) 도망가는 것이 상책이다.

채근담(菜根譚)에서
삶의 지혜를 배운다

전집과 후집으로 나누어 전집 225개, 후집 135개, 합계 360개의 짧은 문장으로 되어 있는 잠언집(箴言集)이다. 전집은 주로 각박한 현실을 살아나가는 처세의 지혜를 논하고, 후집은 여유있는 한거(閑居)의 즐거움을 말한 것이 많다.

저자는 홍응명(洪應明)으로, 자를 자성(自誠), 호를 환초도인(還初道人)이라 칭했다.

명나라 만력(萬曆)연간의 사람으로 자세한 경력은 알려져 있지 않다. 젊었을 때 과거에 급제해서 관계(官界)에 투신했으나, 중도에서 관계를 물러나 오로지 도교와 불교의 연구에 몰두했다고 전해진다.

〈채근담〉에는 저자의 그러한 생활태도가 짙게 그림자를 드리우고 있다. 즉 유, 불, 도(儒佛道) 세 가지의 가르침을 융합해서 처세의 길을 논하고 있다는 데 특징이 있다. 이 책은 옛날부터 중국에서보다는 우리 선조들한테 애독되어 왔다. 그러나 그것도 연구의 대상으로서가 아니라 오로지 인생을 사는 실천적인 지침서로 읽혀져 왔던 것이다.

- 처세에 처해서는 모나게 하고,
  난세에 처해서는 될 수 있는 한 둥글게 살아라.
- 변을 당하면 백 번의 인내로 견디어 뒷날을 기해야 한다.
- 작은 이익을 탐하여 전체를 그르치지 말라.(以上 前集)
- 좁은 골목길을 갈 때는 한 걸음 물러나 남에게 길을 양보해 주라.
- 꽃은 반쯤 피었을 때를 즐기고, 술은 거나하게 취할 때가 좋다.
- 오랫동안 엎드려 기다린 자는 날을 때는 높이 난다.
- 한 가지 좋은 일이 생기면
  곧 한 가지 나쁜 일이 생긴다.(以上 後集)
- 맹수는 다스리기 쉬우나 인심은 다루기가 어렵다.

위안과 격려를 얻을 인생의 지침서

천지는 영원하지만 인생은 두번 다시 돌아오지 않고,
인간 수명은 백 년, 눈 깜짝할 사이에 흘러간다.
그러므로 인생을 헛되이 보내는 것에 대한
두려움을 가져야 한다

〈채근담〉은 명(1368~1644)나라 시대, 즉 지금부터 약 4백
년 전에 씌어진 책으로, 본서에서 취급한 고전 가운데서 가장
새로운 것이다. 저자는 홍자성(洪自誠)이라고 하지만 자세한
경력은 애매한 점이 많다. 젊었을 때 관리의 길을 걸은 듯하나
도중에서 관계(官界)를 떠난 다음에는 오로지 재야(在野)에서
일생을 마친 것 같다.

'채근(菜根)'이라는 것은 변변치 못한 식사를 가리키는 말이
다. 즉 고생스러운 환경을 견디어 낸 사람만이 대사를 성취할
수 있다는 의미를 포함하고 있는 말이다.

그런데 〈채근담〉은 조선시대부터 현대까지 널리 애독되어 온
중국 고전인데, 어째서 본서가 그만큼 많이 읽혔는가를 잠시 생
각해 보기로 하자.

원래 우리는 옛날부터 중국의 고전을 수입하여 그것을 학습하
고 습득함으로써 기본적인 교양을 형성해 왔다. 그런 경향은 적
어도 조선시대까지 계속되었다. 그때 널리 읽힌 것이 사상에서
는 〈논어〉, 역사에서는 〈십팔사략(十八史略)〉, 문학에서는 〈당
시선(唐詩選)〉이라고 알려져 있다.

이른바 이 세 개의 고전은 기본적인 교양을 몸에 익히기 위한 입문서로 읽혀 왔던 것이다.

〈채근담〉은 이러한 책보다도 훨씬 폭넓게 읽혀 왔으나, 그 읽히는 방식이 독특했다. 앞에 열거한 세 권의 책은 주로 기본적인 교양서로 읽힌 것에 반해, 〈채근담〉은 오히려 실천적인 인생의 지침서로서 읽혀 왔던 것이다.

인생의 지침서로서 〈채근담〉에는 다른 고전에 없는 커다란 특색이 있다. '유, 불, 도' 즉 유교와 불교와 도교의 세 가지 가르침을 융합하여 그 위에 서서 인생을 논하고 처세의 길을 말하고 있는 점이다.

중국에서는 예로부터 유교와 도교라는 두 가지 커다란 사상의 흐름이 있었다. 이 두 가지의 흐름은 어떤 때는 상호 대립하고, 또 어떤 때는 상호 보완해 가면서 중국인의 의식이나 행동을 지배해 왔다.

그러나 유교도 그렇고 도교도 그렇고, 중국의 고전은 인간 내부의 문제에 대해서는 거의 손을 대지 않았다. 중국인의 관심을 일관하면 각박한 현실을 어떻게 살아나가느냐에 있고, 고뇌하는 정신의 구원에는 그다지 관심을 나타내지 않았다. 그 탈락되어 있는 부분을 보완한 것이 인도에서 전해진 불교이고, 그것을 바탕으로 중국에서 독자적으로 전개한 것이 선이라고 할 수 있을 것이다.

이 세 가지의 가르침을 조화시켜서 인생을 어떻게 살아나갈 것인가를 논하고 있는 점에 〈채근담〉의 뛰어난 특징이 있다. 이 책은 360개의 짧은 문장으로 이루어진 잠언집으로 예를 들면 이런 말이 있다.

'천지는 영원하지만 인생은 두 번 다시 돌아오지 않는다. 인간의 수명은 길어 보았자 백 년, 눈 깜짝할 사이에 흘러가 버린다. 다행히 이 세상에 목숨을 받아 태어난 바에야 즐겁게 살아 가기를 원할 뿐만 아니라, 인생을 헛되이 보내는 것에 대한 두 려움도 갖고 있지 않으면 안 된다.'

인생은 짧다고 하는 인식은 누구나 갖고 있다. 그리고 '그러 니까 실컷 즐겁게 살아야 한다'고 생각하는 것이 중국인의 일반 적인 경향이다. 여기에 대해서 〈채근담〉은 즐기는 것도 좋지만, 그와 동시에 의미있는 인생을 보내는 것도 잊지 말라고 경고한 다. 이러한 생각은 유교적인 사고방식이라 할 수 있다.

'인생에서는 무슨 일이든 줄이는 일만 생각하면 그만큼 속세 에서 벗어날 수가 있다. 예를 들자면, 교제를 줄이면 남과 다투 는 일에서 벗어날 수가 있다. 말수를 줄이면 비난을 조금밖에는 받지 않는다. 분별을 줄이면 마음의 피로가 가벼워진다. 지혜 를 줄이면 본성을 온전히 유지할 수 있다. 줄이는 것을 생각하 지 않고 늘이는 것만을 생각하고 있는 사람은 자신의 인생을 꼼 짝할 수 없게 묶어 놓은 것과 같다.'

이러한 이해의 발상은 도교적(道敎的)인 것이라 할 수 있다.

'확실하게 자신의 입장을 확립하고 외부에 의해 지배당하지 않는다면 성공했다고 해서 황홀해 할 것도 없고 실패했다고 해 서 실망할 것도 없다. 이 세상 어디를 가도 여유있게 대처할 수 가 있다.'

'주체성을 상실하고 외부 환경에 지배당하면, 벽에 부딪쳐도 화를 내고 잘 되면 잘 되는 대로 그것에 집착하고 보잘것 없는 것에도 속박당해 자유를 잃고 만다.'

요컨대 무엇에나 얽매이지 않는 정신을 유지하라는 말인데, 이것은 분명히 선(禪)의 영향이라 할 수가 있다.

이것만 보아도 알 수 있듯이, 〈채근담〉은 인생의 지침서라 하 더라도 결코 이른바 풋내나는 인생론은 아니다. 아니 오히려 인생의 원숙한 경지 노회(老獪)하기 짝이 없는 처세의 길을 논하고 있는 것이다. 더구나 〈채근담〉이 논하는 바가 우리들의 사고 방식이나 이해하는 자세와는 너무나 다르기 때문에, 그만큼 귀중한 시사(示唆)를 얻어낼 수가 있을 것이다.

〈채근담〉의 이러한 효용은 현대에도 일체 변함이 없다. 깊이 읽으면 읽을수록 맛이 깊고 각자의 입장에 따라 얻는 바가 클 것이다.

각박한 현실과 고투(苦鬪)하고 있는 사람들은 적절한 조언을 발견할 수 있고, 불운한 상태에 빠져 고생하고 있는 사람의 위안과 격려를 얻을 수 있다. 마음이 초조하고 불안한 사람은 커다란 안정을 얻을 수 있음에 틀림없다.

원활한 인간관계의 지혜

실패의 책임은 공유해야 하지만
성공의 보수는 남에게 양보하는 것이 좋다.
그것까지 공유하려 들면 끝내는 서로 증오하게 된다

'이성을 따라 행동하면 모(角)가 나고 정(情)을 따라가면 물결에 흘러내려가 버린다. 고집을 부리면 만사가 지루해진다. 하여간 세상살이는 어렵기만 하다.'

이렇게 말하며 인간사회를 사는 어려움을 한탄하고 있는데, 이러한 한탄은 모든 인간에게 공통되는 것이다. 어느 시대에 살든간에 인간관계라는 것은 까다롭다.

친절한 마음에서 한 짓이 공연한 참견으로 인식되고, 아무 생각 없이 한 말이 상대방에게 상처를 입히고, 혹은 또 믿고 있던 상대방한테 배신당하거나 하여튼 우리들의 일생 생활은 그러한 골칫거리들로 가득차 있다.

도대체 원만한 인간관계를 이루려면 어떻게 하면 좋을까?

이 문제에 대해서 〈채근담〉은 먼저 상대방에게 한 걸음 양보하는 마음가짐이 필요하다고 주장하고 있다.

'인정은 변하기 쉽고 세상 사는 길은 험악하다. 그러니까 오히려 험난한 고비에서는 한 걸음 물러나 양보하고 편히 지나갈 수 있는 곳에서도 3푼 정도는 남에게 양보하려는 마음가짐이 필요하다.'

287

또 이렇게도 말하고 있다.

'좁은 골목길을 지나갈 때는 한 걸음 물러나 남에게 길을 양보해 준다. 맛있는 음식을 먹을 때는 3푼 정도는 떼어서 다른 사람에게 나누어 주라. 그러한 심정으로 남을 접하는 것이 가장 안전한 처세의 진수인 것이다.'

소위 겸양의 미덕이라고 하는 것인데, 단순히 양보하는 것만은 아니고 정확한 계산이 있다는 것을 잊어서는 안된다.

가령 '평생 길을 양보해도 백 발짝을 넘지 않는다'는 말이 있다. 일생 동안 계속 길을 양보해 보았자 그 합계는 백 보에도 차지 않는다는 의미로, 여기서는 양보해서 잃는 것보다는 양보함으로써 얻는 득이 더 크다는 만만치 않은 계산이 서 있다. 〈채근담〉의 경우도 물론 그러한 계산 위에 선 양보의 정신이다.

'이 세상을 살아나가기 위해서는 남에게 한 걸음 양보하는 마음가짐을 잊어서는 안 된다. 한 걸음 물러난다는 것은 한 걸음 전진하기 위한 전제가 되는 것이다. 인간관계에 있어서는 될 수 있는 있는 대로 관대함을 내세우는 것이 좋은 결과를 가져 온다. 남을 위해 배려하는 것이 결국은 자신에게 이익이 되어 되돌아오는 것이다.'

또 〈채근담〉은 이렇게도 말하고 있다.

'무슨 일을 하든간에 여유를 갖고 신중하게 대처하라. 그렇게 하면 사람들은 물론 천지의 신들도 위해 (危害)를 가하거나 재난을 내리지는 않을 것이다.'

'사업에서도 공명에서도 철저하게 추구하기만 하면 어찌 될 것인가? 안에서 방해를 받거나 밖에서 공격을 받아 어쨌든간에 실패를 면할 수는 없다.'

장황한 것 같지만 또 하나의 예를 들어 보기로 하자.

'실패의 책임은 공유해야 하지만 성공의 보수는 남에게 양보

하는 것이 좋다. 그것까지 공유하려 들면 끝내는 서로 증오하게
된다.'

'괴로움은 공유해야 하지만 즐거움을 남에게 양보하는 것이
좋다. 그것까지 공유하려 들면 끝내는 서로 증오하게 된다.'

이것도 원활한 인간관계를 유지하는 데 필요한 적절한 조언일
것이다. 단지 겸허의 그늘 뒤에 숨어 있는 계산은 어디까지나
비밀로 하지 않으면 안 된다. 표면에 노출시키면 완전히 효과를
상실해 버린다. 그 점에 대해서 〈채근담〉도 엄하게 주의를 환기
시키고 있다.

'남에게 은혜를 베푸는 경우에는 으스대거나 감사를 기대하는
듯한 태도를 보여서는 안 된다. 그런 태도를 보이지 않는다면
가령 쌀 한 말을 베풀더라도 백만 석의 값어치를 낳는다.'

'남에게 이익을 줄 경우에는 효과를 계산하거나 그 대가를 요
구해서는 안 된다. 그런 짓을 하면 비록 백만 금을 주었다 해도
한 푼의 가치도 없게 된다.'

이러한 노련한 처세술의 예를 또 하나 소개해 보기로 하자.

'유해한 인간을 배척하더라도 도망갈 길만은 남겨 놓지 않으
면 안 된다. 도망갈 길마저 빼앗아 버린다는 것은 쥐구멍을 막
고 퇴로(退路)를 끊는 것과 같다. 그러다가는 중요한 것까지
갉아먹어 버린다.'

소위 '궁한 쥐는 고양이를 문다'는 격이다. 상대방을 구석에
몰아넣지 말라. 몰아넣는 것만큼 상대는 정신없이 반격해 온다
는 교훈이다. 이것도 부하를 꾸짖을 때의 마음가짐으로서 명심
해 두어야 할 일이 아닐까? 무턱대고 모조리 잘못했다고 몰아
세우는 것보다는 상대방에게도 얼마간의 정당성을 인정하면서
꾸짖는 쪽이 설득 효과도 높을 것이다. 이것도 또한 한 걸음 양
보하는 지혜의 하나라고 할 수 있다.

남에게 관대하라

타인의 과실에는 관대하고
자신의 괴로움에는 이를 악물라.
그러나 자신의 과실과 타인의 괴로움을
그냥 지나쳐서는 안 된다

〈채근담〉이 말하고 있는 인간관계를 원활히 하는 두 번째 지혜는, 너무 심하게 남을 꾸짖지 말라, 남에게 오로지 관용을 베풀라는 것이다. 너무 평범하게 들릴지도 모르지만, 분명히 관용을 보이지 않고는 원만한 인간관계를 이룰 수 없다.

〈채근담〉은 관용에 대해서도 여러 가지 각도에서 실천적인 주의를 주고 있다.

예를 들면 이러한 말들이 있다.

'남의 결점은 될 수 있는 대로 감싸 주어야 한다. 무턱대고 들추어 내는 것은 결점을 지니고 결점을 꾸짖는 것과 같은 것이므로 효과를 얻을 수 없다.'

'완고한 인간에 대해서는 인내심을 가지고 설득하지 않으면 안 된다. 감정적인 태도로 대드는 것은 완고함을 지니고 완고함에 대항하는 것과 같은 것으로 성사될 것도 성사되지 않는다.'

'남을 질책할 때는 너무 심한 태도로 임해서는 안 된다. 상대에게 받아들여질 수 있는 한도를 알아 두어야 한다. 남을 가르치고 이끌어갈 때는 너무 많은 것을 기대해서는 안 된다. 상대가 실행할 수 있는 범위 안에서 만족해야 한다.'

'작은 과실은 책망하지 않고, 숨기고 있는 것은 들춰내지 않으며 옛 상처는 잊어 준다. 타인에 대해서 이상 세 가지를 지켜 주면 자신의 인격을 높일 뿐만 아니라 남의 원한을 살 일도 없다.'

이상 세 가지 말은 어느 것이나 실천적인 조언이라고 할 수 있다. 요컨대 인간관계에는 따뜻한 배려를 갖고 유연하게 대처하는 것이 좋다.

공자도 '약하게 남을 꾸짖는 것은 원한을 사지 않는다'라고 말하고 있다. 엄격한 태도로 상대를 대하면 아무래도 반발이나 원한을 사기 쉽다. 그러한 쓸데없는 말썽을 피하는 요령이 곧 '관용'인 것이다.

관용은 또한 도량이라든가 포용력과도 관련을 갖는다.

〈채근담〉은 이렇게 말하고 있다.

'세상을 살아갈 때는 지나치게 결백해도 좋지 않다. 더러움이나 지저분한 것까지 모두 뱃속에 챙길 수 있는 도량이 필요하다.'

'인간관계에서는 좋고 싫은 감정을 너무 표면에 노출시켜서는 안된다. 어느 누구라도 받아들일 만한 포용력을 갖도록 하라.'

'더러운 땅에는 식물이 자라지만 너무 맑은 물에는 물고기도 살지 않는다. 더러운 것도 일부러 받아들이는 도량을 가져야만 군자라고 할 수 있다. 자기 혼자 결벽한 체하는 것은 피해야 한다.'

이러한 마음가짐은 어떤 사람에게나 바람직한 것이지만 특히 조직의 지도자에게 없어서는 안 될 자질이라고 할 수 있다.

관대하기 위해서는 무슨 일이든 서두르지 않고 시간을 두고 차분히 대처해야 한다.

'지나치게 서둘러 사정을 알려고 해도 오히려 모르게 될 때가 있다. 그런 때는 느긋이 마음을 잡고 저절로 밝혀질 때까지 기다리는 것이 좋다. 무리하게 공격해서 상대의 반감을 사서는 안 된다. 남을 부릴 때도 좀처럼 마음대로 안될 때가 있다. 그런 경우에는 얼마동안 제멋대로 하라고 내버려 두고, 상대방의 자발적인 변화를 기다리는 편이 낫다. 귀찮게 간섭해서 점점 더 반발하도록 만들어서는 안 된다.'

이것도 지도자에 관한 실천적인 조언이라 할 수 있다.

이상으로 관용의 미덕에 대해서 소개해 왔는데, 괸대하라는 것은 물론 타인에 대해서이지 자신에 대해서는 아니다. 자신에게는 자기 반성적이고 엄격한 태도로 임하는 것이 바람직한 자세인 것이다. 자신을 허술하게 대하다가는 인간으로서의 성장을 기대할 수가 없을 것이다.

'남의 책임을 추궁할 때는 과오를 지적하면서 동시에 과실이 없었던 부분을 평가해 준다. 그렇게 하면 상대방도 불만을 품지 않는다. 자신을 반성할 때는 성공 속에서도 일부러 과오를 찾아낼 만큼 엄격한 태도가 바람직하다. 그렇게 해야만 인간적으로도 가일층 성장을 이룩할 것이다.'

'타인의 과실에는 관대하라. 그러나 자신의 과실에는 엄하게 대하지 않으면 안 된다. 자신의 괴로움에는 이를 악물라. 그러나 타인의 괴로움을 그냥 지나쳐서는 안 된다.'

이것 또한 특히 조직의 지도자에게 필요한 마음가짐이라고 할 수 있을 것이다.

밸런스를 유지하라

기쁨에 겨워 무슨 일이든 쉽게 맡아서는 안 되며
술김에 분노를 폭발시켜서도 안 되고
호황이라 해서 사업을 확장해서는 안 된다

〈노자〉에서도 말한 바와 같이, 우리는 무엇이나 과도하게 행하는 경향이 있는데 반해서 중국인은 지나치게 경계심을 품고 적당한 곳에서 밸런스를 취하려고 한다. 〈채근담〉에도 그러한 인생관이 곳곳에 그림자를 드리우고 있다.

어째서 중국인은 그처럼 과도하게 행하는 것에 경계심을 품고 있는 것일까?

그것은 첫째, 지나치면 오래 가지 못하고 주위의 눈이나 반발 같은 것을 두려워하기 때문이다.

'지위는 그다지 위로 올라가지 않는 것이 좋다. 꼭대기까지 올라가면 함정이 기다리고 있다. 재능은 적당히 발휘해 두는 것이 좋다. 모두 꺼내 놓으면 뒤가 이어지지를 않는다. 훌륭한 행동도 적당히 해 두는 것이 좋다. 너무 과하면 오히려 중상모략을 받기 쉽다.'

이것도 또한 인생을 살아나가기 위한 억센 지혜라고 할 수 있다.

공자도, '과한 것은 부족한 것만 못하다'라고 말했는데, 그러한 과부족(過不足)이 없는 밸런스가 잡힌 상태를 '중용'의 미덕

293

이라고 한다.

〈채근담〉도 여러 곳에서 중용의 미덕에 관해서 말하고 있는데, 그 몇 가지를 들어 보기로 하자.

'자신에게도 타인에게도 세심하게 마음을 써서 무슨 일에나 실수가 없는 사람이 있다. 그런가 하면 한편으로는, 자신도 타인에게도 일체 신경을 쓰지 않고 무슨 일에나 담백한 태도를 취하는 사람이 있다.'

'지나치게 자질구레한 일에 신경을 써도 안 되고, 너무나 무관심해도 좋지 않다. 훌륭한 인물은 밸런스 있는 태도로 일관해야 한다.'

'이상은 높이 가져야 한다. 그러나 어디까지나 현실에 입각하지 않으면 안 된다. 사고는 주도면밀하게 할 것, 그러나 지나치게 지엽적인 일에 얽매여서는 안 된다.'

'취미는 담백해야 한다. 그러나 지나치게 고담적(枯淡的)이어서는 안 된다. 절조는 굳게 지켜야 한다. 그러나 편협하게 되어서는 안 된다.'

'청렴하면서도 포용력이 있다. 따뜻한 인정이 있으면서도 결단력이 풍부하다. 통찰력이 있으면서 남의 결점을 들추어 내지는 않는다. 순수하지만 그러면서도 과격 일변도는 아니다.'

이러한 인물이야말로 '꿀을 써도 지나치게 달지 않고 소금을 써도 지나치게 짜지 않은' 이상에 가까운 사람이다.

극단을 피하고 밸런스가 잡힌 상태를 이상적이라는 것이다.

인생의 쾌락에 대해서도 같은 말을 할 수가 있다.

'즐거움은 적당히 즐겨야 한다.'

즉 빠져들어가서는 안 된다는 것이다.

'먹기 좋은 진미(珍味)는 모두 장(腸)을 상하게 하고 뼈를 썩게 하는 독약이다. 적당히 먹지 않으면 건강을 해친다.'

'쾌적한 즐거움은 어느 것이나 몸을 망치고 덕을 잃는 원인이 된다. 적당히 하지 않으면 후회를 남긴다.'

'친구나 친지를 불러다 놓고 술좌석을 벌이다가 어느새 밤이 깊어 불도 희미해지고 향도 꺼지고 차도 식었다. 그 무렵이 되면, 주위를 돌보지 않고 엉엉 우는 사람까지 나타나 한층 삭막한 기분을 돋군다. 세상의 즐거움이라는 것이 대개 그런 것이다. 그렇다면 왜 적당한 곳에서 끊지를 않는가?'

또한, '꽃을 즐기려면 절반쯤 피었을 때, 술을 마시려면 거나하게 취했을 때, 그때 최고의 정취가 있는 것이다. 만개한 꽃을 보거나 술에 취해 골아떨어질 때까지 마시는 것은, 정말 흥이 깨지는 일이다'라고도 했다.

이와 같은 밸런스 감각과 중용을 중시하는 인생 태도에는 무궁한 맛이 있고, 인생의 정수를 끝까지 맛본 달인(達人)의 울림이 있다. 그리고 그것은 직무를 수행하는 데도 많은 참고가 될 수 있을 것이다. 〈채근담〉에서는 전진하기 위해서는 뒤로 물러날 것을 생각하라고 말한다.

'앞으로 전진할 때는 반드시 뒤로 물러날 것을 생각하라. 그렇게 하면 울타리에 뿔을 처박은 양처럼 오도가도 못하는 지경에 빠질 염려는 없다. 손을 댈 때는 우선 손을 뺄 때를 생각하라. 그렇게 하면 호랑이 등에 올라탔을 때처럼 무작정 돌진하는 위험을 피할 수 있다.'

'기쁨에 겨워 무슨 일이든 쉽게 맡아서는 안 된다. 술김에 분노를 폭발시켜서는 안 된다. 경기가 호황이라 해서 사업을 확장해서는 안 된다. 피로하다고 해서 최후까지 손을 빼서는 안 된다.'

귀가 따가운 말들이지만, 밸런스 감각이나 중용은 이렇게 신중하고 안전하게 사는 태도를 지향하는 것이다.

역경을 이겨내는 마음가짐

오랫동안 웅크리고 힘을 비축한 새는
일단 날기 시작하면 반드시 높이 날아오른다.
일찍 핀 꽃은 지는 것 또한 빠르다

진나라 시대의 양고(羊祜)라는 무장(武將)이, '인생에는 생각대로 안되는 것이 7, 8할이 된다'고 한탄했으나, 우리들 범인(凡人)의 경우에는 7, 8할은커녕 백퍼센트 가까이 생각대로 안되는 것이 정상이 아닐까?

이러한 생각대로 안 되는 인생을 살아가는 데 있어서 무엇보다도 필요한 것이 참을 '인(忍)', 즉 인내라고 〈채근담〉은 말한다.

'산을 오를 때는 험난한 길을 참고 견디어야 하고, 눈길을 미끄러지는 위험을 참고 견디어 내며 전진한다는 말이 있는데, 이 참는다는 것에 깊은 의미가 담겨져 있다.

인정은 각박하고 인생의 길은 험난하다. 참고 견디는 것을 기둥으로 해서 살아나가지 않으면, 당장 숲속에서 길을 잃고 구렁텅이에 빠져 버린다.'

어쨌든 참자고 자신에게 타이르며 살아나가라는 말이다. 그렇다고는 하지만 인생이 참고 견디는 것 뿐이라면 아무런 재미도 없다. 도대체 무엇 때문에 참고 견디어야 하느냐는 의문이 떠오르는 것도 당연하다.

그런데 중국에는 옛날부터 행복과 불행은 순환한다는 사상이 있다. 그러니까 지금 비록 불행하더라도 언젠가는 좋은 시절이 찾아 온다, 그렇게 자신에게 타이르면서 현재의 고통을 참아나 가라는 것이다. 그렇게 앞길에 희망을 갖는 고생이라면, 고생을 할 보람도 있다. 반대로 지금 일이 잘 되어나가도 언제 어느 때 밑바닥 구렁텅이로 떨어질지 예측할 수가 없다. 그렇기 때문에 호황에 마음을 놓지 않고 한층더 신중한 태도로 경영에 임하지 않으면 안 된다.

　〈채근담〉도 이러한 순환의 사상을 인식하고서 다음과 같이 말하고 있다.

　'내리막길로 향하는 징후는 최전성기에 나타나고, 새로운 것의 태동은 쇠퇴의 극에서 생겨난다.'

　'순조로울 때는 한층 더 마음을 독하게 먹고 이변(異變)에 대비하고, 난관이 닥쳤을 때는 오로지 참고 견디어내며 초지(初志)를 관철하지 않으면 안 된다.'

　'하늘의 의지는 예측할 수가 없다. 시련을 주는가 하면 영달을 보증하고, 영달을 보증하는가 싶으면 다시 시련을 내린다. 그래서 불후(不朽)의 영웅호걸들도 실의에 빠지고 좌절을 겪어 왔다.'

　'그러나 훌륭한 인물은 역경에 떨어져도 기꺼이 그것을 감수하고 평온무사할 때도 비상시국에 대한 대비를 잊지 않는다. 그러니까 하늘조차도 그를 괴롭힐 수가 없는 것이다.'

　오랜 인생에는 누구나 운이 돌아오지 않을 때가 있고, 생각지도 않은 역경에 부딪칠 때도 있다. 그럴 때는 참고 견디는 것을 첫째라 다짐하고 오로지 참고 견디지 않으면 안 된다.

　'역경이나 빈곤은 인간을 굳세게 단련시키는 용광로 같은 것이다. 그 속에서 단련되면 몸과 마음 모두 강건해진다. 단련될

기회를 갖지 못하면 제대로 된 인간으로 성장할 수가 없다.'

'역경에 처했을 때는 몸 가까이에 있는 모든 것이 양약(良藥)이 되고, 절제도 행동도 자기도 모르는 사이에 연마된다. 그러나 순조로운 환경에 있을 때는 눈 앞의 모든 것이 흉기로 변하고 몸 안의 모든 뼈가 뽑혀나가도록 깨닫지를 못한다.'

그리고 역경에 처해서 가장 난처한 것은, 첫째 정신까지도 위축되어 버리는 것이고, 둘째는 초조해서 신경질을 부리는 것이고, 셋째는 체념하지 못하고 미련스럽게 발버둥을 치는 태도이다.

이렇게 되면 역경에서 벗어나기는커녕 오히려 더 깊은 곳으로 빠져 버린다.

역경에 처했을 때는 묵직하게 엉덩이를 내리고 힘을 비축하면서 기회를 기다리는 것이 가장 중요하다.

'오랫동안 웅크리고 힘을 비축한 새는 일단 날기 시작하면 반드시 높이 날아오른다. 남보다 먼저 피는 꽃은 지는 것도 또한 빠르다. 그 도리만 익히고 있으면 도중에서 좌절할 근심도 없고, 공(功)을 서둘러 초조해 할 필요도 없다.'

우리들도 그러한 심정으로 인생의 마라톤에서 완주할 수 있도록 해야겠다.

스스로 자신을 괴롭혀라

절조가 굳은 인물은
온화한 태도를 몸에 익히는 것이 바람직하다.
그렇게 되면 쓸데없는 다툼에 끼어들지 않아도 된다

설득력 있는 지도자를 지향하기 위해서는 평소부터 자신을 단련시키지 않으면 안 된다. '수신(修身)'이라든가, '수양(修養)'이라고 하는 것이 바로 그것이다. 그런데 모두들 그것을 질색하고 싫어한다. 다른 사람으로부터 이래라저래라 하는 말을 듣는 것을 누구나 좋아하지 않는다. 수신이나 수양은 본래 타율적인 것이 아니고, 스스로 향상(向上)하고 싶다는 자각적인 노력을 가리키는 것이다. 그러한 노력은 누구보다도 지도자에게 우선적으로 요구된다.

'바쁠 때 당황하지 않으려면 한가할 때 확실하게 정신을 단련해 놓지 않으면 안 된다.'

임기응변 따위는 소용이 없고 평소에 부단한 수양을 쌓으라는 말이다.

그러면 어떻게 자신을 단련시켜야 할까?

〈채근담〉에 의하면 우선 생활환경이 문제가 된다.

'쉴새없이 불쾌한 충고를 귀로 듣고, 생각대로 되어 주지 않는 일들을 하나 가득 안고 있기 때문에 자신을 향상시킬 수 있는 것이다. 귀에 듣기 좋은 말만 듣고 생각대로 모든 일이 척척

해결되어 준다면 자신의 인생을 일부러 망치고 있는 것이나 다름이 없다.'

공자도 '좋은 약은 입에 쓰지만 병에 좋으며, 충고는 귀에 거슬리지만 행동에 도움을 준다'라고 했듯이 〈채근담〉이 말하려고 하는 것도 같은 것이다.

둘째로 초조해 하지 말 것, 시간을 두고 착실하게 한발한발 자신을 향상시켜 가는 것이 바람직하다.

'자신을 단련시키려고 할 때는, 금을 제련할 때처럼 충분한 시간을 소비하지 않으면 안 된다. 속성으로 하면 아무래도 바닥이 얕아진다. 사업을 시작할 때는 무거운 석궁(石弓)을 발사할 때처럼 서두르지 말고 신중을 기하지 않으면 안 된다. 성급하게 시작하면 커다란 성과를 기대할 수 없는 것이다.'

'복숭아나 배꽃은 아름다운 꽃을 피운다. 그러나 소나무의 멋진 푸르름을 당할 수는 없다. 배와 살구는 달콤한 열매를 맺는다. 그러나 등자(橙子)나 귤(密柑)의 상쾌한 향기를 따르지는 못한다.'

이상에서 밝혀진 바와 같이 화려하고 단명(短命)한 것은 은근하고 길게 가는 것에는 미치지 못하고 조숙(早熟)은 만성(晩成)을 따를 수 없는 것이다.

'대기만성(大器晩成)'이라는 말은 〈노자〉에 있는 말이지만, 〈채근담〉도 착실한 노력을 쌓아 만성의 대기를 지향하라고 논하고 있다.

그런 인간은 누구나 장점과 단점을 갖고 있다. 자신을 단련시킨다는 것은 장점에 세련미를 더해 가면서 한편으로 단점을 보강하는 노력을 게을리하지 않는다는 뜻일 것이다.

'절조가 굳은 인물은 온화한 태도를 몸에 익히는 것이 바람직하다. 그렇게 되면 쓸데없는 다툼에 끼어들지 않아도 된다. 공명심이 왕성한 인물은 겸양의 미덕을 몸에 익히는 것이 바람직하다. 그렇게 되면 남의 시기를 받지 않아도 된다.'

처음부터 이상적인 지도자라는 것은 존재하지 않는다. 꾸준한 노력을 쌓아감으로써 한발 한발 높은 차원으로 접근해 가는 것이다.

〈채근담〉이 그리는 이상적인 지도자상은 다음과 같다.

'자질구레한 일의 처리에도 손을 빼지 않는다. 사람들이 보지 않는 데서도 나쁜 일에 손을 대지 않는다. 실의에 빠졌을 때도 헛되이 처신하지 않는다. 그래야만 비로소 훌륭한 인물이라 할 수가 있는 것이다.'

'도를 터득하려면 먼저 엄하게 자세를 가다듬을 필요가 있는데, 그러나 한쪽으로 일에 얽매이지 않는 소탈한 정신도 필요하다. 오로지 자신을 괴롭히는 것뿐이라면 가을 바람의 냉기는 있어도 봄바람의 훈기는 없다. 어찌 만물을 키워나갈 수 있겠는가?'

하지만 이러한 조건을 모두 갖춘 훌륭한 지도자가 된다는 것은 좀처럼 쉬운 일이 아닐 것이다.

정관정요(貞觀政要)에서
제왕학을 배운다

이 책은 당왕조의 2대 황제 태종(재위 626~649년)과 그를 보좌한 명신(名臣)들과의 정치문답집(政治問答集)으로, 옛날부터 제왕학(帝王學)의 교과서로 일컬어 왔다. 당대(唐代)의 역사가 오긍(吳兢)이 편찬했는데, 〈군도편(君道篇)〉에서 〈신종편(愼終篇)〉까지 10권 40편으로 되어 있다.

태종 이세민(李世民)은 부친인 고조(高祖)를 보좌하며 당왕조의 창건에 이바지했을 뿐만 아니라, 고조의 뒤를 이어 2대 황제로 취임하자, 널리 인재를 모아 당왕조 3백년의 기초를 견고히 했다.

가령 태종 밑에는 재상인 방현령(房玄齡), 두여회(杜如晦), 정치고문인 위징(魏徵), 옥규(玉珪), 장군인 이정(李靖), 이석 같은 쟁쟁한 인재가 모였다. 태종은 그들 명신들의 간언을 받아들여 정치를 했기 때문에, 그의 치세(治世)는 태평을 구가했으며, 안정된 사회가 이루어졌다.

세상에서는 태종의 연호를 취해서 정관(貞觀)의 치세(治世)라 부르고, 〈정관정요(貞觀政要)〉에는 태종과 명신들의 문답을 통해 정관의 치세라는 태평성세를 가져다준 정치의 요체가 실려 있다.

- 상(賞)은 사사로운 정에 기울어서는 안된다.(封建篇)
- 나라를 다스리는 것은 나무를 키우는 것과 같다.(正體篇)
- 일부러 천하의 안정보다는 항상 위망(危亡)을 생각하라.(愼終篇)
- 정치의 요체는 다만 인재를 얻는데 달려 있다.(崇儒學篇)
- 국가의 법령은 오로지 간략해야 한다.(赦令篇)
- 숲이 깊으면 새가 살고 물이 깊으면 물고기가 노닌다.(仁義篇)
- 흐르는 물의 청탁(淸濁)은 근원에 달려 있다.(誠信篇)
- 대사(大事)는 모두 소사에서 일어난다.
- 제왕의 업(業), 창업(創業)과 수성(守成),
  어느 것이 더 어려운가?
- 군주는 배[舟]고 백성은 물이다.
- 편안할 때 위태로움을 생각하라.(君道篇)

지키는 시대의 제왕학 (帝王學)

원래 천자의 위는 하늘에서 물려받아
백성에 의해 주어지는 것이나
일단 천하를 얻고 나면
정신이 해이해져 지키기가 어렵다

〈정관정요(貞觀政要)〉는 우리에게 그다지 낯익은 것은 아니지만, 제왕학의 원전으로 옛날부터 동양에서 애독되어 온 책이다.

이 책은 지금부터 약 1천3백5십 년 전, 당의 2대 황제인 태종 시대에 성립되었다. 태종의 이름은 이세민(李世民)이라 하며 중국 3천 년 역사 가운데 명군으로 손꼽히는 왕이다. 태종 황제(皇帝)의 치세는 23년간이나 계속 되었는데, 그 치세는 태종의 연호를 취해 '정관(貞觀)의 치세(治世)'라 불리우고 이상적인 정치가 행해졌다고 칭송되어 왔다.

〈정관정요〉란 두말할 것도 없이, '정관의 치세'와 같은 이상적인 시대를 이룩한 정치의 요체라는 의미인데, 이 책에서는 주로 태종과 중신들의 짧은 대화풍(對話風)의 에피소드를 통해서 그들이 어떤 마음가짐으로 정치에 임했는가, 어떤 점에 고심했는가 그 비밀이 설명되어 있다. 훌륭한 정치를 맡은 인물들의 무대 뒤의 얘기라고나 할까?

이 책은 뒤에 이어지는 중국의 황제들에게 제왕학의 교과서로 읽혀져 왔다. 중국뿐만 아니라 우리 나라에서도 〈정관정요〉를 가까이 한 위정자들은 많다.

그러면 〈정관정요〉가 논하는 제왕학의 요체는 무엇인가? 한 마디로 말하면 지키는 시대의 최고 지도자의 마음가짐이라고 할 수 있다. 〈정관정요〉에 '창업이 어려운가, 수성(守成)이 어려운가?'하는 유명한 문답이 있다. '수성'이란 이미 완성한 것을 지켜 간다는 의미이다.

언젠가 태종이 중신들에게,

"제왕의 사업 가운데서 창업과 수성 중에 어떤 것이 더 곤란할까?"

하고 물었더니, 먼저 방현령(房玄齡)이라는 재상이 대답했다.

"창업의 시초에 당하면 천하가 삼줄기(麻)처럼 흐트러지고 각지에 군웅(群雄)이 할거하고 있습니다. 천하통일의 대업을 성취하는 데는 그들 군웅과의 쟁패전(爭覇戰)에 싸워 이기지 않으면 안 됩니다. 그 일을 생각하면 창업 쪽이 더 곤란한 일이라고 생각합니다."

이에 대해 위징(魏徵)이라는 측근이 반론을 폈다.

"아닙니다. 틀렸습니다. 원래 천자의 위는 하늘에서 물려받아 백성에 의해 주어지는 것으로, 그것을 손에 넣기 곤란하다고는 할 수 없습니다. 그러나 일단 천하를 손에 넣고 나면 정신이 해이해져서 자기 멋대로의 욕망을 억제할 수가 없어지고 맙니다. 백성이 평온한 생활을 소망한다 하더라도 징발(徵發)이 그칠 사이가 없습니다. 백성이 기아선상을 헤매고 있어도 제왕의 호화찬란한 생활을 위해 세금은 끊임없이 과해집니다. 국가의 쇠퇴는 항상 그것이 원인이 됩니다. 그와 같은 이유로 저는 수성이야말로 곤란하다고 말씀드립니다."

잠자코 듣고 있던 태종은 다음과 같이 말했다고 한다.

"잘 알겠다. 방현령은 나를 따라 천하를 평정하면서 고난을 같이하고 구사일생으로 오늘에 이르렀다. 그대의 입장에서 보면 창업이야말로 곤란한 사업이라고 생각하는 것도 무리는 아닐 것이다. 한편, 위징은 나와 함께 천하의 안정을 도모하면서 지금 여기서 조금이라도 긴장을 풀면 반드시 멸망의 길을 걷게 될 것이라고 우려하고 있다. 그래서 수성이 더 곤란하다고 말했을 것이다. 그런데 돌이켜 생각해 보면, 창업의 곤란은 이미 과거의 것이 되어 버렸다. 이제부터는 그대들과 함께 정신차려 수성의 곤란을 극복해 나가야겠다."

태종은 이와 같은 마음가짐으로 수성의 시대에 대처하여 명군이라 추앙받기에 이르렀다.

부하의 의견에 귀를 기울여라

신하가 군주에게 간하려면
죽음을 각오하고 형장(刑場)에 가는 것이나
적진 속으로 들어가는 것과 다름이 없다.
감히 간언하는 신하가 적은 것은 그런 이유에서일 것이다

항우와 유방 두 사람은 진나라의 시황제(始皇帝)가 죽은 뒤 천하를 갖기 위해 다투었다. 그리고 최종적으로는 유방이 항우를 격파하여 천하를 통일하고 한(漢)이라는 새로운 왕조를 세웠다.

이 두 사람의 싸움은 처음에는 압도적으로 항우 쪽이 우세했다. 그러나 유방은 끈질기게 열세를 만회하고 역전의 승리를 거두었다. 그 승리의 원인에 대해서 유방 자신은 이렇게 말하고 있다.

"나에게는 소하(蕭何), 장량(張良), 한신(韓信)이라는 세 사람의 걸물(傑物)이 붙어 있었다. 이 세 사람을 적재적소에 쓴 것이 나의 승리의 비결이었다. 여기에 비해 항우에게는 범증(范增)이라는 군사(軍師)가 붙어 있었는데, 그 한 사람조차도 제대로 부리지를 못했다. 그것이 항우의 패인이다."

세 사람의 걸물들을 익숙하게 구사한 것이 승리를 거둔 이유라고 말하고 있으나, 익숙하게 구사했다고 해도 졸개들처럼 마구 부렸다는 말은 아니다. 유방은 세 사람의 의견을 실로 잘 들어 준 것이다. 유방 쪽에서 명령이나 지시가 내려진 것은 거의

없고, 부하의 진언에 귀를 기울이고 마지막에 '좋다. 그렇게 하자'고 결단을 내리는 것이 유방의 방식이었다.

그러한 방식을 채용하게 되면 부하로서도 그만큼 책임을 느끼고 열심히 일을 하지 않을 수 없다. 유방이 부하를 구사한 비결은 바로 이것이었다.

그런데 부하의 의견이라는 것은 내용면에서 보면 대강 두 가지로 나눌 수가 있다. 첫째는 정책이라든가, 전략전술에 관한 진언이고, 둘째는 지도자나 상사의 과실을 간하는 간언이다.

지금 말한 유방의 경우는, 주로 정책이나 전략전술에 관한 진언에 귀를 기울인 셈인데, 지도자에게 있어서 더욱 곤란한 것은 간언에 귀를 기울이는 일일 것이다.

중국에는 '좋은 약은 입에 쓰지만 병에 잘 듣고, 충언(忠言)은 귀에 거슬리지만 자신에게 도움이 된다'는 격언이 있는데, 간언(諫言)이라는 것은 듣는 쪽에서는 언제나 씁쓸한 것이다.

자신의 결점이나 과오를 지적받으면 누구나 기분이 좋을 리는 없다. 그것을 허심탄회하게 받아들이려면 상당한 인내력을 필요로 한다.

그런데, 중국의 역대 황제 가운데서 당태종(唐太宗)만큼 간언을 좋아한 지도자는 없었을 것이다. 오히려 자기 쪽에서 적극적으로 그것을 구하고 있는 것이다. 〈정관정요〉를 읽으면 그것이 통렬하게 전해져 온다.

가령 태종은 언젠가 중신들을 모아놓고 이렇게 말했다.

"예로부터 제왕 중에는 자신의 감정대로 행동하는 사람이 많았다. 기분이 좋을 때는 공적이 없는 자에게까지 상을 내리고, 화가 났을 때는 죄가 없는 인간까지 죽였다. 천하의 대란(大亂)은 모두 그것이 원인이 되어 일어났던 것이다. 나는 밤낮으로 그것에 대해 생각을 해 왔다. 제발 생각나는 것이 있으면 사양하지 말고 말해 주기 바란다. 또한 그대들도 부하의 간언을 즐겨 받아들이는 것이 좋다. 자신의 의견과 다르다고 해서 거부해서는 안 된다. 부하의 간언을 받아들이지 않는 자가 어찌 상사에게 간언할 수 있겠느냐?"

또 아주 만년에 가서의 일인데, 태종은 위징에게 다음과 같이 말하고 있다.

"요즘은 신하들 가운데 의견을 제출하는 자가 통 보이지를 않는구나. 도대체 어찌 된 일이냐?"

그러자 위징이 이렇게 대답했다.

"폐하께서는 허심탄회하게 신하의 의견에 귀를 기울여 오셨습니다. 활발하게 자기 의견을 말하는 자가 있어야 당연합니다. 그러나 똑같이 침묵을 지켜도 사람 각자가 이유가 다른 것입니다. 의지가 약한 자는 마음으로는 생각하고 있어도 입으로 말할 수가 없습니다. 평소 측근에 있지 않던 자는 신뢰를 잃을까봐 좀처럼 입을 열지 않습니다. 또한 지위에 연연하고 있는 자는 허튼 소리를 했다가 행여나 지위를 잃어 버리지 않을까 해서 이 또한 적극적으로 발언하려고 하지 않습니다. 모두들 침묵을 지키고 있는 것은 그런 이유 때문입니다."

위징의 대답은 부하의 심리를 교묘하게 묘사하고 있으며, 또한 지도자의 맹점을 잘 지적하고 있다. 여기에 대해 태종은 다음과 같이 대답하고 있다.

"진정으로 그대가 말한 그대로다. 나는 항상 그 점에 대해서 반성하고 있다. 신하가 군주에게 간하려면 죽음을 각오하고 나서지 않으면 안 된다. 그것은 형장(刑場)에 가는 것이나 적진 속으로 돌격해 들어가는 것과 하등 다를 것이 없다. 감히 간언하는 신하가 적은 것은 그런 이유에서 일 것이다. 나는 앞으로도 겸허한 태도로 간언을 받아들일 생각이다. 그러니 그대들도 쓸데없는 걱정은 하지 말고 과감하게 의견을 말해 달라."

태종은 생애를 통해 이러한 태도로 일관하여 널리 신하의 간언에 귀를 기울였다고 한다. 그것이 〈정관정요〉를 배우는 제왕학의 첫째 조건일 것이다.

다만 부하의 의견에 귀를 기울인다고 하더라도, 그 전제로써 부하는 유능한 실력을 갖춘 인재가 아니면 안 된다.

그런 점에서 볼 때, 태종 아래에는 위징이나 방현령 같은 쟁쟁한 인재가 많이 있었다. 그러므로 지도자라면, 인재를 모으는 노력도 동시에 배우기를 바란다.

자기 몸부터 바르게

지도자가 솔선해서 자신의 자세를 바로 잡으면
부하도 그것을 배워 옷깃을 여미지 않을 수 없다.
그것만으로도 조직은 꽉 짜여진다

앞에서도 말한 바와 같이 〈논어〉 가운데, '자신의 행동이 정
당하면 명령할 것도 없이 실행되어진다. 그러나 자신의 행동이
그릇되어 있으면 아무리 명령해도 실행되어지지 않는다'는 말이
있다.

이 말은 어느 시대의 간부나 지도자도 명심해야 할 말이다.

왜냐하면, 간부나 지도자는 일거수 일투족이 항상 부하로부
터 주목받고 있기 때문이다. 이러한 입장에 놓여 있는 자가 부
하 앞에서 어설픈 태도나 행동을 보이면, 당장 부하들의 사기에
영향을 주고 나아가서는 조직의 붕괴를 가져 올 수도 있다.

태종은 그러한 점에서도 엄격한 자숙(自肅)을 게을리하지 않
았던 사람이다. 언젠가 태종은 중신들에게 이렇게 말했다.

"군주가 된 자는 무엇보다도 먼저 백성들의 생활 안정을 염두
에 두어야 한다. 백성을 착취해서 사치스러운 생활에 빠지는 것
은 마치 자기의 다리를 베어 먹는 것과 같아서, 이미 몸의 한
쪽이 말을 안 듣게 된다. 천하의 안녕을 원한다면 먼저 자신의
자세를 올바르게 해야 할 필요가 있다. 지금까지 단 한 번도 몸
은 똑바로 서 있는데 그림자가 구부러져 보이고, 군주가 훌륭한

정치를 하는데 백성이 엉망이었다는 얘기는 들어 본 적이 없다.

나는 언제나 이렇게 생각하고 있다. 몸의 파멸을 가져 오는 것은 그 사람 자신의 욕망이 그 원인이라고. 항상 산해 (山海)의 진미 (珍味)를 먹고 음악이나 여자에 빠져 있다면 욕망은 한 없이 퍼져 가고, 그것에 드는 비용도 막대하게 된다.

그렇게 되면 가장 중요한 정치에서 멀어지게 되고, 백성을 도탄에 빠뜨리게 된다. 게다가 군주가 이치에 맞지 않는 한 마디라도 하게 되면, 백성의 마음은 불뿔이 흩어지게 되고, 반란을 꾀하는 자도 나타나게 될 것이다. 그렇기 때문에 나는 항상 이것을 염두에 두고 적극적으로 자신의 욕망을 억제하려고 노력하고 있다."

측근인 위징이 그의 말을 받아서 계속 이렇게 말하고 있다.

"예로부터 성인으로 숭앙받은 군주는 모두 이것을 실천했습니다. 그렇기 때문에 이상적인 정치를 행할 수 있었습니다. 일찍이 초나라의 장왕 (莊王)이라는 임금님이 섬하 (詹何)라는 현인을 모셔다 정치의 요체를 물었더니, 섬하는 '먼저 군주가 자신의 자세를 바르게 하는 것입니다'라고 대답했습니다. 장왕은 되풀이해서 구체적인 방책 (方策)에 대해서 질문했는데, 그래도 섬하는, '군주가 자세를 올바로 갖고 있는데 나라가 흔들린 적은 한 번도 없습니다'하고 대답할 뿐이었습니다. 폐하가 말씀하신 것은 섬하의 말과 꼭같은 것입니다."

당태종은 이러한 각오로 정치에 임하고 솔선해서 스스로의 자세를 바르게 하는 데 노력했다. 언젠가 태종은 위징을 향해서 이렇게 말했다.

"나는 언제나 나의 자세를 올바로 갖기 위해 노력해 왔는데, 아무리 노력해도 옛날 성인을 따라갈 수가 없다. 세상 사람들에게 비웃음을 당하지 않을까 그것이 걱정이다."

그러자 위징은 이렇게 말하며 위로하고 있다.

"옛날 노나라의 애공(哀公)이 공자를 보고, '세상에는 건망증이 심한 사람도 있는 모양이야. 이사갈 때 하필이면 여편네를 잊어 버리고 갔다더군'하고 말했더니 공자는 '아니, 그보다 더한 사람이 있습니다. 폭군이라고 일컬어지는 걸주(桀紂) 같은 사람은 여편네는 물론 자기 몸까지도 잊어 버리고 있었습니다'하고 대답했다고 합니다.

제발 폐하께서도 그 일만은 꿈에도 잊지 마십시오. 그것만 명심하시면 적어도 후세 사람의 웃음거리는 되지 않을 것입니다."

위징의 말에 태종은 크게 고개를 끄덕였다고 한다.

지도자가 솔선해서 자신의 자세를 바로잡으면, 부하도 그것을 배워 옷깃을 여미지 않을 수가 없다.

최초의 긴장감을 지속시키라

천하가 안정을 향하고 있을 때야말로
가장 신중하게 행동하지 않으면 안 된다.
이제야 안심이다 하고 긴장을 풀면
반드시 나라를 망치게 된다

중요한 지위에 임명되거나 경영자의 지위를 얻었을 때는, 누구나 결의를 새롭게 하고 긴장해서 일에 임한다. 그러나 그 긴장감을 지속시키는 것은 용이한 일이 아니다.

2년이 지나고 3년이 지나 그 지위에 익숙해지면 긴장도 차츰 풀어지는 것이 일반적이나, 그것은 지도자로서는 실격이라는 것이다.

언젠가 태종이 중신들에게 물었다.

"나라를 유지해 가는 것은 어려운 일인가 용이한 일인가?"

"지극히 어려운 일입니다."

위징이 이렇게 대답했더니 태종이 되물었다.

"뛰어난 인재를 등용하고 그들의 의견을 듣는다면 그것으로 족하지 않겠는가? 반드시 어렵지만은 않다고 생각되는데……"

"지금까지의 제왕을 보십시오. 나라의 경영이 위태로워졌을 때는 인재를 등용하고 그 의견에 자주 귀를 기울입니다만, 나라의 기반이 굳어지고 나면 필연코 마음이 해이해집니다. 그렇게 되면 신하도 자기 몸을 아껴서 잘못이 있어도 애써 간하려고 하지 않습니다.

315

이렇게 해서 나라의 정치는 차츰 하강선(下降線)을 더듬게 되고 끝내는 멸망에 이르게 됩니다. 예로부터 성인이 '편안할 때 위기를 생각한다'고 한 것은 바로 그 때문입니다. 나라가 안녕할 때야말로 정신을 바짝 차리고 정치에 임하지 않으면 안 됩니다."

위징은 여기서 '편안할 때 위기를 생각한다'는 말을 인용해서 태종의 주위를 촉구했는데, 편안할 때 즉 모든 일이 잘 되어 갈 때야말로 한층 더 정신을 가다듬고 모든 일에 대처하라는 뜻이다.

그러나 이것을 실행에 옮기기란 의외로 어렵다.

실패한 예가 당의 현종(玄宗) 황제이다. 현종은 즉위 직후에, 긴장감을 가지고 정치에 정열을 쏟았고, 그 결과 '개원(開元)의 치세'라고 일컬어질 정도의 번영을 누리는 데 성공했다.

그러나 정치에 싫증을 느끼고 미녀 양귀비에게 빠져서 끝내는 나라를 멸망시켰다.

이런 점에서 태종은 '정관(貞觀)의 치세'라고 불리우는 훌륭한 시대를 쌓아나가면서도 단 한 치도 긴장을 풀지 않고 있다. 즉 치세의 최후까지 긴장감을 지속해 나가고 있는 것이다.

언젠가 태종은 중신들에게 이렇게 말하고 있다.

"나라를 다스릴 때의 마음가짐은 병을 치료할 때의 마음가짐과 꼭 같은 것이다. 병자라고 하는 것은 회복을 앞두었을 때 한층 더 신중하게 치료하지 않으면 안 된다. 자칫 방심해서 의사의 지시를 어기는 일이 있으면 그야말로 목숨을 잃게 되는 것이다.

나라를 다스릴 때도 이와 똑같은 마음가짐이 필요하다. 천하가 안정을 향하고 있을 때야말로 신중하게 행동하지 않으면 안 된다. 그때 '이제야 안심이다'하고 긴장을 풀면 반드시 나라를

316

망치게 된다.

앞으로도 제발 힘을 합쳐서 마음을 하나로 하여 정치에 임해 주기 바란다. 위험하다고 생각되면 언제나 숨김없이 털어놓아라. 군신간에 의혹이 생겨나고 마음 속에 품고 있는 생각을 나타내지 않게 된다면, 나라를 다스리는 데 있어서 중대한 해독을 끼치게 되는 것이다.

태종은 평생을 이러한 마음가짐으로 정치에 임했다. 확실히 어떤 일이라도 마음이 해이해진 순간에 위기를 맞이하는 일이 많다.

야구에서도 강타자인 4번 타자가 삼진(三振)으로 물러나 이제야 한시름 놓았다고 안도의 숨을 내쉬는 순간, 하위 타자에게 커다란 것을 한방 맞는 광경을 자주 보게 된다.

기업경영에서도 이와 마찬가지이다. 업적이 호조일 때야말로 한층 더 신중한 기획과 운영의 묘를 살리는 것이 바람직한 것이다.

자기 컨트롤에 철저하라

인(忍)에 의한 자기 컨트롤이야말로
지도자가 먼저 명심하지 않으면 안 될
제왕학의 제4의 조건이다

황제는 절대권력을 장악하여 마음만 먹으면 신하의 목을 자르건 미녀를 수청들게 하건, 어떤 일이라도 마음대로 행할 수 있었다.

그러나 제멋대로 그런 짓을 했다가는 물론 폭군으로 전락해 버린다. 명군이 되려고 하면 남달리 엄격한 자기 규제가 필요했다. 그것을 잘 나타내 주고 있는 것이 〈정관정요〉에 나오는 다음과 같은 얘기이다.

언젠가 중신들이 태종에게 이렇게 주상(奏上)했다.

"옛날부터 여름이 끝나갈 때는 2층 전각에 살라고 했습니다. 지금 아직 잔서(殘暑)가 남아 있는데도 가을 장마가 시작하려 하고 있습니다. 궁전 안은 습기가 많아서 몸에 해롭습니다. 원컨대 한시라도 빨리 2층 전각을 지어 옮겨 가셔야 합니다."

황제에게 있어서 전각 하나 짓는 것쯤은 식은 죽 먹기지만 태종은 이렇게 말했다.

"알고 있다시피 나는 신경통으로 고생하고 있다. 그 병에 습기가 좋지 않다는 것은 나도 잘 알고 있다. 그러나 그대들의 청을 들어서 2층 전각을 지으려면 막대한 비용이 들어야 할 것이다. 옛날에 한(漢)의 문제(文帝)가 전각을 지으려다가 그 비용이 보통집 10여 채를 지을 만큼 든다는 것을 알고 중지했다고 하지 않느냐? 나는 문제와 비교해 볼 때, 덕(德)은 크게 미치지도 못하고 돈쓰는 것만은 훨씬 많았다고 한다면 백성의 부모격인 천자로서는 실격이 아니겠느냐?"

중신들은 재삼청을 했으나 태종은 끝까지 승낙하지 않았다고 한다.

범용(凡庸)한 지도자로 끝날 생각이라면 그러한 자기 컨트롤은 필요가 없을지도 모른다.

그러나 수준급 이상의 지도자가 되기를 소망한다면, 강한 의지력을 갖고서 자기 컨트롤에 철저하지 않으면 안 된다. 이 원칙은 공적인 생활에 있어서 뿐만 아니라 사적인 생활에도 적용된다.

태종의 취미는 사냥이었다. 그것은 취미인 동시에 유일한 스트레스 해소법이기도 했다. 그러나 그 사냥조차도 마음대로 즐기지를 못했다. 왜냐하면 중신들이 제각기 이렇게 간했기 때문이다.

"만백성의 군주된 몸으로 사냥 같은 위험한 것을 해서는 안 됩니다. 만일 무슨 일이 일어나면 어떻게 하시렵니까? 개인적인 오락은 삼가시고 좀더 열심히 정치에 임하셔야 합니다."

그 당시의 사냥이라는 것은 지금의 골프 같은 것에 해당할 것이다.

가끔 골프를 치는 것조차 자유로이 할 수 없다니 황제란 얼마나 답답한 생활을 강요당했을까 하는 동정심을 금할 수가 없다.

얼마간 여담 비슷한 얘기가 되지만, 태종의 다음 황제, 즉 3대 황제는 고종(高宗)이라고 한다. 그는 태종과는 달라서 범용한 인물이었다. 황후인 측천무후(則天武后)에게 목덜미를 잡혀 평범한 황제로 시종일관했던 인물이다.

고종이 황제로 있을 때, 어느 지방에 몇백 명의 대가족이 같은 지붕 밑에서 싸움 한 번 하지 않고 사이좋게 살아가는 집이 있었다.

대가족제도인 중국에서도 드문 일이었던 모양이다.

고종이 지방순시 도중 그 집에 들러서 가족 화합의 비결을 물었다.

그러자 그 집 주인은 지필묵(紙筆墨)을 가져 오게 해서 '참을 인(忍)'이라는 글자를 백 자 이상 적어서 바쳤다고 한다.

대가족 화합의 비결은 '인' 이외의 아무것도 아니라는 것이다. 그것을 본 고종은 마음이 흡족하여 막대한 은상(恩賞)을 내렸다고 한다.

나라의 최고 책임자인 황제는 얼핏 보기에 만능의 입장에 서 있는 것 같지만, 사실은 '인'이라는 것이 가장 많이 요구되어지는 지위이고, 따라서 고종이 공감한 것도 무리는 아니다.

'인'에 의한 자기 컨트롤이야말로 지도자가 먼저 명심하지 않으면 안 될 제왕학의 제4의 조건이라고 할 수 있다.

태도는 겸허하게, 말은 신중하게

황제된 자가 겸허함을 잊고 오만한 태도를 취한다면,
만일 정도를 벗어났을 때 그 잘못을
지적해 주는 사람은 한 사람도 없을 것이다

옛날에 주공단(周公旦)이라는 명재상이 있었다. 백금(伯禽)
이라는 그의 아들이 노나라 왕에 봉해졌을 때, 그는 이렇게 깨
우쳤다.

"나는 재상으로서 손님의 방문을 받았을 때는 먹던 식사를 중
단하고 만나서 예를 잃지 않도록 노력하고 있다. 그래도 아직
못미친 것이 있지 않을까, 뛰어난 인재를 놓치지나 않을까 하고
마음이 쓰인다. 그대도 노나라에 부임하면 아무리 왕이라고 하
지만 결코 오만한 행동을 해서는 안 된다."

이러한 겸허함은 어떤 입장에 놓인 사람에게나 바람직한 조건
인데, 특히 지도자에게는 불가결한 요건이다.

당태종은 그 점에 관해서도 엄격한 자숙을 게을리하지 않았
다.

〈정관정요〉에는 다음과 같은 문답이 기록되어 있다.

언젠가 태종이 중신들에게 이렇게 말했다.

"황제가 되면 남에게 비하할 필요도 없고, 무엇 하나 두려워
할 것이 없다고 말하는 사람이 있다. 그러나 나는 항상 하늘을
두려워하고 신하의 비판에 귀를 기울여 가면서 애써 겸허하게

행동해 왔다.

황제된 자가 겸허함을 잊고 오만한 태도를 취한다면, 만일 정도를 벗어났을 때 그 잘못을 지적해 주는 사람은 한 사람도 없을 것이다.

나는 한 마디 하려고 할 때마다, 또한 행동을 일으키려고 할 때마다 반드시 하늘의 뜻에 합당한가, 그리고 또 신하의 의향에 합당한가를 나 자신에게 물으며 신중을 기하고 있다. 왜냐하면, 하늘은 높지만 백성들의 사정과 잘 통해 있고, 신하된 자는 끊임없이 군주가 하는 행동을 주목하고 있기 때문이다.

그렇기 때문에 나는 애써 겸허하게 행동하면서 내가 말하는 것, 행하는 것이 하늘의 뜻과 백성의 의향에 합치하는지 어떤지 반성을 되풀이하고 있는 것이다."

그러자 옆에서 위징이 이렇게 덧붙였다.

"옛날 사람들도 '처음에는 모두 좋았던 것을 왜 끝까지 지켜가지 못할까?'하고 노래하고 있습니다. 제발 폐하께서는 하늘을 두려워하고 백성을 두려워하며 항상 겸허하게 행동하시고, 자기의 반성을 게을리 하지 않으시기를 빕니다. 그렇게 되면 우리나라는 오래오래 번영하게 되고 멸망의 비운에 눈물을 흘리는 일은 없을 것입니다."

태종은 스스로 경계한 바와 같이 죽을 때까지 겸허한 태도를 잃지 않았다고 전해진다. 이것도 또한 명군(名君)이라 칭송받는 하나의 이유이다. 그런데 지도자는 머리가 낮고 겸허해야 할 뿐만 아니라 말 또한 신중히 하지 않으면 안 된다.

역시 중국의 고전에 '윤언(綸言)은 땀과 같이'라는 유명한 말이 있다. '윤언'이란 천자의 말이라는 뜻이다.

그것이 '땀과 같이'라고 하는 것은, 땀이라고 하는 것이 일단 자기 몸에서 나가면 두 번 다시 돌아오지 않는 것과 같이 천자

322

의 말도 일단 자기 입에서 나가 버리면 돌이킬 수가 없다는 뜻이다. 그러니까 발언은 아무쪼록 신중하게 하지 않으면 안 된다는 것이다.

태종이야말로 그것을 가장 깊이 자각한 군주였다. 그의 자숙의 말을 들어 보도록 하자.

"사람과 얘기한다는 것은 대단히 어려운 일이다. 일반 서민도 남과 대화할 때 조금이라도 상대방의 감정을 상하게 하는 말을 하면, 그것을 기억하고 있다가 언젠가는 반드시 보복을 해 온다. 하물며 만백성의 군주된 자가 신하와 말을 할 때는 조그만 실언(失言)도 용서받지 못한다. 가령 사소한 실언이라도 영향을 주는 바가 커서 서민의 실언과는 비교가 안 된다. 나는 그것을 항상 명심하고 있다.

수(隋)나라 양제(煬帝)가 처음을 감천궁(甘泉宮)이라는 궁전에 갔을 때, 정원이 몹시 마음에 들었으나 애석하게도 반딧불이 보이지를 않았다. 그래서 '등불 대신에 반딧불을 약간 잡아다 연못에 놓아 주는 게 좋겠다'하고 명했더니, 담당한 관리가 재빨리 수천 명을 동원해서 반딧불을 잡아, 마차 5백 대 분의 반딧불을 운송해 왔다고 한다.

이와 같이 자질구레한 일도 그런데, 하물며 천하의 대사에 이르러서는 그 영향을 미치는 바가 얼마나 크겠는가? 따라서 군주된 자는 언행을 조심해야 한다."

태종은 항상 이러한 마음가짐으로 신하에게 임했다. 겸허한 태도, 신중한 발언은 제왕학의 제5의 조건이 될 것이다.

이상으로 〈정관정요〉의 내용을 소개하면서 제왕학의 조건이라고 할 수 있는 몇 가지 조건을 적어 왔다.

당태종은 이러한 조건들을 몸에 익힘으로써 역사적인 명군으

로 추앙을 받았는데, 비범한 그러한 길을 걸어가는 것이 용이한
일은 아니었다.

  우리들로서는 그러한 조건을 노력의 목표로 마음 속에 새겨
두는 것이다.

대통령의 리더십

초판 인쇄 2016년 9월 27일
초판 발행 2016년 9월 30일

역리학자 ┃ 정현우
발행자 ┃ 김동구
발행처 ┃ 명문당(1923. 10. 1 창립)
주 소 ┃ 서울시 종로구 윤보선길 61(안국동)
       우체국 010579-01-000682
전 화 ┃ 02)733-3039, 734-4798(영), 733-4748(편)
팩 스 ┃ 02)734-9209
Homepage ┃ www.myungmundang.net
E-mail ┃ mmdbook1@hanmail.net
등 록 ┃ 1977. 11. 19. 제1~148호

ISBN 979-11-85704-83-8 (03150)
12,000원